한다.

454

13.1MB
33

16.3MB
20

19.2MB
19

10.4MB
18

8.1MB
18

COLUM BOOKS 스마트폰에서 콜롬북스 어플 설치하고 회원가입 후 MP3 파일을 다운받아 바로 듣자!!

❶ 앱스토어 또는 구글플레이어 스토어에서 콜롬북스 어플을 설치한다.
❷ 회원가입 후 검색창에 도서 제목을 정확히 입력하거나 아래의 QR코드를 스캔
❸ MP3 파일을 다운로드 해서 듣는다.
❹ 그외 더 다양한 서비스 이용가능

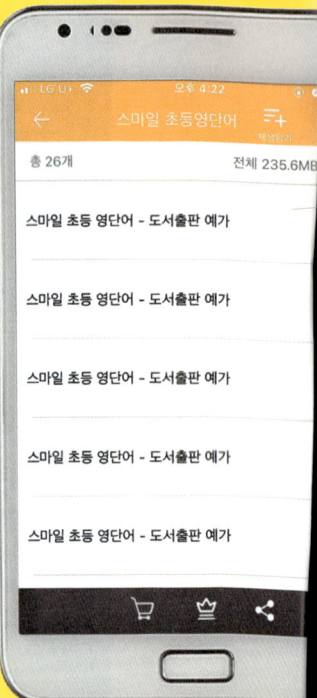

스마트폰에서 콜롬북스 어플을 설치한 후 QR코드를 대고 스캔하면 MP3 파일을 바로 다운로드 할 수 있습니다.

스마일
초등
영단어

영어학습연구회

도서 출판 예가

스마일 초등영단어

4판 5쇄 발행 | 2018년 10월 1일

엮은이 | 영어학습연구회
펴낸이 | 윤다시
펴낸곳 | 도서출판 예가

주 소 | 서울시 영등포구 영신로 45길 2
전 화 | 02)2633-5462
팩 스 | 02)2633-5463
E-mail | yegabook@hanmail.net
블로그 | http://blog.daum.net/yegabook
등록번호 | 제 8-216호

ISBN   978-89-7567-516-4   13740

이 사전은 이제 영어를 막 배우기 시작하는 초등학교 학생들과 초등학교에
서 기초적인 것을 익힌 중학교의 저학년을 대상으로 쓰여졌다. 이러한 대상
들에 맞도록 단어와 풀이의 수준들을 고려해서 맞추었으며, 본문의 예문들도
그러한 관점에서 제시되었다. 기존의 성인이나 대학생들을 대상으로 하고 있
는 사전들은 그 상세함과 방대함에서 좋은 점을 가지고 있으나 너무나 많은
양의 정보를 가지고 있어, 영어를 처음으로 접하는 초보자들이 보기에는 상
당한 난점을 주고 있는 것이 사실이다. 그래서 이 사전은 그러한 난점을 없애
고 영어를 처음 접하는 사람들이, 특히 초등학생들이 재미있고, 쉽게 영어를
학습하면서도, 정말로 영어의 학습이 필요한 기초적인 사항들을 익힐 수 있
도록 만들었다. 그리고 이 사전의 주 사용자가 초등학교 학생이라는 점을 고
려하여 각 표제어와 예시 단어들 그리고 예문들에 한글로 영어의 발음을 가
장 가깝게 표기하려고 하였다. 하지만 누구나가 인정하듯이 한글로 영어의
발음을 표기한다는 것은 불가능한 일이다. 물론 어느 정도까지는 비슷한 발
음을 표기할 수 있겠으나, 동일한 발음을 표기할 수는 없다. 이 사전을 이용
하여 학습하고 지도하는 이들에게 부탁하고 싶은 것은 너무 한글로 표기된
발음에만 의존하지 말고 정확한 발음의 습득을 위해 표제어의 옆에 표기된

음성 기호를 바탕으로 MP3 파일이나 TV 등을 통해 모국어 화자의 발음을 많이 듣고 반복하여 연습해 달라는 것이다. 그리고 단어의 뜻과 문법사항, 구문들도 초등학교 학생을 대상으로 했기에 좀 더 정확하고 깊이 있는 영어의 구사능력을 얻기 위해서는 이 사전의 풀이와 설명들을 숙지함은 물론 여기에 머물지 말고 좀 더 많은 예문들과 기존의 성인들을 대상으로 나와 있는 사전들을 참조하여 공부하기를 부탁 한다. 끝으로 이 책이 나오기까지 수고해주신 모든 분들께 감사를 드린다.

Contents

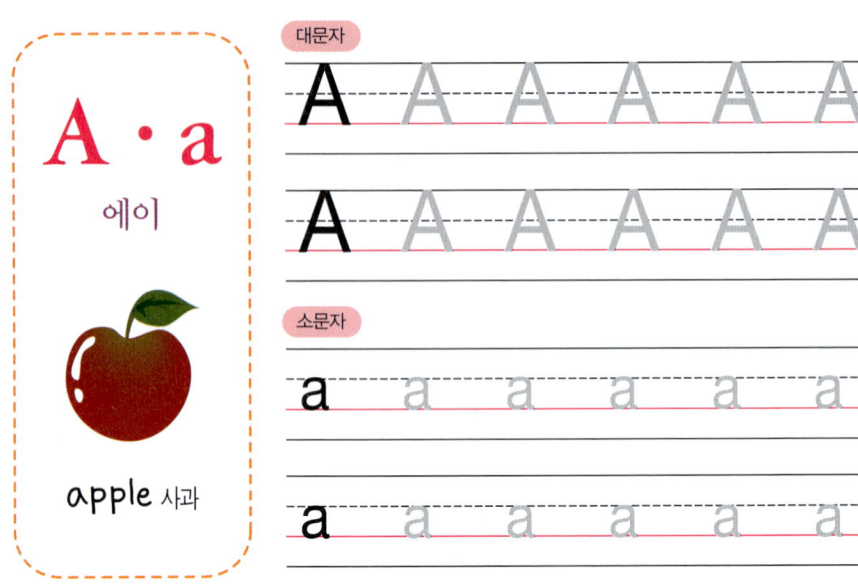

A · a

에이

apple 사과

A A A A A A

A A A A A A

a a a a a a

a a a a a a

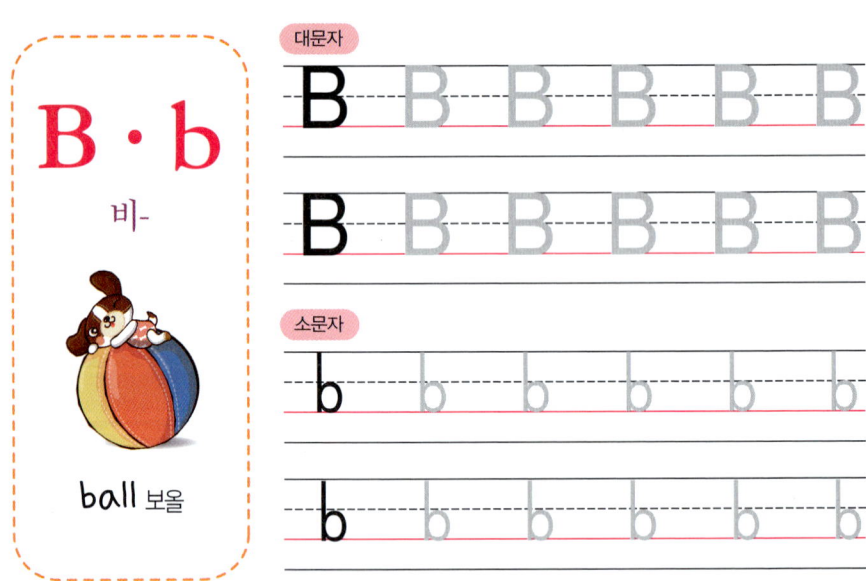

B · b

비-

ball 보올

대문자

B B B B B B

B B B B B B

소문자

b b b b b b

b b b b b b

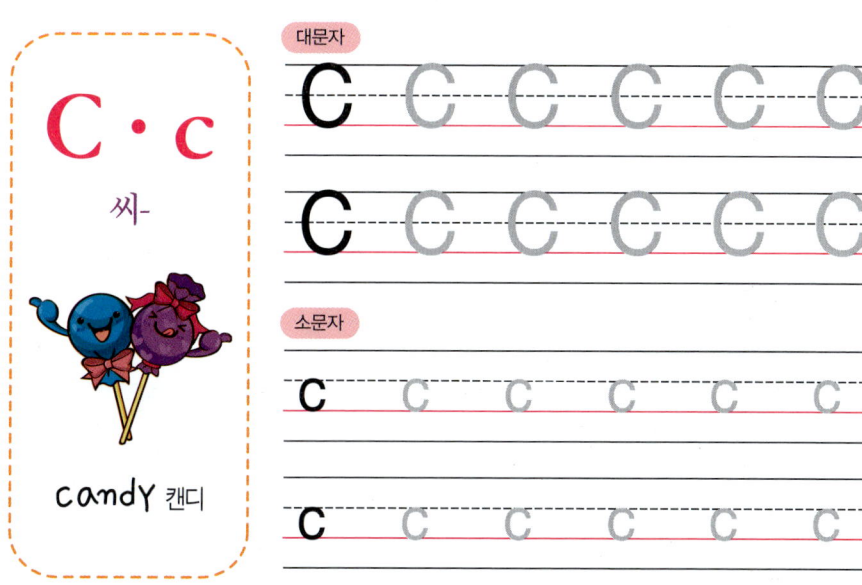

C · c

씨-

candy 캔디

대문자

C C C C C C

C C C C C C

소문자

c c c c c c

c c c c c c

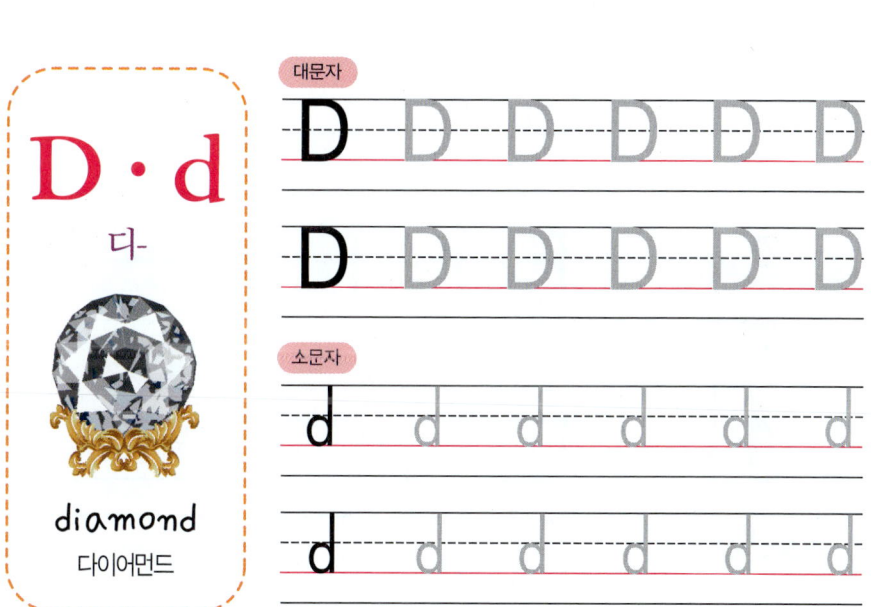

D · d

디-

diamond
다이어먼드

대문자

D D D D D D

D D D D D D

소문자

d d d d d d

d d d d d d

E · e

이-

eye 아이

E E E E E E

E E E E E E

e e e e e e

e e e e e e

F · f

에프

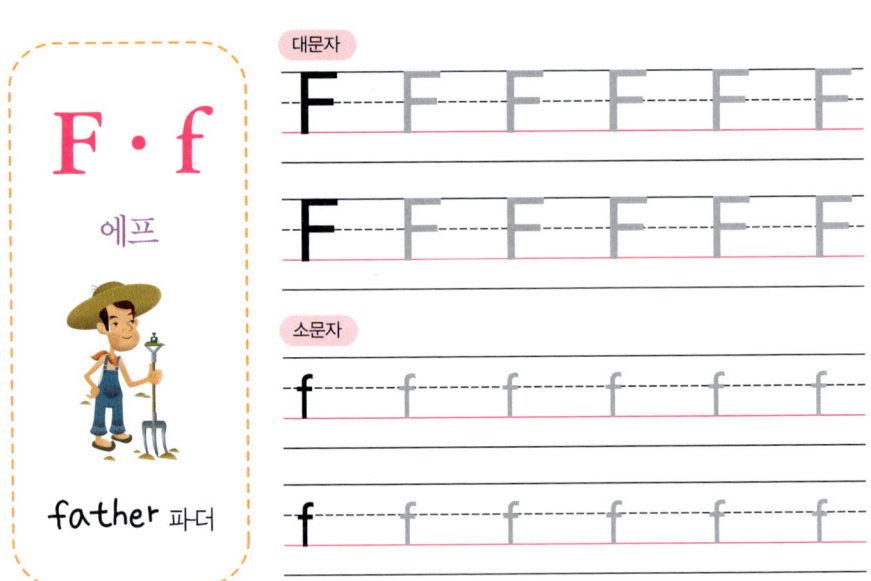

father 파더

F F F F F F

F F F F F F

f f f f f f

f f f f f f

G · g

지-

grandfather
그랜드파더

대문자

G G G G G G

G G G G G G

소문자

g g g g g g

g g g g g g

H · h

에이치-

hand 핸드

대문자

H H H H H H

H H H H H H

소문자

h h h h h h

h h h h h h

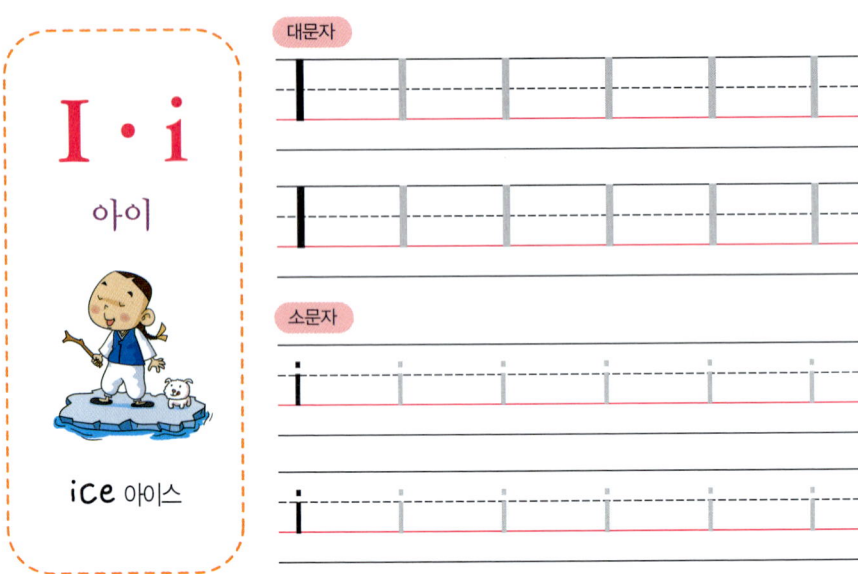

I · i

아이

ice 아이스

대문자

소문자

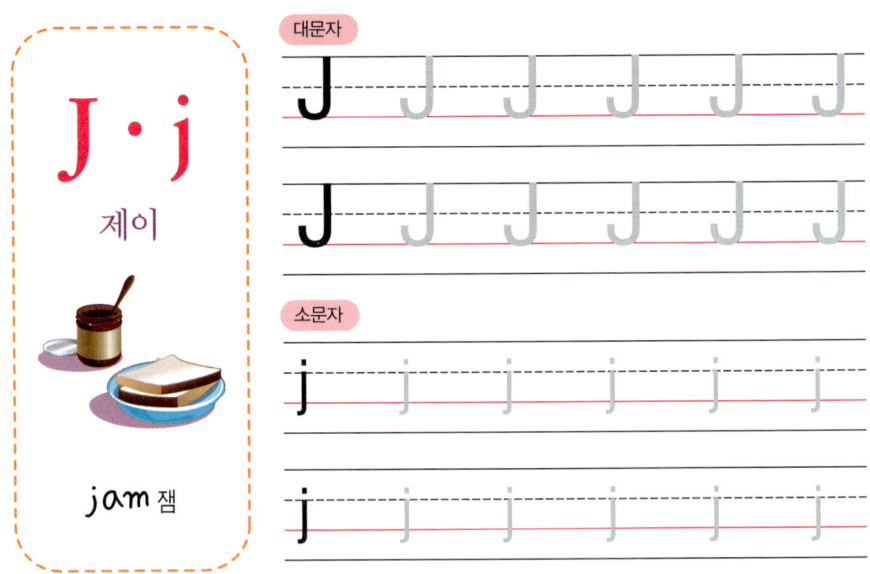

J · j

제이

jam 잼

대문자

소문자

K · k

케이

key 키

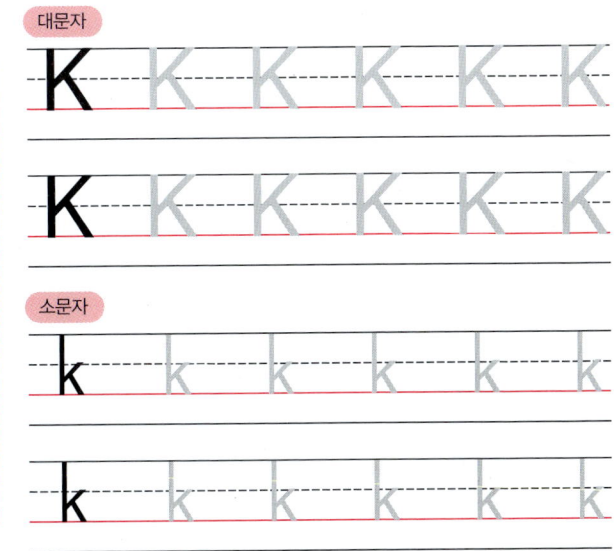

L · l

엘

letter 레터

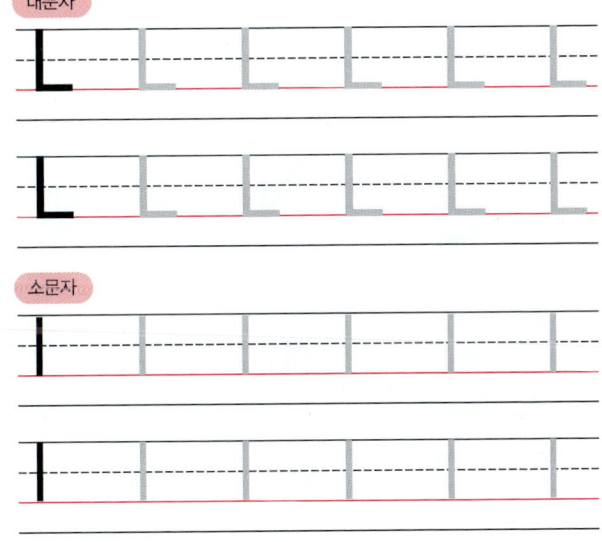

M · m

엠

mountain
마운틴

M M M M M M M
M M M M M M M

m m m m m m
m m m m m m

N · n

엔

newspaper
뉴즈페이퍼

N N N N N N
N N N N N N

n n n n n n
n n n n n n

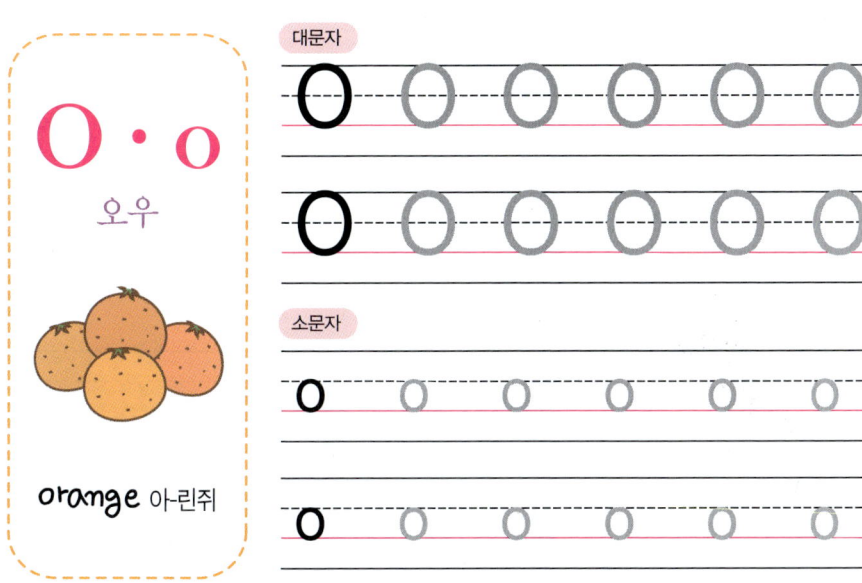

O · o

오우

orange 아린쥐

O O O O O O

O O O O O O

o o o o o o

o o o o o o

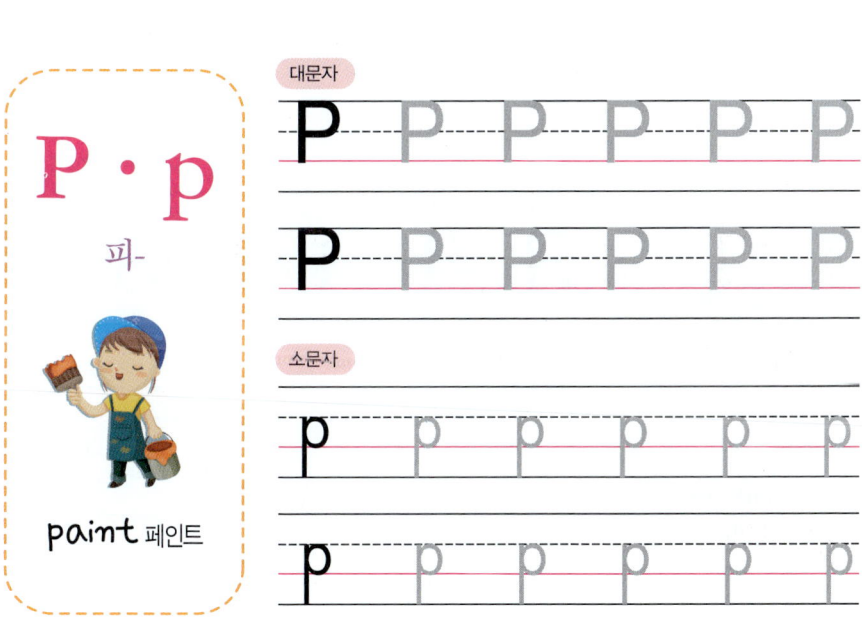

P · p

피-

paint 페인트

대문자

P P P P P P

P P P P P P

소문자

p p p p p p

p p p p p p

13

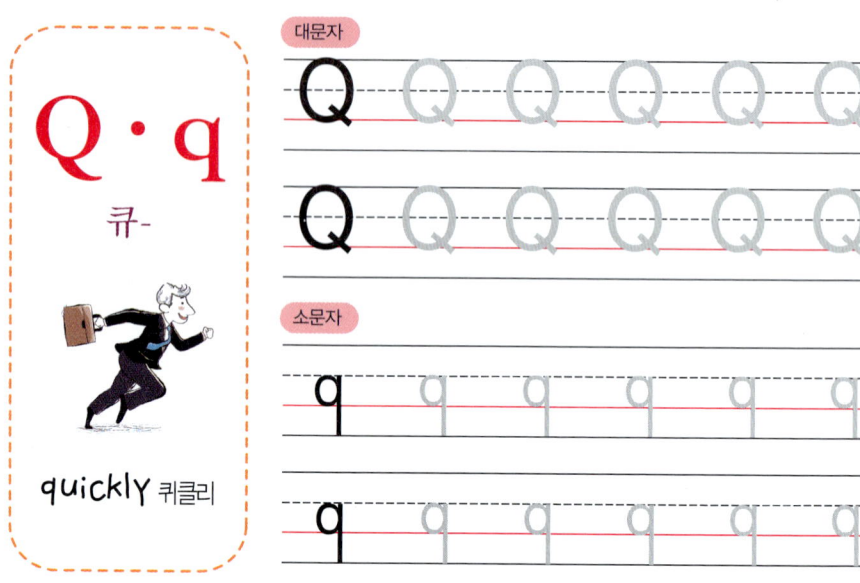

Q · q
큐-

quickly 퀴클리

Q Q Q Q Q Q
Q Q Q Q Q Q

q q q q q q
q q q q q q

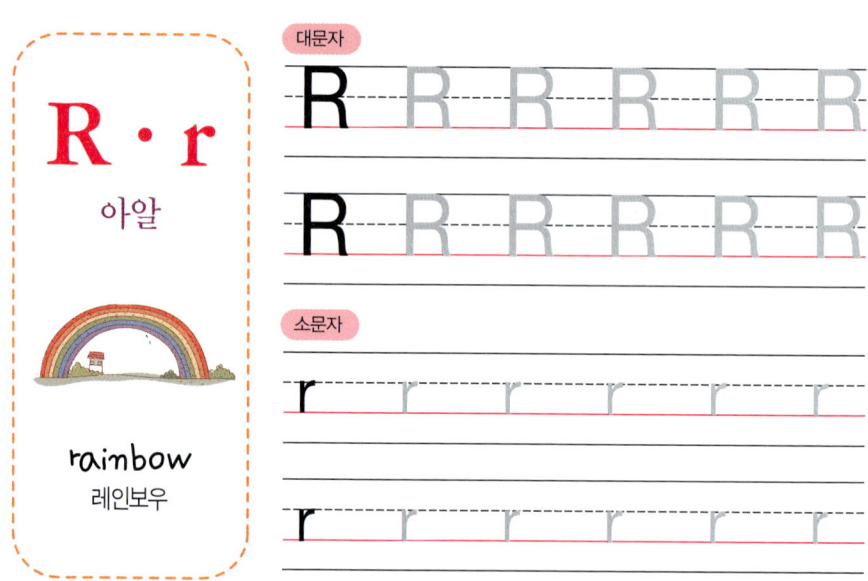

R · r
아알

rainbow
레인보우

R R R R R R
R R R R R R

r r r r r r
r r r r r r

S · s

에스

sky 스카이

S S S S S S

S S S S S S

s s s s s s

s s s s s s

T · t

티-

table 테이블

T T T T T T

T T T T T T

t t t t t t

t t t t t t

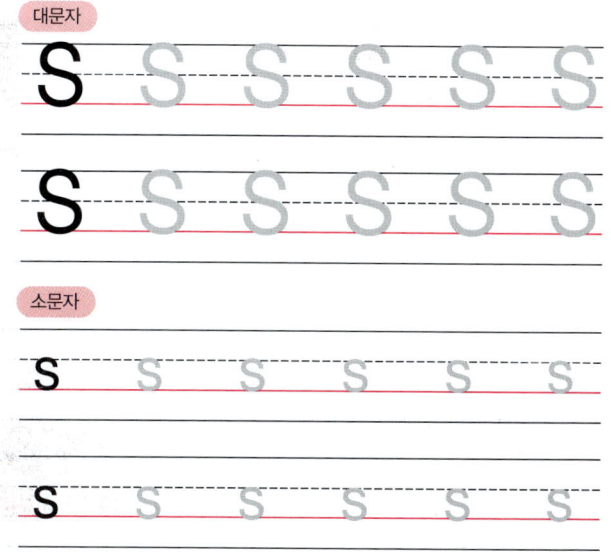

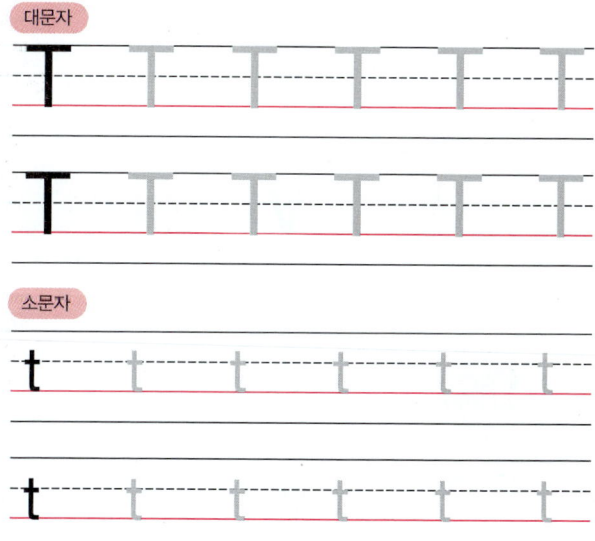

U · u

유-

umbrella
앰브렐러

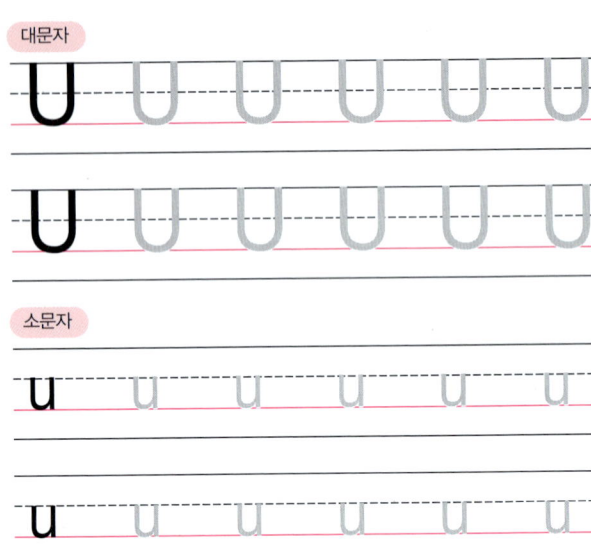

V · v

브-

vase 베이스

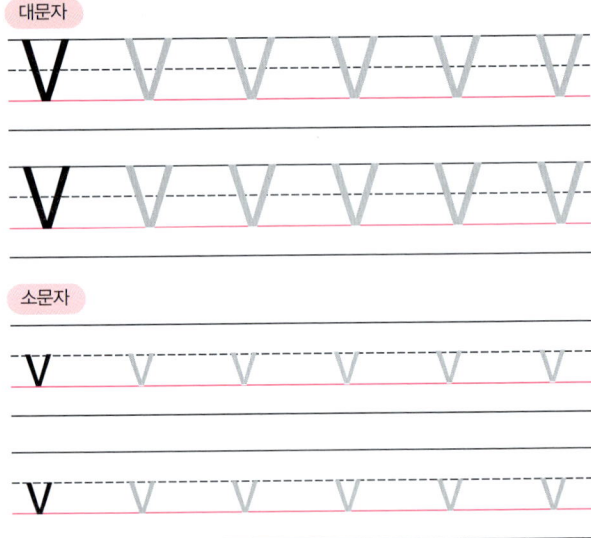

W · w

더블류-

water 워터

대문자

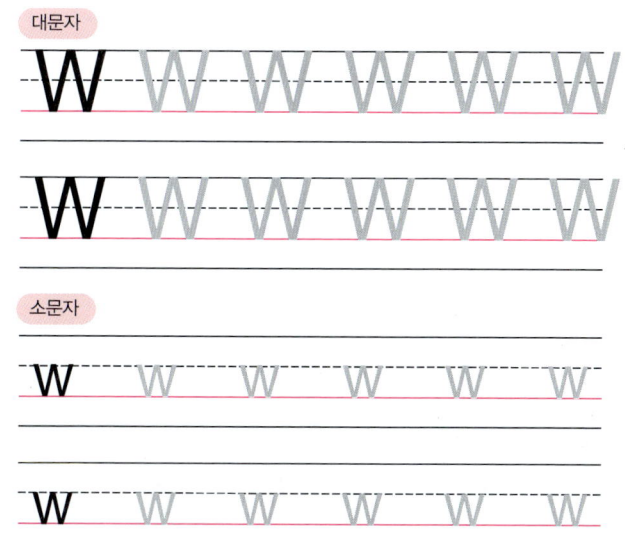

소문자

X · x

엑스

xylophone
자일러폰 -

대문자

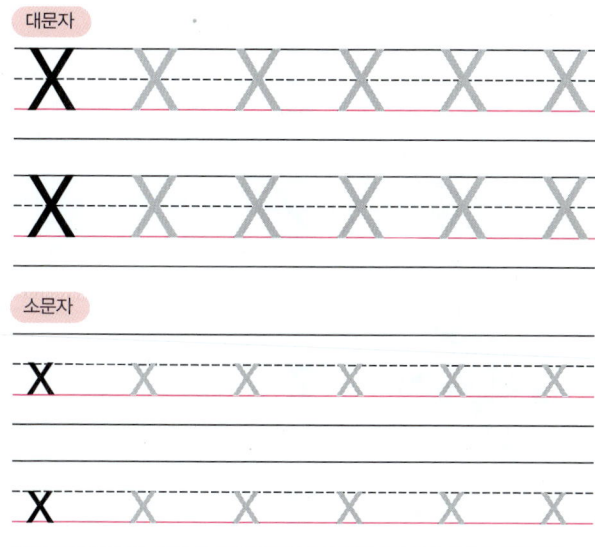

소문자

Y · y

와이

Yacht 야트

Y Y Y Y Y Y Y

Y Y Y Y Y Y Y

소문자

y y y y y y

y y y y y y

Z · z

지-

Zebra 지-브러

대문자

Z Z Z Z Z Z

Z Z Z Z Z Z

소문자

z z z z z z

z z z z z z

이 책의 활용법

❶ 단어

표제 단어의 순서

각 단어는 알파벳 ABC…의 순서로 되어 있으며 본문 오른쪽 면에 ABC를 색깔별로 구분하여 단어를 쉽게 찾을 수 있도록 하였습니다.

표제단어의 철자

이 사전의 철자는 미국식 철자법을 따랐습니다. 영국식의 경우에는 ( )로 참조할 수 있도록 하였습니다.

표제 단어의 어휘 수

초등학교 기본 영단어를 포함하여 약 1,800단어를 수록하였습니다.

❷ 발음

발음 기호

표제 단어의 바로 뒤에 국제 음표 문자를 사용하여 미국식 발음으로 나타냈습니다.

발음의 악센트

발음의 악센트는 국제 음표 문자의 위에 (´)로 표시하였고 우리말 발음에도 악센트 부분을 굵은체로 표시하였습니다.

❸ 어형 변화

동사의 변화

동사의 경우 불규칙 동사의 변형만을 표제 단어 밑에 과거형, 과거분사형을 표기하였습니다.

명사의 복수형

명사의 단어 뒤에 -s, 또는 -es만을 붙여 복수형이 되는 것은 따로 표기하지 않고 불규칙 복수형 단어만을 아래에 표기하였습니다.

❹ 단어의 품사와 그 뜻

단어의 품사 표시

품사는 아래와 같이 표시하였습니다.

명	… 명사	대	… 대명사	관	… 관사	동	… 동사
형	… 형용사	부	… 부사	접	… 접속사	전	…전치사
조	… 조동사	감	… 감탄사				

단어의 뜻과 동의어, 반의어

단어의 뜻과 비슷하거나 반대되는 단어는 표시하였습니다.

❺ 이 책의 특징, 「회화부분」을 이렇게 활용하자

생활 회화를 외우자

이 사전은 각 표제 단어의 예문을 모두 생활 회화로 소개하였습니다. 몇 개의 단어로 된 짧은 문장으로 친구들끼리 자주 사용해 가면서 외울 수 있도록 하였습니다.

「회화」부분을 자신의 것으로 만들자

생활 회화의 영어 문장을 먼저 자신의 힘으로 읽어보고 한글발음 표기로 확인하면 곧 혼자의 힘과 실력으로 읽고 해석할 수 있게 됩니다.

발음기호 알림표

기호	예	기호	예
【 i: 이이 】	eat [iːt] 이-트	【 əːr 어어 】	early [ə́ːrli] 어얼리
【 i 이 】	ship [ʃip] 쉽	【 ei 에이 】	cake [keik] 케이크
【 e 에 】	pen [pen] 펜	【 ai 아이 】	high [hai] 하이
【 æ 애 】	hand [hænd] 핸드	【 au 아우 】	now [nau] 나우
【 ɑ: 아아 】	father [fɑ́ːðər] 파-더	【 ɔi 오이 】	voice [vɔis] 보이스
【 ɑ 아 】	hot [hɑt] 핫	【 ou 오우 】	old [ould] 오울드
【 ɔ: 오오 】	ball [bɔːl] 보올	【 iər 이어 】	ear [iər] 이어
【 u: 우우 】	boot [buːt] 부웃	【 ɛər 에어 】	care [kɛər] 케어
【 u 우 】	good [gud] 굿	【 ɔːr 오오 】	or [ɔːr] 오오
【 ʌ 어 】	sun [sʌn] 선	【 uər 우어 】	poor [puər] 푸어
【 ə 어 】	above [əbʌ́v] 어버브	【 aːr 아아 】	heart [haːrt] 하-트
【 ər 어 】	brother [brʌ́ðər] 브러더		art [aːrt] 아-트

자　　　음

기호	예	기호	예
【 p ㅍ 】	pool [puːl] 푸울	【 h ㅎ 】	hat [hæt] 햇
【 b ㅂ 】	book [buk] 북		happy [hǽpi] 해피
【 t ㅌ 】	team [tiːm] 티-임	【 g ㄱ 】	go [gou] 고-
	little [lítl] 리틀		big [big] 빅
【 d ㄷ 】	day [dei] 데이	【 f ㅍ 】	four [fɔːr] 포-
	read [riːd] 리-드		face [feis] 페이스
【 k ㅋ 】	key [kiː] 키-	【 s ㅅ 】	sun [sʌn] 선
	class [klæs] 클래스		bus [bʌs] 버스
【 z ㅈ 】	easy [íːzi] 이-지		happy [hǽpi] 해피
	zoo [zuː] 주-	【 θ ㅆ 】	think [θiŋk] 씽크
【 ʃ 쉬 】	shoe [ʃuː] 슈-		three [θriː] 쓰리-
	wash [wʌʃ] 와쉬	【 ð ㄷ 】	that [ðǽt] 댓
【 ʒ 지 】	television [téləvìʒən] 텔레비젼		this [ðis] 디스
	treasure [tréʒər] 트레저	【 m ㅁ 】	name [neim] 네임
【 tʃ 취 】	chair [tʃɛər] 췌어		milk [milk] 밀크
	child [tʃaid] 촤일드	【 n ㄴ 】	nice [nais] 나이스
【 dʒ 지 】	joy [dʒɔi] 죠이		nose [nouz] 노우즈
【 v ㅂ 】	very [veri] 베리	【 l ㄹ 】	lion [laiən] 라이언
	violin [vàiəlín] 바이얼린		ball [bɔːl] 보올
【 w 우 】	window [wíndou] 윈도우	【 r ㄹ 】	rain [rein] 레인
	away [əwɛ́ər] 어웨이		room [ruːm] 루움
【 j 이 】	yellow [jélou] 옐로우	【 ts ㅊ 】	cats [kæts] 캐츠
	you [juː] 유-	【 ds ㅈ 】	hands [hænds] 핸즈

발음설명

(1) 한글표기 : 〈발음기호 알람표〉를 참조
(2) 발음 기호

음(소리)에는 자음과 모음이 있고, 자음에는 유성음과 무성음이 있습니다. 자음이란 영어의 b, t, f 우리말의 ㄱ, ㄴ, ㄷ, ㄹ 등과 같은 것들이고 모음은 영어의 a, e, i, o, u 그리고 우리말의 ㅏ, ㅐ, ㅣ 등과 같은 것들입니다. 또 유성음은 발음될 때 공기가 성대를 울리면서 발음되는 소리이고 무성음은 성대를 울리지 않으면서 발음되는 소리입니다. 이외에도 입술이 작게 열리면서 입 안쪽에서 발음되는 폐음과 입이 크게 벌어지면서 입의 앞쪽에서 소리 나는 듯한 기분으로 발음되는 개음이 있습니다.

1) 자음

[I] : [I]의 발음은 '밝은 I'와 '어두운 I' 두 가지가 있습니다.

'밝은 I'은 I 다음에 모음이 오는 경우로, 우리말의 [빨래] 처럼 ㄹ이 연속으로 발음되는 것과 비슷한 발음입니다. 허끝을 잇몸에 대고 공기를 혀 옆으로 내보내면서 발음합니다.

'어두운 I'은 자음이 오거나 [I]이 단어의 끝에 있는 경우입니다.

허끝이 윗니의 잇몸에 가볍게 닿거나 닿으려는 순간에 발음합니다. 이때는 모음을 길게 발음합니다.

[r] : [I]과 비슷한 발음이지만, 허끝을 입천장에 대지 않고 목구멍 쪽으로 말아 올리면서 발음합니다. [I]은 혀가 윗니의 잇몸에 닿고, [r]은 혀가 뒤로 말

리면서 발음된다는 점이 다릅니다.

[b] : 유성음으로서, 입을 다물고 입 안의 공기를 압축시켰다가 터뜨리듯 발음합니다. 이때 발음하면서 성대를 울려야 합니다. 우리발의 [ㅂ]과 비슷합니다.

[v] : 아랫입술을 윗니로 살짝 물었다가 터뜨리듯 내보내며 발음합니다. [b]와 같은 유성음이므로 성대를 울려야 합니다. 우리말의 [ㅂ]과 비슷한 발음이지만 윗니로 아랫입술을 물었다가 빼내면서 발음한다는 점이 다릅니다.

[p] : 입을 다물고 입 안의 공기를 압축시켰다가 세게 터뜨리듯 발음합니다. [b]와 비슷하지만 [p]는 무성음이므로 성대를 울려서는 안됩니다. 우리말의 [ㅍ]와 비슷합니다.

[f] : 윗니로 아랫입술을 물었다가 세게 내보내며 터뜨리듯 발음합니다. [v]와 비슷한 요령으로 발음하지만 [v]보다 공기를 세게 내보내야 하고 무성음이므로 성대를 울려서는 안됩니다. 우리말의 [ㅍ]과 [ㅎ]의 중간 정도되는 발음입니다.

[θ] : 혀끝을 윗니와 아랫니 사이에 넣고 혀와 윗니 사이로 공기를 내보내면서 발음합니다. 무성음이므로 성대를 울려서는 안되고 우리말의 [ㄷ]와 [ㅅ]의 중간 정도인 발음입니다.

[ð] : 혀의 위치와 발음 요령은 [d]와 같지만, 유성음이므로 성대를 울리면서 발음해야 합니다. 또한 우리말로 표기할때에는 [d]와 같은 [ㄷ]이지만 [d]는 혀끝을 윗니에 대었다가 내는 발음이고 [ð]은 혀끝을 윗니와 아랫니 사이에 넣었다가 내는 발음이라는 점이 다릅니다.

[ʃ] : [s]을 발음하면서 동시에 혀의 앞쪽을 조금 올리고 발음합니다. 우리 말의 [쉬]와 비슷합니다. 무성음이므로 성대를 울리면 안 됩니다.

[ʒ] : [ʃ]와 비슷한 방식입니다. [z]를 발음하면서 동시의 혀의 앞쪽을 조금 올리고 발음합니다. 유성음이므로 성대를 울리면서 발음해야 합니다. 우리말의

[쉬]와 [취]의 중간 정도의 발음입니다.

[tʃ] : [t]와 [ʃ]를 연속적으로 발음하는 요령으로 발음합니다. [t]를 발음하고 [t]에 이어서, 입천장에서 혀를 떼면서 [ʃ]를 발음합니다. 무성음이므로 성대를 울리면 안됩니다. 우리말의 [ㅊ]에 가깝습니다.

[dʒ] : [tʃ]와 같은 방식으로 발음합니다. 즉 [d]와 [ʒ]를 연속으로 발음 하는 것이지요. [d]를 발음하고 [d]에 이어서 입천장에서 혀를 떼면서 [ʒ]를 발음합니다. [tʃ]와 다른점은 [dʒ]은 유성음이므로 성대를 울리면서 발음해야한다는 점입니다. 우리발의 [ㅈ]와 비슷한 발음입니다.

[ŋ] : 혀의 뒷부분을 입천장의 뒤쪽에 대고 공기를 코로 내보내면서 발음합니다. 유성음이며, 우리말의 [ㅇ]과 비슷한 발음입니다.

2) 모음

[i:] : [이] 보다 더 긴 발음으로서, [이]를 발음한 상태에서 입술을 양쪽으로 당겨서 이를 드러내면서 발음합니다. [이]와 비슷한 발음이지만 더 힘을 주고 길게 발음합니다.

[ɔ:] : 우리말의 [오]와 비슷한 발음이지만, 이보다 입을 크게 벌리고 입술을 둥글게 하여 [아]에 가깝도록 발음합니다.

[u:] : 우리말의 [우]와 비슷한 발음이지만, 이보다 입술을 더 내밀고 둥글게 하여, 약간 힘을 주고 길게 발음합니다.

[ə:r] : 입술과 혀에 힘을 빼고 [어]를 약간 길게 발음하면서, 혀끝을 뒤로 살짝 말아 올려 [r]로 발음합니다.

[ɔ:r] : [오] 발음보다 입을 더 크고 둥글게 벌려 [아]에 가까운 소리를 내면서 혀끝을 뒤로 살짝 말아올려 [r]을 발음합니다.

[a:r] : 입을 아주 크게 벌리고 [아아]라고 목구멍 속에서 발음하면서 혀를 뒤로 말

아 올려 [r]을 발음합니다.

[ɔi] : 입술을 둥글게 하여 [오]를 발음한 후, 이어서 [이]를 발음합니다. [오]와 [이]
가 연결된 채 발음되어야 합니다.

[iər] : [i]와 [ər]가 연결된 이중 모음입니다. 먼저 [i]를 강하고 확실하게 발음하
고, 이어서 혀를 뒤로 말아 올리면서 [ər]를 약하게 발음합니다.

[ɛər] : [에]를 발음하는데, [e]보다 입을 더 크게 벌려 강하게 발음합니다. 이 발음
에 이어서 혀를 뒤로 말아 올리면서 [ər]을 발음합니다.

자! 이제부터
영단어를 즐겁게 외워볼까요?

A, a

a, an
[ə, ən] 어, 언

관 하나의
- an은 모음으로 시작되는 단어 앞에

Mommy, give me a cup, please.
마미, 깁 미 어 컵, 플리-즈
엄마, 컵 좀 주세요.

able
[éibəl] 에이벌

형 ~할 수 있는
- be able to+동사원형 : ~할 수 있다

My daddy is able to speak English.
마이 대디 이즈 에이벌 투 스피-크 잉글리쉬
나의 아버지는 영어로 말할 수 있다.

My mommy is able to speak English, too.
마이 마미 이즈 에이벌 투 스피-크 잉글리쉬 투-
나의 엄마도 영어로 말할 수 있다.

about

[əbáut] 어바우트

전 ~에 관하여, 약

What are you talking about?
왓 아- 유- 토- 킹 어바웃
너 도대체 무슨 이야기를 하는거니?

About forty people came for the party.
어바웃 포티 피-플 케임 포- 더 파-티
약 40명의 사람이 파티에 왔다.

above

[əbʌ́v] 어버브

전 ~의 위에

Stretch your arm more fully.
스트레치 유어 아암 모- 풀리
팔을 쭉 뻗어.

The candy jar is just above your hand.
더 캔디 쟈- 이즈 저스트 어버브 유어 핸드
사탕 단지는 네 손 바로 위에 있어.

absent

[ǽbsənt] 앱선트

형 결석한

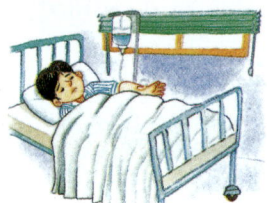

I was absent from school yesterday.
아이 워즈 앱선트 프럼 스쿠울 예스터데이
나는 어제 학교에 결석했다.

Because I was sick.
비코-즈 아이 워즈 씩
왜냐하면 아팠기 때문이다.

accident

[ǽksidənt] 액시던트

명 사고

● by accident : 우연히

What a terrible accident!
왓 어 테러벌 액시던트
끔찍한 사고로군!

accessory

[æksésəri] 액세서리

명 부속물, 악세사리

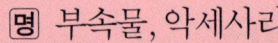

necklace 목걸이
[néklis] 네크리스

necktie-pin
[néktai-pin] 넥타이 핀
넥타이 핀

necktie
[néktai] 넥타이
넥타이

bracelet 팔찌
[bréislit] 브레이스릿

brooch 브로우치
[bróutʃ] 브로우치

ring 반지
[ríŋ] 링

ear-ring 귀걸이
[íər-riŋ] 이어링

gloves 장갑
[glʌ́vz] 글러브즈

across
[əkrɔ́ːs] 어크로-스

전 건너편에

Minhee lives across the street.
민희 리브즈 어크로-스 더 스트리-트
민희는 길 건너에 산다.

I saw Mr. Brown across the street.
아이 쏘- 미스터 브라운 어크로스 더 스트리-트
나는 브라운씨를 길 건너에서 보았다.

act
[ǽkt] 액트

동 행동하다

Don't act like a fool.
돈트 액트 라잌 어 푸울
바보처럼 굴지마!

active
[ǽktiv] 액티브

형 적극적인, 활발한

Tom is very active in English class.
탐 이즈 베리 액티브 인 잉글리쉬 클래스
탐은 영어 시간에 매우 적극적이다.

actor
[ǽktər] 액터

명 남자배우

I want to be a famous actor.
아이 원 투 비 어 페이머스 액터
나는 유명한 배우가 되고 싶다.

add
[æd] 애드

동 더하다, 보태다

If you add 8 and 2, you get 10.
이프 유- 애드 에잇 앤드 투- 유- 겟 텐
8과 2를 더하면, 10이 된다.

Add some more sugar to my cocoa, please.
애드 섬 모- 슈거 투 마이 코-코-, 플리-즈
내 코코아에 설탕 좀 더 넣어 주세요.

address
[ədrés] 어드레스

명 주소 동 연설하다

What is Jane's address?
왓 이즈 제인즈 어드레스
제인의 주소가 뭐지?

I addressed my class in the morning.
아이 어드레스트 마이 클래스 인 더 모-닝
나는 아침에 반 아이들에게 연설했다.

adult
[ədʌ́lt] 어덜트

명 어른

Coffee is for adult, not for children.
커-피 이즈 포- 어덜트, 낫 포- 췰드런
커피는 아이들이 아닌 어른들을 위한 것이다.

adventure
[ædvéntʃər] 애드벤쳐

명 모험

I read the Adventures of Robinson Crusoe.
아이 레드 디 애드벤쳐즈 어브 라빈슨 크루-소
나는 로빈슨 크루소의 모험을 읽었다.

Africa
[ǽfrikə] 애프리커

명 아프리카

Mr. Mandela comes from Africa.
He is African.
미스터 만델라 컴즈 프럼 애프리커. 히 이즈 애프리컨
만델라씨는 아프리카 출신이다.
그는 아프리카 사람이다.

after
[ǽftər] 애프터

전 ~후에, ~뒤에

How about playing baseball
after school?
하우 어바웃 플레잉 베이스보올 애프터 스쿠울
방과 후에 야구하는 것 어때?

afternoon
[ǽftərnúːn] 애프터누운

명 오후

He arrived (on) Sunday
afternoon.
히- 어라이브드 (안) 선데이 애프터누운
그는 일요일 오후에 도착했다.

again

[əgén] 어겐

부 다시

Let's start again from the beginning!
렛츠 스타-트 어겐 프럼 더 비기닝
처음부터 다시 합시다!

See you again.
씨- 유- 어겐
또 보자!

against

[əgénst] 어겐스트

전 ~에 반대하여

I am against your idea.
아이 앰 어겐스트 유어 아이디-어
나는 너의 의견에 반대다.

age

[éidʒ] 에이쥐

명 나이

At your age, you should know better.
앳 유어 에이쥐, 유 - 슈드 노 - 베터
네 나이에, (그것보다) 나아야지.

We are the same age.
위 - 아 - 더 세임 에이쥐
우리는 동갑이다.

ago

[əgóu] 어고-

부 ~전에

I met him two months ago.
아이 멧 힘 투 먼쓰 어고
나는 두 달 전에 그를 만났다.

agree

[əgríː] 어그리-

동 동의하다, 일치하다

I agree with you too.
아이 어그리 - 위드 유 - 투 -
나도 너에게 동의해.

ahead

[əhéd] 어헤드

부 앞에, 앞서서

Go straight ahead.
고 스트레이트 어헤드
곧장 앞으로 가시오.

Set a clock ahead.
셋 어 클락 어헤드
시계를 빠르게 하다.

air

[ɛ́ər] 에어

명 공기, 공중

● by air (=by plane) 비행기로

Open the window and let some air in!
오픈 더 윈도우 앤드 렛 섬 에어 인
창문을 열어 환기 좀 시켜라!

I like this fresh air in the forest.
아이 라잌 디스 프레쉬 에어 인 더 포리스트
나는 숲속의 이 신선한 공기를 좋아해.

airplane

[ɛ́ərplèin] 에어플레인

명 비행기(=plane)

I have three model airplanes.
아이 해브 쓰리- 마들 에어플레인즈
나는 장난감 비행기를 세 개 가지고 있다.

airport [ɛ́ərpɔ̀:rt] 에어포-트 **명** 공항

airport는 우리말로 공항이며 외국에 가거나 우리나라에서 먼 곳에 갈 때 비행기를 타거나 내리는 곳이죠. 공항에는 어떤 것들이 있나 살펴봅시다.

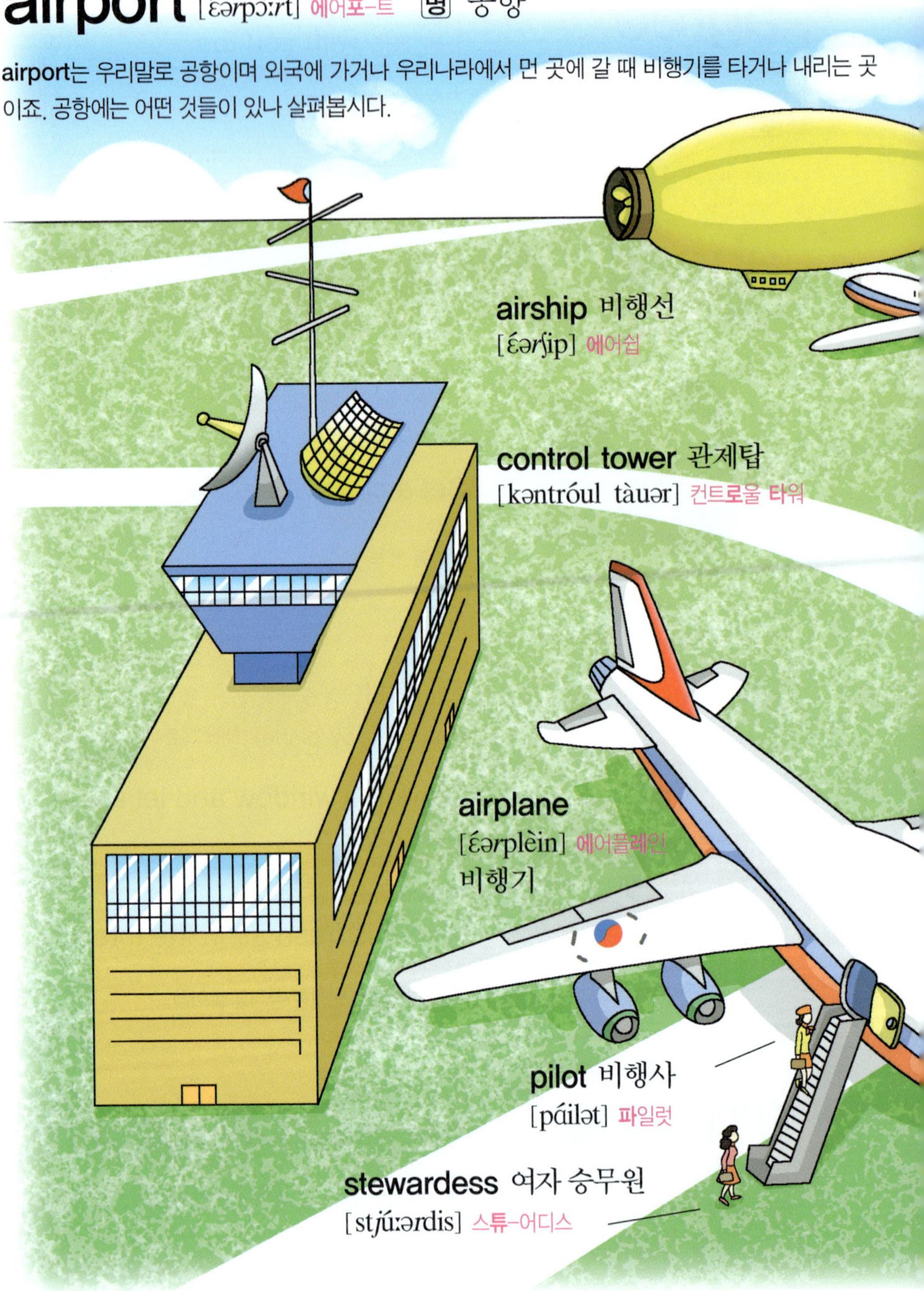

airship 비행선
[ɛ́ərʃip] 에어쉽

control tower 관제탑
[kəntróul tàuər] 컨트로울 타워

airplane
[ɛ́ərplèin] 에어플레인
비행기

pilot 비행사
[páilət] 파일럿

stewardess 여자 승무원
[stjú:ərdis] 스튜-어디스

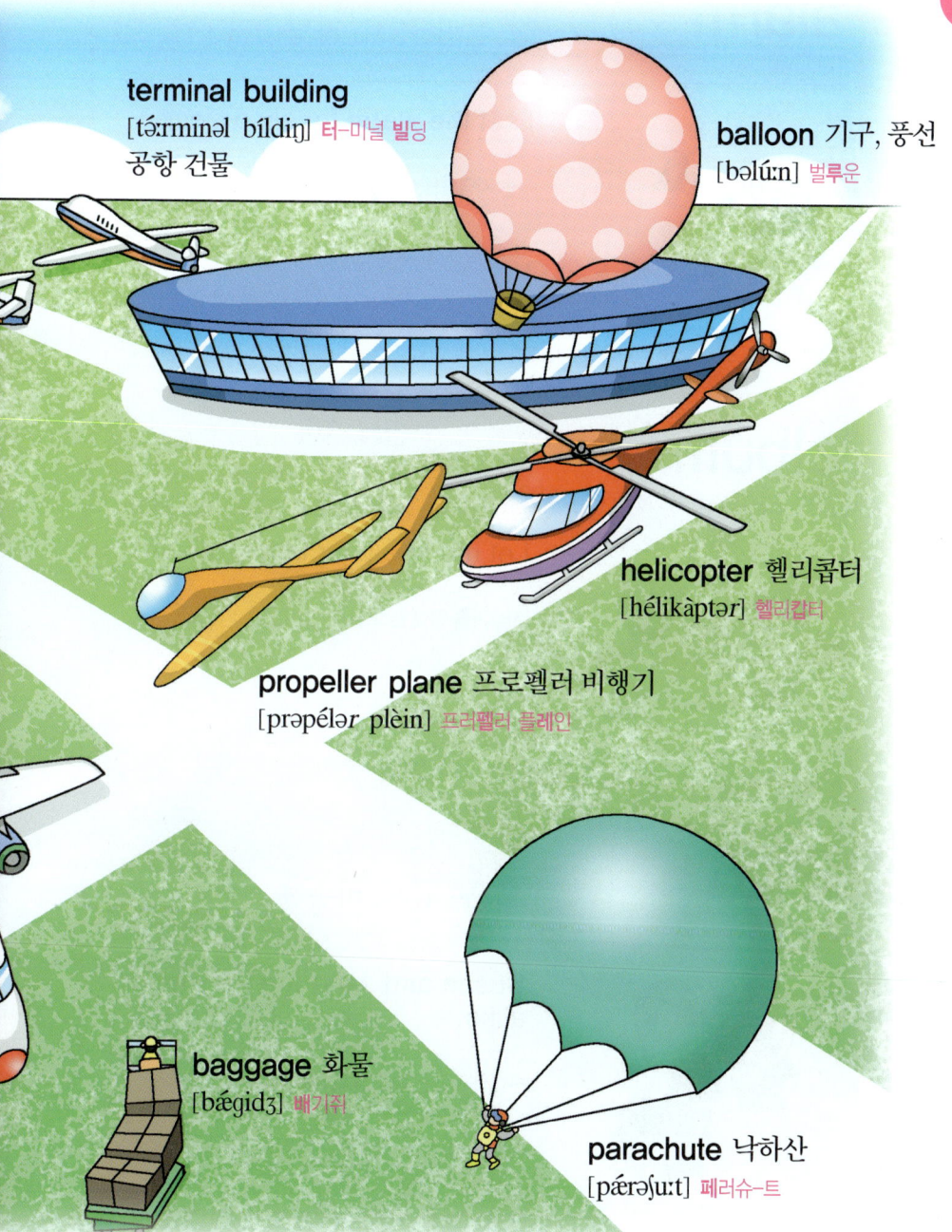

terminal building
[tə́ːrminəl bíldiŋ] 터-미널 빌딩
공항 건물

balloon 기구, 풍선
[bəlúːn] 벌루운

helicopter 헬리콥터
[hélikàptər] 헬리캅터

propeller plane 프로펠러 비행기
[prəpélər plèin] 프러펠러 플레인

baggage 화물
[bǽgidʒ] 배기쥐

parachute 낙하산
[pǽrəʃùːt] 페러슈-트

alarm
[əlάːrm] 얼라암

명 놀람, 경보, 자명종

I set the alarm for six o'clock.
아이 셋 디 얼라암 포- 식스 어클락
나는 자명종을 여섯 시에 맞추었다.

album
[ǽlbəm] 앨범

명 앨범

Let me see your family album.
렛 미 씨-유어 페밀리 앨범
너의 가족 앨범 좀 보자.

alike
[əláik] 얼라익

형 부 같은, 비슷한

Susan and Jane are very much alike.
수잔 앤드 제인 아-베리 머치 얼라익
수잔과 제인은 아주 많이 비슷하다.

alive
[əláiv] 얼라이브

형 살아 있는

I saw an alive alligator!
아이 쏘-언 얼라이브 앨리게이터
나는 살아 있는 악어를 봤어!

all
[ɔ́ːl] 오올

대 형 부 모두(의), 전부(의)

That's all I have.
대츠 올 아이 해브
그게 내가 가진 다야

I slept all day.
아이 슬렙트 올 데이
나는 하루종일 잤어.

alligator
[æligèitər] 앨리게이터

명 악어

Look at that big alligator!
룩 앳 댓 빅 앨리게이터
저 큰 악어 좀 봐!

allow
[əláu] 얼라우

동 허락하다

I am not allowed to drink coffee.
아이 앤 낫 얼라우드 투 드링크 커-피
나는 커피를 마시는 것이 허용되지 않는다.

almost
[ɔ́:lmoust] 오올모-스트

부 거의, 대부분

I almost dropped the plate.
아이 오올모-스트 드랖트 더 플레이트
나는 쟁반을 떨어뜨릴 뻔 했다.

alone
[əlóun] 얼로운

형 홀로, 외로이

I was all alone in the house.
아이 워즈 오올 얼로운 인 더 하우스
나는 집에 완전히 혼자 있었다.

along
[əlɔ́ːŋ] 얼로옹

전 ~을 따라 부 쭉, 계속

Turn right and go along the main street.
터언 라이트 앤드 고- 얼로옹 더 메인 스트리잇
오른쪽으로 돌아서 큰길을 따라 가세요.

aloud
[əláud] 얼라우드

부 큰소리로

Don't speak aloud in the classroom!
돈트 스피-크 얼라우드 인 더 클래스룸
교실에서 큰소리로 말하지마라!

alphabet
[ǽlfəbet] 앨퍼벳

명 알파벳

Do you know alphabet?
두 유 노우 앨퍼벳
너 알파벳 아니?

already

[ɔ:lrédi] 오-올레디

㉮ 벌써, 이미

I already made up my mind.

아이 오-올레디 메이드 업 마이 마인드

이미 나는 마음을 굳혔어.

also

[ɔ́:lsou] 올소우

㉮ 또한(=too)

I can write and I can also speak English.

아이 캔 라이트 앤드 아이 캔 올소우 스피-크 잉글리쉬

나는 영어를 쓰고 또한 말할 수 있다.

always

[ɔ́:lweiz] 올웨이즈

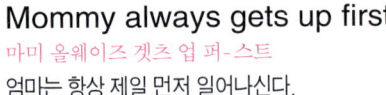

㉮ 항상

Mommy always gets up first.

마미 올웨이즈 겟츠 업 퍼-스트

엄마는 항상 제일 먼저 일어나신다.

Jane is always against me.

제인 이즈 올웨이즈 어겐스트 미

제인은 항상 나를 반대한다.

a. m. /A. M.
[eiem] 에이엠

명 오전에
(오전 시간을 나타내는 숫자 뒤에 쓰인다.)

I always get up at six A.M.
아이 올웨이즈 겟 업 앳 식스 에이 엠
나는 항상 오전 여섯시에 일어난다.

ambulance
[ǽmbjuləns] 앰뷸런스

명 구급차

An ambulance took Tom to the hospital.
언 앰뷸런스 툭 탐 투 더 하스피틀
구급차가 탐을 병원으로 데리고 갔다.

America
[əmérikə] 어메리커

명 미국, 아메리카 대륙

I want to go to America.
아이 원 투 고 투 어메리카
나는 미국에 가고 싶다.

American
[əmérikən] 어메리컨

형 미국(사람)의

Mr. Brown is from America.
미스터 브라운 이즈 프럼 어메리커
브라운씨는 미국 출신이다.

He is American.
히- 이즈 어메리컨
그는 미국 사람이다.

among
[əmʌ́ŋ] 어멍

전 ~사이에, ~중에

Who is the best student among you?
후- 이즈 더 베스트 스튜-던트 어멍 유-
너희들 중 누가 최고의 학생이니?

amount
[əmáunt] 어마운트

명 합계

I need large amounts of money.
아이 니-드 라-지 어마운츠 어브 머니
나는 많은 돈이 필요하다.

and
[ǽnd] 앤드

접 그리고, 그래서, ~과

I like milk and bread.
아이 라잌 밀크 앤 브렛
나는 빵과 우유를 좋아한다.

I woke up and got out of bed.
아이 워크 업 앤 갓 아웃 어브 벳
나는 잠에서 깨어 침대에서 일어났다.

angry
[ǽŋgri] 앵그리

형 화난

Mr. brown is angry at me.
because I missed his class.
미스터 브라운 이즈 앵그리 앳 미
비코즈 아이 미스트 히즈 클래스
브라운씨는 나에게 화를 냈다.
왜냐하면 내가 그의 수업을 빼먹었기 때문이다.

animal [ǽnəməl] 애너멀 명 동물

우리말에서 동물을 가르키는 말에 어미와 새끼를 나타내는 말이 있는 것처럼 영어에도 새끼와 어미를 나타내는 말이 있어요. 잘 알아 둡시다.

cow 소
[káu] 카우

calf 송아지
[kǽf] 캐프

pig 돼지
[píg] 피그

puppy 강아지
[pʌ́pi] 퍼피

dog 개
[dɔ̀ːg] 도-그

piglet 새끼돼지
[píglit] 피글릿

duck 오리
[dʌ́k] 덕

tadpole 올챙이
[tǽdpòul] 태드포울

frog 개구리
[frɔ̀ːg] 프로-그

duckling 오리새끼
[dʌ̀kliŋ] 더클링

46

colt 망아지
[kóult] 코울트

horse 말
[hɔːrs] 홀-스

sheep 양
[ʃíːp] 쉬잎

lamb
[lǽm] 램
새끼양

kid 새끼염소
[kíd] 키드

goat 염소
[góut] 고우트

rooster 수탉
[rúːstər] 루우스터

Easter bunny 부활절 토끼
[íːstər bʌ́ni] 이-스터버니

cat 고양이
[kǽt] 캣

kitten
[kítn] 킷튼
새끼고양이

chick 병아리
[tʃík] 칙

hen
[hén] 헨
암탉

47

another
[ənʌ́ðər] 어너더

형 다른 것의, 다른 사람의

Can you show me another hat, please!
캔 유 쇼-미 어너더 햇 플리-즈
다른 모자를 보여 주세요!

answer
[ǽnsər] 앤써

동 대답하다 명 대답

Answer the phone, John!
앤서 더 폰, 잔
전화 받아라, 잔!

ant
[ǽnt] 앤트

명 개미

The ant is famous for hard work.
디 앤트 이즈 페이머스 포- 하-드 워-크
개미는 열심히 일하는 것으로 잘 알려져 있다.

any [éni] 에니
형 무엇, 어떤, (부정문에서) 조금도

I don't want to eat any more.
아이 돈트 원 투 잇 에니 모-
나는 더 이상 먹고 싶지 않다.

A

anybody
[énibàdi] 에니바디

대 누구라도, 아무도

Anybody knows who I am.
에니바디 노-즈 후- 아이 앰
누구든지 내가 누군지 알지.

Is there anybody absent?
이즈 데어 에니바디 앱샌트
결석한 사람 없나요?

anyone
[éniwʌn] 애니원

대 누군가, 아무도

Tom's dog barks at anyone who it sees.
탐스 도-그 바-크스 앳 에니원 후- 잇 시-즈
탐의 개는 보는 사람마다 짖는다.

anything
[éniθiŋ] 에니씽

대 무엇이든, 무엇인가

I like anything that you give me.
아이 라잌 에니씽 댓 유- 기브 미
나는 네가 주는 것은 무엇이든 좋아해.

49

apartment(APT)

[əpáːrtmənt] 어파-트먼트

명 아파트

Mr. Brown lives in that apartment.

미스터 브라운 리브즈 인 댓 어파-트먼트

브라운 씨는 저 아파트에 산다.

appear

[əpíər] 어피어

동 나타나다

He didn't appear at the class meeting.

히- 디든트 어피어 앳 더 클래스 미-팅

그는 학급 모임에 나타나지 않는다.

apple

[ǽpl] 애플

명 사과

I like the apple juice very much.

아이 라잌 디 애플 쥬-스 베리 머취

나는 사과주스를 매우 좋아한다.

April

[éiprəl] 에이프럴

명 사월

I was born in April, 1988.

아이 워즈 보온 인 에이프럴, 나인티인에이티에잇

나는 1988년 4월에 태어났다.

apron
[éiprən] 에이프런

명 앞치마

My mom is wearing an apron.
마이 맘 이즈 웨어링 언 에이프런
나의 엄마는 앞치마를 입고 계신다.

area
[ɛəriə] 에어리어

명 지역, 구역

Children cannot go into this area.
칠드런 캔 낫 고- 인터 디스 에어리어
어린이는 이 지역에 들어갈 수 없어.

arm
[ɑːrm] 이암

명 팔

My left arm hurt.
마이 레프트 아암 허-트
나의 왼쪽 팔이 아프다.

around
[əràund] 어라운드

전 부 주변에, 둘레에

Let's go around downtown.
렛츠 고- 어라운드 다운타운
시내를 한 바퀴 둘러보자.

arrive
[əráiv] 어라이브

동 (at) (in)도착하다

When will we arrive at home?
웬 윌 위- 어라이브 앳 홈
우리는 언제 집에 도착해?

arrow
[ǽrou] 애로우

명 화살, 화살표

Follow the arrows.
팔로우 디 애로우즈
화살표를 따라 가세요.

art
[áːrt] 아-트

명 예술, 미술

Art is my favorite subject.
아-트 이즈 마이 페이버릿 서브쿽트
미술은 내가 제일 좋아하는 과목이다.

artist
[áːrtist] 아-티스트

명 예술가

I'm a painter. I'm an artist.
아임 어 페인터. 아임 언 아-티스트
나는 화가다. 나는 예술가이다.

as [æz] 애즈

부 ~만큼
전 ~로서, ~라고
접 ~할 때, 한 만큼

Jane is as tall as I am.
제인 이즈 애즈 토올 애즈 아이 앰
제인은 나만큼 키가 크다.

Asia
[éiʒə] 에이저

명 아시아

Korea belongs to Asia.
코리아 빌롱스 투 에이저
한국은 아시아에 속해 있다..

ask
[ǽsk] 애스크

동 묻다, 부탁하다, 요구하다

Where's Tom? / Don't ask me.
웨어즈 탐? / 돈트 애스크 미
탐 어디 있니? / 나한테 묻지 마.

You may well ask.
유- 메이 웰 애스크
잘 물어봤다. (=좋은 질문이다.)

asleep
[əslíːp] 어슬립

형 잠들어 있는

Daddy is asleep.
대디 이즈 어슬립
아빠는 잠들어 계신다.

astronaut
[ǽstrənɔ̀ːt] 애스트러너-트

명 우주비행사

I want to be a astronaut.
아이 원 투 비 어 에스트러너-트
나는 우주 비행사가 되고 싶다.

at
[æt] 앳

전 (장소) ~에, (시간) ~에

I usually get up at six o'clock.
아이 유쥴리 겟 업 앳 식스 어클락
나는 보통 여섯 시에 일어난다.

ate
[éit] 에이트

동 eat의 과거, 먹었다

We ate noodle for lunch.
위 에이트 누들 포- 런취
우리는 점심으로 국수를 먹었다.

attend
[əténd] 어텐드

동 출석하다, 등교하다

We attend school everyday.
위- 어텐드 스쿠울 에브리데이
우리는 매일 학교에 등교한다.

attention
[əténʃən] 어텐션

명 주의, 주목

Attention, please!
어텐션 플리-즈
주목해주세요!

August
[ɔ́ːgəst] 오-거스트

명 팔월

I was born in August 1985.

아이 워즈 보온 인 오-거스트, 나인티인 에이티 파이브

나는 1985년 8월에 태어났다.

aunt
[ǽnt] 앤트

명 아주머니, 숙모, 고모

I bought a present for my aunt.

아이 보-트 어 프레즌트 포- 마이 앤트

나는 숙모를 위해 선물을 샀다.

autumn
[ɔ́ːtəm] 오-텀

명 가을

Autumn is my favorite season.

오-텀 이즈 마이 페이버릿 시-즌

가을은 내가 가장 좋아하는 계절이다.

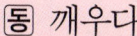

awake
[əwéik] 어웨이크

동 깨우다
형 잠이 깬, 깨어 있는

I awake at the alarm everyday.
아이 어웨이크 앳 디 얼라암 에브리데이
나는 매일 자명종 (소리)에 잠을 깬다.

awoke
[əwóuk] 어워우크

동 awake의 과거, 과거분사형

I awoke at the morning call.
아이 어워우크 앳 더 모-닝 콜
나는 모닝콜 (소리)에 잠을 깼다.

away
[əwéi] 어웨이

부 멀리, 떨어져서

Go away!
고- 어웨이
저리 가라!

Keep away from me!
킵 어웨이 프럼 미
나한테서 떨어져!

B, b

baby
[béibi] 베이비

명 아기, 어린애

The baby always cries.
더 베이비 올웨이즈 크라이즈
그 아기는 언제나 운다.

back
[bǽk] 백

명 등 **부** 뒤(쪽으)로

Turn back!
터언 백
뒤로 돌아!

My back is itchy.
마이 백 이즈 이취
등이 가렵다.

bacon
[béikən] 베이컨

명 베이컨

I love bacon.
아이 러브 베이컨
나는 베이컨을 좋아한다.

bad
[bǽd] 뱃

형 나쁜, 못된

That's too bad.
댓츠 투-뱃
그거 참 안됐구나.

Don't be a bad boy!
돈트 비 어 뱃 보이
나쁜 애가 되지 마! (=나쁜 애처럼 행동하지 마!)

bag
[bǽg] 백

명 가방, 주머니

There are three bags; a hand bag, a paper bag, and a shoulder bag.
데어 라 쓰리- 백즈; 어 핸드 백, 어 페이퍼 백 앤드 어 쇼울더 백
가방이 세 개 있다. 손가방, 종이 가방, 어깨에 메는 가방

bake
[béik] 베이크

동 (빵을) 굽다

Mommy is baking bread in the kitchen.
마미 이즈 베이킹 브레드 인 더 키친
엄마는 부엌에서 빵을 굽고 계신다.

baker
[béikər] 베이커

명 빵굽는 사람

Minho's daddy is a baker.
민호스 대디 이즈 어 베이커
민호의 아버지는 빵을 굽는 사람이다.

bakery
[béikəri] 베이커리

명 제과점

I bought some bread at Crown bakery.
아이 보-트 섬 브레드 앳 크라운 베이커리
나는 크라운 베이커리에서 빵을 약간 샀다.

ball
[bɔ́:l] 보올

명 공

Don't play with the ball in the house.(Don't = Do not)
돈트 플레이 위드 더 보올 인 더 하우스
집 안에서 공 가지고 놀지 말아라.

ballet
[bǽlei] 밸레이

명 발레

I've studied ballet for two years. (I've = I have)
아이브 스터디드 밸레이 포- 투- 이어즈
나는 2년 동안 발레를 공부해 왔다.

balloon
[bəlú:n] 벌루운

명 풍선

Daddy, buy me a balloon.
대디, 바이 미 어 벌루운
아빠, 풍선 하나 사 주세요.

banana

[bənǽnə] 버내너

명 바나나

Yunhee, you can have this banana.

윤희, 유- 캔 해브 디스 버내너
윤희야, 너 이 바나나 먹어도 돼.

band

[bǽnd] 밴드

명 악단, 끈

That kid band is famous.

댓 키드 밴드 이즈 페이머스
저 어린이 악단은 유명하다.

I don't need a hair band.
I am a boy.

아이 돈트 니- 드 어 헤어밴드. 아이 앰 어 보이
나는 머리끈이 필요없어. 나는 소년이야.

bank

[bǽŋk] 뱅크

명 은행

I keep the money in the bank.

아이 킵 더 머니 인 더 뱅크
나는 은행에 돈을 보관한다.

barber
[báːrbər] 바-버

명 이발사

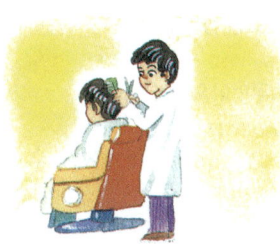

Mr. Kim is a barber.
미스터 킴 이즈 어 바-버
김씨는 이발사이다.

He works in a barbershop.
히- 워억스 인 어 바-버샵
그는 이발소에서 일힌다.

bark
[báːrk] 바-크

동 (개나 늑대가)짖다

Strange! My dog doesn't bark.
(doesn't = does not)
스트레인지! 마이 도-그 더즌트 바-크
이상해! 내 개는 짖지 않아.

barn
[báːrn] 바안

명 헛간, 외양간

This barn is for crops.
디스 바안 이즈 포- 크랖스
이 헛간은 곡물용이다.

And that barn is for cows.
앤드 댓 바안 이즈 포- 카우즈
그리고 저 헛간은 소들을 위한 것이다.

baseball
[béisbɔ̀ːl] 베이스보올

명 야구

Let's play baseball.
렛츠 플레이 베이스보올
야구하자.

63

basket
[bǽskit] 배스킷

명 바구니

What is in the basket?
왓 이즈 인 더 배스킷
저 바구니 안에는 무엇이 있니?

bat
[bǽt] 뱉

명 방망이, 박쥐

Where is your bat?
웨어 이즈 유어 뱃
너의 방망이 어디 있니?

I saw a bat flying
아이 쏘- 어 뱃 플라잉
나는 박쥐가 날고 있는 것을 보았다.

bath
[bǽθ] 배쓰

명 목욕탕, 목욕

Here is some soap. Take a bath.
히어 이즈 섬 소우프. 테잌 어 배쓰
여기 비누있어. 목욕해.

bathroom
[bǽθrù(ː)m] 배쓰루움

명 욕실, 화장실

May I use your bathroom?
메이 아이 유즈 유-어 배쓰루움
화장실을 이용해도 될까요?

bathtub
[bǽθtÀb] 배쓰텁

명 욕조

Minho is taking a bath in a bathtub.
민호 이즈 테이킹 어 배쓰 인 어 배쓰텁
민호는 욕조에서 목욕 중이다.

be
[biː] 비이 약 bi 비

동 있다, ~이다

Be quiet, please!
비 콰이엇, 플리-즈
조용히 해 주세요!

beach
[bíːtʃ] 비이취

명 (바다, 호수의)해변, 물가

It's a beautiful day!
이츠 어 뷰-티플 데이
정말 좋은 날씨야.

Let's catch a tan on the beach.
렛츠 캐취 어 탠 안 더 비-취
해변에서 일광욕하자.

bear¹
[bɛ́ər] 베어

동 참다, 견디다, (아이를)낳다
- born : bear의 과거, 과거분사

I can't bear you any more.
아이 캔트 베어 유- 에니 모-
나는 너에게 더 이상 참을 수 없어.

My brother, Chulsu, was born last year.
마이 브러더, 철수 워즈 보온 래스트 이어
나의 동생, 철수는 작년에 태어났다.

bear²
[bɛ́ər] 베어

명 곰

Have you seen a real bear?
해브 유- 씨인 어 리얼 베어
너 진짜 곰 본 적 있니?

beautiful
[bjúːtəfəl] 뷰-티플

형 아름다운

I like a beautiful girl.
아이 라잌 어 뷰-티플 거얼
나는 아름다운 소녀를 좋아한다.

It's a beautiful day.
잇츠 어 뷰-티플 데이
아름다운 날이야.

became

[bikéim] 비케임

동 become의 과거형

He became a soldier.
히- 비케임 어 솔져
그는 군인이 되었다.

because

[bikɔ́:z] 비코오즈

접 때문에

I was absent from school yesterday, because caught a cold.
아이 위즈 앱슨트 프럼 스쿠울 예스터데이 비코-즈 코-트어 코울드
나는 어제 학교에 결석했다. 왜냐면, 감기에 걸렸기 때문이다.

become

[bikʌ́m] 비컴

동 ~이 되다

● became : become의 과거, 과거분사

I want to become a famous singer.
아이 원 투 비컴 어 페이머스 싱어
나는 유명한 가수가 되고 싶어.

bed

[béd] 벳

명 침대

Get out of bed, Sangjoon.
겟 아웃 어브 벳, 상준
침대에서 일어나, 상준아.

It's already eight o'clock!
잇츠 얼레디 에잇 어클락
벌써, 여덟 시야!

bedroom
[bédrùːm] 베드루움 명 침실

My bedroom is upstairs.
마이 베드루움 이즈 업스테어즈
나의 침실은 위층에 있어.

It has a light, a lamp, a pillow and a blanket.
잇 해즈 어 라이트, 어 램프, 어 필로우, 앤더 블랭킷
거기에는 전등, 램프, 베개, 그리고 담요가 있어.

bee
[biː] 비- 명 꿀벌

Minsu, you're afraid of bees!
민수, 유어 어프레이드 어브 비-즈
민수야, 너 벌을 무서워하는구나!

been
[bin] 빈 [biːn] 비인 be의 과거분사

He has been a teacher since 1970.
히 해즈 비인 어 티-처 씬쓰 나인틴 세븐티
그는 1970년부터 선생님이었다.

before
[bifɔːr] 비포- 전 부 ~전에

Finish your homework before you go out.
피니쉬 유어 홈워-크 비포- 유- 고- 아웃
밖에 나가기 전에 숙제를 끝내라.

began
[bigǽn] 비갠

begin의 과거형

Exam began last Monday.
이그잼 비갠 라스트 먼데이
시험이 지난 월요일 시작되었다.

begin
[bigín] 비긴

동 시작하다, 시작되다
● began은 과거 begun은 과거분사

The class usually begins at nine o'clock.
더 클래스 유-쥘리 비긴즈 앳 나인 어클락
수업은 보통 아홉시에 시작한다.

beginning
[bigínin] 비기닝

명 시작, 처음

At the beginning, it was just a joke.
앳 더 비기닝, 잇 워즈 져스트 어 죠-크
처음에, 그것은 그저 장난이었어.

behind
[biháind] 비하인드

전 ~의 뒤에

My house is behind the post office.
마이 하우스 이즈 비하인드 더 포-스트 어-피스
나의 집은 우체국 뒤에 있다.

I know who is behind the door.
아이 노우 후- 이즈 비하인드 더 도어
나는 문 뒤에 누가 있는지 알아.

believe

[bilí:v] 빌리-브

동 믿다

I believe the story what Jinsu says.

아이 빌리-브 더 스토리 왓 진수 세즈

나는 진수가 말한 이야기를 믿어.

bell

[bel] 벨

명 종, 방울

Can you hear the bell ring?

캔 유 히어 더 벨 링

너 종이 울리는 소리 들리니?

I think somebody rings the bell.

아이 씽크 섬바디 링즈 더 벨

누가 종을 울리는것 같은데.

belong

[bilɔ́(:)ŋ] 빌로옹

동 (to) ~에 속하다, ~의 것이다

Get your hands off from that.

겟 유어 핸즈 어프 프럼 댓

거기서 손 떼.

That belongs to me.

댓 빌로옹즈 투- 미

그건 내꺼야.

below

[bilóu] 빌로우

전부 ~밑에, 아래쪽에

The cat is playing below the table.

더 캣 이즈 플레잉 빌로우 더 테이블

고양이가 테이블 아래서 놀고 있다.

bench
[bentʃ] 벤취
명 긴 의자, 벤취

Wet paint! Don't sit on the bench.
왯 페인트! 돈트 싯 앋 더 벤취
페인트 칠! 벤취에 앉지 마시오.

beside
[bisáid] 비사이드
전 ~옆에

Minho was beside me just before.
민호 워즈 비사이드 미 저스트 비포-
민호는 방금 전에 내 옆에 있었어.

Put the fork and knife beside the napkin.
풋 더 포-크 앤 나이프 비사이드 더 냅킨
냅킨 옆에 포크와 나이프를 놓아라.

best
[bést] 베스트
형 가장 좋은

He is my best friend.
히 이즈 마이 베스트 프랜드
그는 나의 가장 좋은 친구이다.

better
[bétər] 베터
형 더 좋은

This is better than that.
디스 이즈 베러 댄 댓
이것이 저것보다 더 좋다.

71

between

[bitwíːn] 비튀인

전 사이에, 가운데

This is secret between you and me.
디스 이즈 시-크릿 비튀인 유- 앤드 미
이것은 너와 나 사이의 비밀이야.

OK, I won't tell anybody that.
오우 케이, 아이 온트 텔 에니바디 댓
좋아 아무에게도 그걸 말하지 않을게.

Bible

[báibəl] 바이벌

명 성경

I read the Bible everyday.
아이 리드 더 바이벌 에브리데이
나는 매일 성경을 읽는다.

bicycle

[báisikəl] 바이씨컬

명 자전거

Little boy, go and try a tricycle.
리틀보이, 고- 앤드 트라이 어 트라이씨컬
꼬마야, 가서 세발 자전거나 타 봐라.

This bicycle is for a big boy like me.
디스 바이씨컬 이즈 포- 어 빅 보이 라잌 미
이 두발 자전거는 나같이 큰 아이를 위한 거야.

big

[big] 빅

형 큰, 커다란

I am too big, and you are too small.
아이 앰 투- 빅, 앤드 유- 아- 투- 스모올
나는 너무 크고, 너는 너무 작다.

bike
[báik] 바이크

명 자전거
● bicycle을 줄여서 부르는 말

Buy me the bike.
바이 미 더 바이크
자전거 사줘요.

bind
[báind] 바인드

동 (끈으로) 묶다
● bound : bind의 과거, 과거분사

Bind them with a rope.
바인드 댐 위드 어 로-프
그들을 밧줄로 묶어라.

bird [bə́:rd] 버-드 명 새

영어를 쓰는 나라의 어린이들은 두루미 crane 크레인가 동생을 가져온다고 알고 있지요. 그래서 두루미 crane 크레인라는 말을 들을 때면, 서양의 어린이들은 새로운 동생이 생길 것을 기대하지요. 그리고 비둘기 pigeon 피전을 볼 때면 평화를 생각하지요. 이것은 여러분들도 알고 있지요. 여러분들이 알고 있는 새의 이름이 영어로는 어떻게 말하는지 알아 보세요.

owl 올빼미
〖ául〗아울

eagle 독수리
〖íːgl〗아-글

crane 두루미
〖kréin〗크레인

crow
〖króu〗크로우
까마귀

pigeon
〖pídʒən〗피전
비둘기

ostrich 타조
〖ɔ́ːstritʃ〗오스트리치

penguin
〖péŋgwin〗펭귄
펭귄

sparrow
〖spǽrou〗스패로우
참새

swan 백조
〖swan〗스완

peacock 공작
〖píːkàk〗피-칵

birthday [bə́ːrθdèi] 버-쓰데이 **명** 생일

B

생일잔치 **birthday party** 버-쓰데이 파티는 우리나라나 미국이나 마찬가지로 성대하게 열리지요. 친구들 **friends** 프렌즈을 모아 놓고 생일케익 **birthday cake** 버-쓰데이 케익에 생일 촛불 **birthday candle** 버-쓰데이 캔들에 불을 붙였다가 불어서 끄면서 소원을 빌지요. 여러분도 해봤을 거예요. 소원을 비는 것을 영어로는 **make a wish** 메이크 어 위쉬라고 하지요. 자 다음 번 여러분 생일에 멋진 소원 **wish** 위쉬을 빌어 보세요.

candle 촛불
【kǽndl】 캔들

birthday cake
【bə́ːrθdèi keik】
버-쓰데이 케이크
생일 케이크

Happy birthday, Sangjin!
해피 버-쓰데이, 상진!
상진아, 생일 축하해!

When is your birthday?
웬 이즈 유어 버-쓰데이?
너의 생일은 언제니?

biscuit
[bískit] 비스킷

명 비스켓, 과자

Where are my biscuits?
웨어 아- 마이 비스키츠
내 과자 어딨어?

bit
[bít] 빗

명 조금, 약간의 양, 작은 조각

He is a bit of a poet.
히 이저 빗 어브 어 포우잇
그는 시를 조금은 쓴다.

bite
[báit] 바이트

동 물다, 물어뜯다
● bit : 과거, bitten : 과거분사

I was bitten by Sunhee's dog yesterday.
아이 워즈 비튼 바이 순희즈 도-그 에스터데이
나는 어제 순희네 개에게 물렸다.

black
[blǽk] 블랙

형 명 검은(색/물건), 흑인(의)

Joe is black.
죠 이즈 블랙
죠는 흑인이다.

My hair is black.
마이 헤어 이즈 블랙
나의 머리카락은 검은색이다.

blackboard
[blǽkbɔ̀ːrd] 블랙보-드
몡 칠판

Write the answer on the blackboard.
라이트 디 앤서 안 더 블랙보-드
칠판에 답을 써라.

blind
[blɑ́ind] 블라인드
혱 장님의, 눈먼

He is blind. He can't see.
히 이즈 블라인드. 히 캔트 씨-
그는 장님이야. 그는 볼 수 없어.

block
[blɑ́k] 블락

몡 토막, 나무토막, 거리구역
동 막다, 가로막다

Sanghun is playing with wooden blocks.
상훈 이즈 플레잉 위드 우든 블락스
상훈이는 나무 블록을 가지고 놀고 있다.

Go two blocks and you'll find the post office.
고- 투- 블락스 앤 유월 파인더 포-스트 어-피스
두 구역을 가면 우체국이 보일 것입니다.

blood
[blʌ́d] 블러드

몡 혈액, 피

My blood type is O.
마이 블러드 타입 이즈 오-
나의 혈액형은 O형이다.

77

bloom

[blú:m] 블루움

동 꽃이 피다
명 꽃핌, 개화

In the spring, all kinds of flowers bloom.
인 더 스프링, 올 카인즈 어브 플라워즈 블루움
봄에는 온갖 꽃들이 핀다.

blouse

[bláus] 블라우스

명 여자의 윗도리, 블라우스

Sunhee, you looks good in your new blouse.
순희, 유- 룩스 굿 인 유어 뉴- 블라우스
순희야, 너는 새로운 블라우스를 입으니
잘 어울리는구나.

blow

[blóu] 블로우

동 바람이 불다, (입으로)불다

Close the window. The wind is blowing hard.
클로우즈 더 윈도우. 더 윈드 이즈 블로우잉 하-드
창문을 닫아라. 바람이 세게 분다.
Daddy, blow up these balloons for me.
대디, 블로우 업 디-즈 벌루운즈 포- 미
아빠, 저에게 이 풍선들을 불어 주세요.

blue
[blú:] 블루-

형 명 파랑색(의), 우울한

I like that blue T-shirt.
아이 라잌 댓 블루- 티- 셔엇
나는 저 파란색 티셔츠가 좋아.

I feel a bit blue today.
아이 필 어 빗 블루- 투데이
나는 오늘 좀 우울해.

board
[bɔ́:rd] 보-드

명 판자, 게시판

There is your picture on the board!
데어 이즈 유어 픽쳐 안 더 보-드
네 사진이 게시판에 붙어 있어!

boat [bóut] 보우트　圓 작은 배, 보트

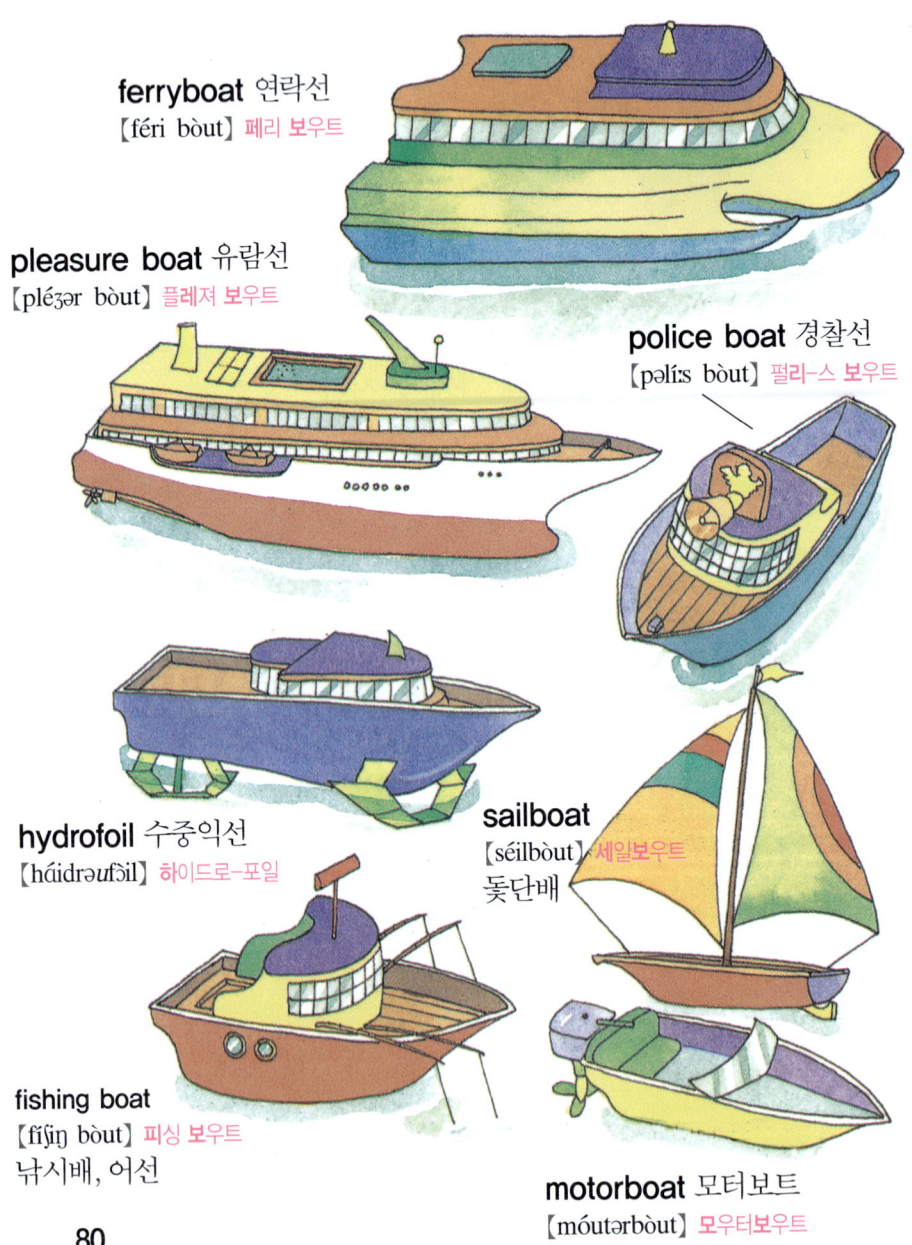

ferryboat 연락선
〔féri bòut〕 페리 보우트

pleasure boat 유람선
〔pléʒər bòut〕 플레져 보우트

police boat 경찰선
〔pəlíːs bòut〕 펄리-스 보우트

hydrofoil 수중익선
〔háidrəuf ɔ̀il〕 하이드로-포일

sailboat
〔séilbòut〕 세일보우트
돛단배

fishing boat
〔fíʃiŋ bòut〕 피싱 보우트
낚시배, 어선

motorboat 모터보트
〔móutərbòut〕 모우터보우트

body [bádi] 바디 　명 몸, 신체

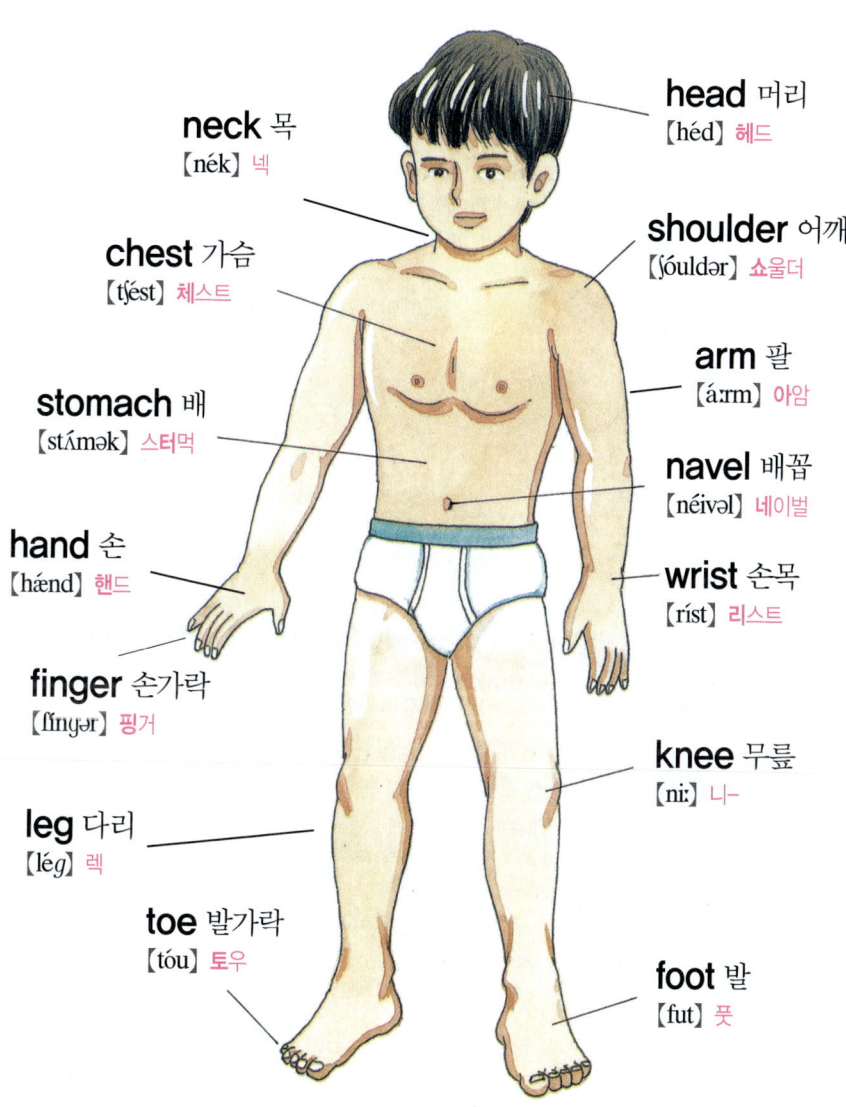

neck 목
【nék】 넥

chest 가슴
【tʃést】 체스트

stomach 배
【stʌ́mək】 스터먹

hand 손
【hǽnd】 핸드

finger 손가락
【fíŋɡər】 핑거

leg 다리
【léɡ】 렉

toe 발가락
【tóu】 토우

head 머리
【héd】 헤드

shoulder 어깨
【ʃóuldər】 쇼울더

arm 팔
【áːrm】 아암

navel 배꼽
【néivəl】 네이벌

wrist 손목
【ríst】 리스트

knee 무릎
【niː】 니ー

foot 발
【fut】 풋

bone

[bóun] 보운

명 뼈

You are just skin and bones.
유- 아- 저스트 스킨 앤드 보운즈
너는 가죽하고 뼈밖에 없구나.
(=너 무척이나 말랐구나.)

book

[búk] 북

명 책

I don't like a book without pictures.(don't=do not)
아이 돈트 라잌 어 북 윗아웃 픽쳐즈
나는 그림이 없는 책은 좋아하지 않아.

boot

[búːt] 부-트

명 장화 (보통 복수로 쓰임)

I'm ready for the rainy season,
아임 레디 포- 더 레이니 시-즌
나는 장마철에 대한 준비가 되어 있다.

because I bought a pair of boots.
비코-즈 아이 보-트 어 페어 어브 부-츠
왜냐하면 장화 한 켤레를 샀거든.

born

[bɔ́ːrn] 보온

동 bear의 과거형

He was born rich.
히 워즈 보온 리취
그는 부자로 태어났다.

borrow

[bɔ́(:)rou] 발로우

동 빌리다

Can I borrow your pen?
캔 아이 발로우 유어 펜
네 펜 좀 빌려 줄 수 있니?

both

[bóuθ] 보우쓰

형 둘 다, 양쪽 다

Both you and I should go there.
보우쓰 유- 앤 아이 슈드 고- 데어
너하고 나 둘 다 거기에 가야 한다.

I need both a pen and an eraser.
아이 니-드 보우쓰 어 펜 앤어 이레이져
나는 펜과 지우개 둘 다 필요하다.

bottle

[bátl] 바틀

명 병

I have half a bottle of milk every morning.
아이 해브 해프 어 바틀 어브 밀크 에브리 모-닝
나는 매일 아침 우유 반 병을 마신다.

bottom

[bátəm] 바텀

명 바닥

He is at the bottom of the class.
히 이즈 앳 더 바텀 어브 더 클레스
그는 반에서 꼴찌다.

bought

[bɔ́:t] 보-트

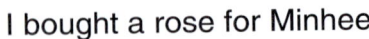 동 buy의 과거형, 샀다

I bought a rose for Minhee.
아이 보-트 어 로우즈 포- 민희
나는 순희에게 줄 장미 한 송이를 샀다.

bow

[báu] 바우

동 (고개숙여)인사하다
명 인사

We bow to teachers.
위- 바우 투 티-처즈
우리는 선생님들께 고개숙여 인사한다.

But, we greet each other.
벗, 위- 그리-트 이-치 어더
하지만, 우리끼리는 서로 인사만 한다.

bowl

[bóul] 보울

명 그릇, 사발

Mommy, fill my milk bowl too.
마미, 필 마이 밀크 보울 투-
엄마, 내 우유 그릇도 채워주세요.

box
[báks] 박스

명 상자

Here is a box for you.
히어 이저 박스 포- 유-
여기 너를 위한 박스가 있다.

Open it.
오픈 잇
열어봐.

boxing
[báksŋ] 박싱

명 권투, 복싱

I like boxing.
아이 라잌 박싱
나는 권투를 좋아한다.

boy
[bɔ́i] 보이

명 소년

My little boy, you are so cute.
마이 리틀 보이, 유- 아- 쏘- 큐-트
아가야, 너 참 귀엽구나.

branch

[brǽntʃ] 브랜취

명 나뭇가지

Hang the swing on the branch.
행 더 스윙 안 더 브랜취
그네를 저 가지에 매달아라.

bread

[bréd] 브레드

명 빵

I like bread and butter.
아이 라잌 브렛 앤(드) 버터
나는 빵과 버터를 좋아한다.

break

[bréik] 브레이크

동 부수다, 깨뜨리다, 자르다, 꺾다, (실을) 끊다

Glass breaks easily.
글래스 브레이크 이즐리
유리는 깨지기 쉽다.

breakfast [brékfəst] 브렉퍼스트 　명 아침 식사

우리는 아침에 국과 밥을 먹지만 영어를 쓰는 나라는 우리와 조금 다른 아침 식사를 하지요. 꼭 아침만 다른 것이 아니라 점심과 저녁도 다르지만, 여기서는 아침에 대해 알아봅시다. 대표적인 아침 식사는 빵 **bread** 브레드과 우유 **milk** 밀크 그리고 오렌지 주스 **orange juice** 어-린쥐 쥬-스죠. 요즘 여러분들이 많이 먹는 **Cereal** 시리얼도 인기있는 식사 메뉴 중 하나예요.

bridge

[brídʒ] 브릿지

명 다리

How many bridges are there across the Han river?

하우 매니 브릿지즈 아- 데어 어크로오스 더 한 리버
한강을 건너는 다리가 몇 개 있지?

bright

[bráit] 브라이트

형 밝은, 빛나는
부 밝게, 빛나게, 반짝거려

The sun shines bright.

더 선 샤인스 브라이트
해가 밝게 빛난다.

bring

[bríŋ] 브링

동 가져오다

Don't forget to bring some cookies.

돈트 퍼겟 투 브링 섬 쿠키즈
과자 좀 가져오는 것 잊지마.

Britain

[brítən] 브리튼

명 영국

My uncle lives in Britain.

마이 엉클 리브스 인 브리튼
내 삼촌은 영국에 살고 있다.

British
[brítiʃ] 브리티쉬
[형] 영국(사람)의, 영국말의

Mr. Johns is British.
미스터 존스 이즈 브리트쉬
존슨 씨는 영국인이다.

broad
[brɔ́ːd] 브로오드
[형] 넓은

What a broad street!
왓 어 브로오드 스트리잇
굉장히 넓은 도로구나!

broke
[bróuk] 브로우크
[동] break의 과거형

He broke my sleep.
히 브로우크 마이 슬맆
그는 내 잠을 깨웠다.

broom
[brú(ː)m] 브룸
[명] 대빗자루

Would you sweep the floor with the broom?
우쥬- 스위잎 더 플로- 위드 더 브룸
대빗자루로 바닥 좀 쓸어 주겠니?

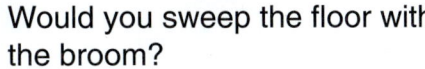

brother [brʌ́ðər] 브러더 [명] 형제

영어는 우리말하고 달라서 형제, 자매의 구별은 있지만, 언니, 누나의 구별이 없고 보통 때는 나이의 많고 적음을 말에서 표현하지 않아요. 그러나 나이의 많고 적음을 표현하고 싶을 때는 **younger** 영거 나이 어린, **elder** 엘더 손위의, **older** 오울더 나이를 더 먹은 등의 말을 **brother** 브러더 형제, **sister** 시스터 자매, 누이의 앞에 붙여서 나타냅니다. 평상시에는 나이의 구별을 하지 않으니 그냥 **brother** 브러더, **sister** 시스터라고 말하지요.

Chulu is my younger brother.
철수 이즈 마이 영거 브러더
철수는 내 동생이다.

Minsu is my elder broter.
민수 이즈 마이 엘더 브러더
민수는 나의 형이다.

brought
[brɔ́ːt] 브로-트   동 bring의 과거, 과거분사

Sumin brought radio to
listen to the music.
수민 브로우트 레이디오 투 리선 투 더 뮤직
수민이는 음악을 듣기 위해 라디오를 가지고 왔다.

brown
[bráun] 브라운   명 형 갈색(의)

Those brown pants match you
well.
도-즈 브라운 팬츠 매취 유- 웰
그 갈색 바지는 너에게 잘 어울리는데.

brush
[brʌ́ʃ] 브러쉬   명 빗, 붓, 솔
동 빗질하다, 솔질하다

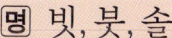

Where is my hair brush?
웨어 이즈 마이 헤어 브러쉬
내 머리 빗이 어디 있지?

I need to brush my hair.
아이 니-드 투 브러쉬 마이 헤어
머리를 빗을 빗이 필요한데.

bubble

[bʌ́bəl] 버블

명 방울, 거품 풍선

I can make a bubble with gum.
아이 캔 메이크 어 버블 위드 검
나는 껌으로 풍선을 만들 수 있다.

Don't chew bubble gum during the class.
돈트 츄- 버블 검 듀-링 더 클래스
수업 중에 풍선껌을 씹지 마라.

build

[bíld] 빌드

동 (건물 따위를) 짓다, 세우다

They are building a house.
데이 아- 빌딩 어 하우스
그들은 집을 짓고 있다.

building [bíldiŋ] 빌딩 **명** 건물

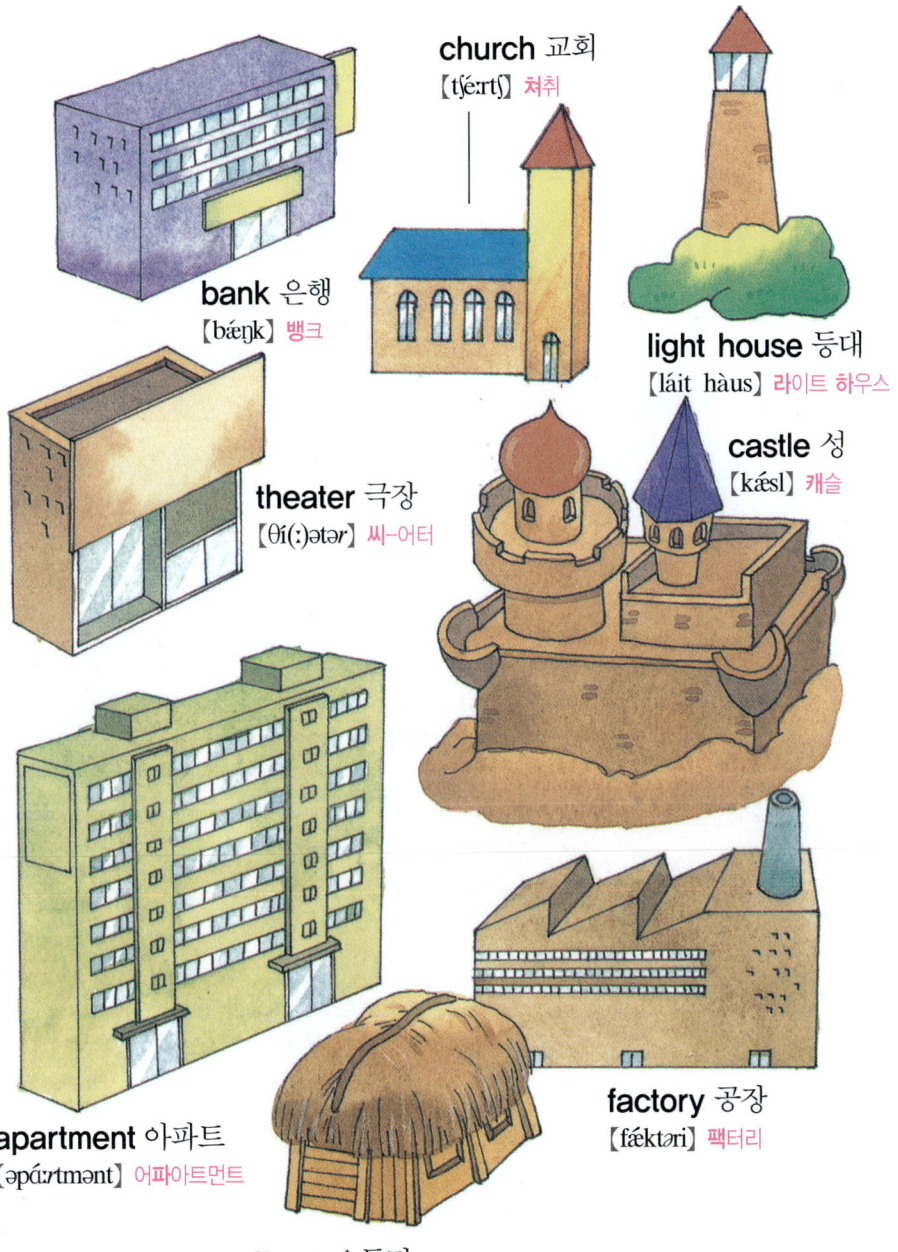

church 교회
【tʃə́:rtʃ】 쳐취

bank 은행
【bǽŋk】 뱅크

light house 등대
【láit hàus】 라이트 하우스

theater 극장
【θí(:)ətər】 씨-어터

castle 성
【kǽsl】 캐슬

apartment 아파트
【əpá:rtmənt】 어파아트먼트

cottage 오두막
【kátidʒ】 카티쥐

factory 공장
【fǽktəri】 팩터리

93

built

[bílt] 빌트

동 build의 과거, 과거분사

This building was built by a famous architect.
디스 빌딩 워즈 빌트 바이 어 페이머스 아키텍트
이 빌딩은 유명한 건축가가 지었다.

bump

[bʌ́mp] 범프

동 부딪치다, 충돌하다

I bumped into a stranger in the street.
아이 범프트 인터 스트레인저 인 더 스트리잇
나는 거리에서 낯선 사람과 부딪쳤다.

burn

[bə́:rn] 버언

동 태우다, 타다

The house was burnt to the ground.
더 하우스 워즈 버언트 투 더 그라운드
집이 타서 재가 되었다.

bus

[bʌ́s] 버스

명 버스

Get on the bus, boys.
We'll start. (We'll=We will)
겟 안 더 버스, 보이즈, 위일 스타ー트
버스에 타라, 애들아. 우리 출발할 거야.

business

[bíznis] 비지니스

명 일, 사업

Mind your own business.
마인드 유어 오운 비즈니스
내 일에 신경 써. (남의 일에 참견하지 마)

My daddy is a business man.
마이 대디 이저 비즈니스 맨
나의 아빠는 사업가이다.

busy

[bízi] 비지

형 바쁜, 분주한

Daddy is always busy.
I can't see him very often.
대디 이즈 올웨이즈 비지, 아이 캔트 시- 힘 베리 오-픈
아빠는 항상 바쁘시다. 나는 그를 자주 보지 못한다.

but

[bʌt] 벗

접 그러나

I am small, but I am strong.
아이 앰 스모올 벗 아이 앰 스트로옹
나는 작다. 그러나 나는 강하다.

Mr. Brown is not my teacher but
Minsu's teacher.
미스터 브라운 이즈 낫 마이 티-처 벗 민수즈 티-처
브라운씨는 나의 선생님이 아니라 민수의 선생님이다.

butter

[bʌ́tər] 버터

명 버터

We always have butter and cheese.

위- 올웨이즈 해브 버터 앤 치-즈

우리는 항상 버터와 치즈를 먹는다.

butterfly

[bʌ́tərflài] 버터플라이

명 나비

I have a great collection of butterflies.

아이 해브 어 그레잇 컬렉션 어브 버터플라이즈

나는 훌륭한 나비 수집을 가지고 있어.

button

[bʌ́tn] 버튼

명 단추, 버튼

Sew a button on my shirt, Mom

소우 어 버튼 안 마이 셔엇, 맘

내 셔츠에 단추를 달아 주세요, 엄마.

Push the button, then the machine will work.

푸쉬 더 버튼 덴 더 머쉰 윌 워엌

그 버튼을 눌러라, 그러면 기계가 작동할 거야.

buy
[bái] 바이

동 사다

● bought : buy의 과거, 과거분사

Jinsu buy a book for his girl friend.

진수 바이 어 북 포- 히즈 걸 프랜드

진수는 자기 여자친구에게 줄 책을 산다.

by
[bái] 바이

전 ~의 옆에, 지나서, ~에 의해

I passed by Sunhee's house.

아이 패스트 바이 순희즈 하우스

나는 순희네 집 옆을 지나쳤다.

The house was built by carpenters.

더 하우스 워즈 빌트 바이 카- 펀터즈

그 집은 목수들에 의해 지어졌다.

bye
[bái] 바이

감 안녕

Good bye, Jinsu!

굿 바이, 진수

진수야, 잘가!

Good bye, Minho! See you later!

굿 바이, 민호! 씨- 유 레이터(레이더)

잘가, 민호야! 나중에 보자!

C, c

cabbage

[kǽbidʒ] 캐비지

명 양배추

Jinsu, can you tell cabbage from lettuce?

진수, 캔 유- 텔 캐비지 프럼 레티스

진수야, 너는 양배추하고 양상치를 구분할 줄 아니?

cake

[kéik] 케이크

명 케이크

I like cheese cake best.

아이 라잌 치-즈 케이크 베스트

나는 치즈 케이크를 제일 좋아한다.

But, my daddy likes fruit cake.

벗 마이 대디 라잌스 프루-트 케이크

하지만, 나의 아빠는 과일 케이크를 좋아한다.

calendar
[kǽləndər] 캘린더

명 달력

Check my birthday on your calender!
첵 마이 버-쓰데이 안 유어 캘린더
네 달력에서 내 생일을 확인해 봐!

I am sorry, It was yesterday!
아이 앰 소-리, 잇 워즈 예스터데이
미안해, 어제였구나!

calf
[kǽf] 캐프

명 송아지

They killed a fatted calf for him.
대이 킬드 어 패티드 캐프 포 힘
그들은 그를 위해 살찐 송아지를 한 마리 잡았다.

call
[kɔ́:l] 코올

동 부르다, 전화하다, 방문하다

Listen! Somebody is calling your name.
리슨! 섬바디 이즈 코올링 유어 네임
들어봐! 누가 네 이름을 부른다.

C

camel
[kǽməl] 캐멀

명 낙타

Have you seen a real camel?
해브 유- 시인 어 리얼 캐멀
너 진짜 낙타 본 적 있니?

No, I haven't. Have you?
노우, 아이 해븐트. 해브 유-
아니 본 적 없어, 너는?

camera
[kǽmərə] 캐머러

명 사진기

Bring your camera over here, Jinsu!
브링 유어 캐머러 오-버 히어, 진수
네 사진기를 여기로 가져와라, 진수야!

Let's take a picture.
렛츠 테잌 어 픽쳐
우리 사진 찍자.

camp
[kǽmp] 캠프

동 캠프, 야영하다

Are you ready to go camping?
아- 유- 레디 투 고- 캠핑
야영할 준비 됐니?

O.K. I'm ready.
오-케이. 아임 레디
좋아 나는 준비 됐어.

can¹
[kæn] 캔

명 깡통 동 깡통을 따다

Can you can that can?

캔 유 캔 댓 캔

너는 저 깡통을 딸 수 있니?

can²
[kæn] 캔

조 ~할 수 있는

I can speak English.

아이 캔 스피-크 잉글리쉬

나는 영어를 할 수 있다.

I can run faster than anybody else.

아이 캔 런 패스터 댄 에니바디 엘스

나는 다른 어떤 소년보다 빨리 달릴 수 있다.

canary
[kənέəri] 커네어리

명 카나리아

Have you heard a canary speak?

해브 유- 허-드 어 커네어리 스피-크

너 카나리아가 말하는 것 들어본 적 있니?

101

candle
[kǽndl] 캔들

명 초, 촛불

Blow out the candles, and make a wish.
블로우 아웃 더 캔들즈, 앤드 메이크 어 위쉬
촛불을 불어 끄고, 소원을 빌어.

candy
[kǽndi] 캔디

명 사탕

Mommy, can I have some more candies?
마미, 캔 아이 해브 섬 모- 캔디스
엄마, 사탕 더 먹어도 돼요?

cannot
[kǽnɑt] 캔낫

조 ~할 수 없다

I'm full. I cannot eat any more.
아임 풀. 아이 캔낫 이잇 에니 모-
나는 배가 불러. 나는 더 이상 먹을 수 없어.

cap

[kǽp] 캡

명 모자

Put your caps on, boys!
풋 유어 캡스 안, 보이즈
모자들 써라. 애들아!

captain

[kǽptin] 캡틴

명 선장, 대장

My daddy is the captain of a big ship.
마이 대디 이즈 더 캡틴 어브 어 빅 쉽
나의 아빠는 큰 배의 선장이시다.

Minsu is the captain of the hockey team.
민수 이즈 더 캡틴 어브 더 하키 티임
민수는 하키 팀의 주장이다.

car

[káːr] 카아

명 자동차

How long does it take by car.
하우 롱 더즈 잇 테잌 바이 카
차로 가면 얼마나 걸립니까?

card

[káːrd] 카-드

명 카드

card 카-드하면 어떤 생각이 나세요? 생일카드인 **birthday card** 버-쓰데이 카드가 제일 먼저 생각 나죠.

우리도 지금은 **card**를 많이 보내고 받지만, 원래는 서양에서 시작되었어요. 생일이나, 다른 축제일에 가까운 친척이나 친구들 **friends** 프렌즈에게 보내는 인사장이 **card**예요.

birthday card 말고도 **Valentine day** 밸런타인즈 데이나 성탄절 **Christmas** 크리스머스에 보내는 **card**들도 있지요. 이런 **card**를 **Valentine card, Christmas card**라고 해요.

잔치 **party** 파-티를 열면 친구 **friend** 프렌드나 친척들을 초대 하는데 이때 보내는 **card**는 초청장 **invitation card** 인비테이션 카-드라고 해요.

아래의 **card**를 보면서 여러분들도 다음에는 영어로 **English** 잉글리쉬로 **card**를 써 보세요.

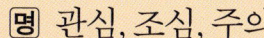

care
[kέər] 케어

명 관심, 조심, 주의
동 걱정하다, 조심하다, 돌보다

Would you take care of my cat?
우쥬- 테잌 케어 어브 마이 캣
내 고양이 좀 돌봐 줄래?

Take care. You too.
테잌 케어. 유- 투-
조심해라. 너도.

careful
[kέərfəl] 케어펄

형 조심하는

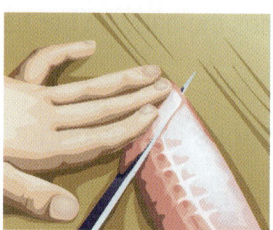

Be careful! You might cut yourself.
비 케어펄! 유- 마이트 컷 유어셀프
조심해! 너 베일 수도 있어.

carpenter
[kɑ́ːrpəntər] 카아펀터

명 목수

My daddy is a carpenter.
마이 대디 이저 카아펀터
나의 아버지는 목수다.

carpet
[kɑ́ːrpit] 카아핏

명 양탄자, 카펫

I have a beautiful Persian carpet.
아이 해브 어 뷰-리플 퍼얼션 카아핏
나는 아름다운 페르시아 양탄자를 가지고 있다.

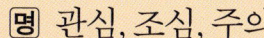C

carrot
[kǽrət] 캐럿

명 당근

We grow carrots in the garden.
위- 그로우 캐럿츠 인 더 가아든
우리는 정원에서 당근을 기른다.

carry
[kǽri] 캐리

동 나르다, 운반하다

Mommy carries the baby on her back.
마미 캐리즈 더 베이비 안 허- 백
엄마는 아기를 업고 다닌다.

Carry the books in a strong paper bag.
캐리 더 북스 인 어 스트로옹 페이퍼 백
그 책들을 튼튼한 종이 주머니에 넣어 날라라.

case
[kéis] 케이스

명 상자, 경우

Where is your pencil case?
웨어 이즈 유어 펜슬 케이스
네 필통은 어디 있니?

In that case, you are wrong.
인 댓 케이스, 유- 아- 로옹
그 경우에는 네가 틀렸어.

cassette
[kəsét] 커셋

명 카셋트

Put the cassette into the cassette recorder.
풋 더 커셋 인투 더 커셋 리코-더
카셋트를 녹음기에 넣어라.

castle
[kǽsl] 캐슬

명 성

That castle was a palace a long time ago.
댓 캐슬 워즈 어 팰리스 어 로옹 타임 어고-
저 성은 오래 전에 왕궁이었다.

cat
[kǽt] 캣

명 고양이

I should be careful today, because I saw a black cat.
아이 슏 비 케어펄 투데이, 비코오즈 아이 소-어 블랙 캣
나는 오늘 조심해야 해. 검은 고양이를 봤거든.

catch

[kǽtʃ] 캣취

동 잡다
● caught : catch의 과거, 과거분사형

I threw the ball, and the dog caught it.

아이 쓰루- 더 보울, 앤 더 도-그 코옷 잇

나는 공을 던졌고 그리고 개가 그것을 잡았다.

cause

[kɔ́ːz] 커어즈

명 원인, 이유, 까닭
동 ~의 원인이 되다, 일으키다

The exact cause of accident is not clear

디 이그잭트 커어즈 어브 액시던트 이즈 낫 클리어

사고의 정확한 원인은 확실하지 않다.

cave

[kéiv] 케이브

명 동굴

Look, someone lived in this cave.

룩, 섬원 리브드 인 디스 케이브

봐, 누군가 이 동굴에서 살았어.

ceiling
[síːliŋ] 시일링

명 천정

There is a lamp on the ceiling.
데어 이즈 어 램프 안 더 시일링
천장에 등이 있다.

cent
[sént] 센트

명 센트(미국의 화폐단위)

Give me one cent, please!
기브 미 원 센트, 플리이즈
일 센트만 주세요!

Here is a nickel. Give me four cents back.
허어 이저 니클. 기브 미 포- 센츠 백
여기 5센트 있다. 4센트는 돌려줘.

center
[séntər] 센터

명 가운데, 중앙

My house is in the center of the town.
마이 하우스 이즈 인 더 센터 어브 더 타운
나의 집은 읍내 한가운데에 있다.

cereal

[síəriəl] 시리얼

명 곡식(의), 형 곡물로 만든

My family like to eat cereal at breakfast.

마이 페밀리 라잌 투 잇 시리얼 앳 블렉퍼스트

우리 가족은 아침식사로 시리얼 먹는 것을 좋아한다.

certain

[sə́ːrtən] 서-턴

형 확실한, 확신하는

I am certain that you are wrong.

아이 앰 서-턴 댓 유- 아- 로옹

나는 네가 틀렸다고 확신해.

certainly

[sə́ːrtənli] 서-턴리

부 반드시, 확실히

꼭 올게~

She will certainly come.

쉬- 윌 서-턴리 컴

그녀는 틀림없이 올 것이다.

chain
[tʃéin] 체인

동 명 쇠사슬(로 묶다)

Where did you get that chain?
웨어 디쥬 겟 댓 체인
너 그 쇠사슬 어디서 났니?

The dog should be chained up.
더 도-그 슈드 비 체인드 업
저 개는 쇠사슬로 묶어놔야 해.

chair
[tʃɛ́ər] 췌어

명 의자

Take a chair, please.
테잌 어 췌어, 플리이즈
의자에 앉으세요.

chairman
[tʃɛ́ərmən] 췌어먼

명 의장, 회장

Chulsoo was elected chairman.
철수 워즈 일렉티드 췌어먼
철수는 의장으로 선출되었다.

chalk

[tʃɔːlk] 쵸-크

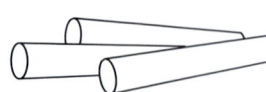

명 분필

The teacher writes with a piece of chalk.

더 티-처 라이츠 위드 어 피-스 어브 쵸-크

선생님은 분필로 쓰신다.

chance

[tʃæns] 챈스

명 기회, 호기
동 우연히 만나다

It is a good chance for you to meet him.

잇 이즈 어 굿 챈스 포 유 투 미-트 힘

네가 그를 만날 좋은 기회이다.

change

[tʃéindʒ] 체인쥐

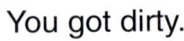

동 바꾸다, 바뀌다
명 변화

You got dirty.

유- 갓 더-티

너 더러워졌구나.

Change your clothes.

체인쥐 유어 클로우드즈

옷 갈아입어라.

check
[tʃek] 첵

명동 검사(하다), 확인(하다)

Check your answers before turning it in.
첵 유어 앤서즈 비포- 터-닝 잇 인
제출하기 전에 너의 답들을 확인해라.

cheese
[tʃíːz] 치-즈

명 치즈

I like cheese very much.
아이 라잌 치-즈 베리 머취
나는 치즈를 매우 좋아한다.

chew
[tʃuː] 츄-

동 씹다

Chew the food well.
츄- 더 푸드 웰
음식을 잘 씹어라.

chick
[tʃik] 췩

명 병아리

Chicks are playing in the garden.
췩스 아 플레잉 인 더 가-든
병아리들이 정원에서 놀고 있다.

chicken
[tʃíkin] 취킨

명 닭

A fried chicken is my favorite food.
어 프라이드 취킨 이즈 마이 페이버릿 푸드
닭 튀김이 내가 가장 좋아하는 음식이다.

child
[tʃáild] 차일드

명 어린이

Coffee is not for a child.
커-피 이즈 낫 포- 어 차일드
커피는 어린이를 위한 것이 아니다.

It is for an adult.
잇 이즈 포- 언 어덜트
그것은 어른을 위한 것이다.

114

children
[tʃíldrən] 칠드런

명 어린이들(복수)

The children are swimming in the pool.
더 칠드런 아 스위밍 인 더 풀
어린이들이 수영장에서 수영을 하고 있다.

chilly
[tʃíli] 칠리

형 추운, 싸늘한

It's chilly today, isn't it?
잇츠 칠리 투데이, 이즌트 잇
오늘은 쌀쌀한데, 그렇지 않니?

chimney
[tʃímni] 침니

명 굴뚝

Santa Claus comes down the chimney.
샌터 클로-즈 컴즈 다운 더 침니
산타 클로즈는 굴뚝으로 내려온다.

chin
[tʃin] 췬
명 아래턱

I cut my chin during shaving.
아이 컷 마이 췬 듀어링 쉐이빙
면도 하다가 턱을 베었다.

China
[tʃáinə] 차이너
명 중국

Mr.Chang comes from China.
미스터 창 컴즈 프럼 차이너
창씨는 중국에서 왔다.

He is Chinese.
히- 이즈 차이니-즈
그는 중국 사람이다.

Chinese
[tʃainíːz] 차이니-즈
형 중국의, 중국말의,
중국 사람의

I can speak Chinese.
아이 캔 스피크 차이니-즈
나는 중국어를 할 줄 안다.

chocolate
[tʃɔ́ːkəlit] 쵸컬릿
명 초콜릿

I love chocolate.
아이 러브 쵸컬릿
나는 초콜릿을 좋아해.

choose

[tʃúːz] 츄-즈

동 고르다

● chose는 과거형, chosen은 과거분사형

It's up to you to choose the menu.

잇츠 업 투 유- 투 츄-즈 더 메뉴

메뉴 고르는 것은 네 일이야.(메뉴는 네가 골라.)

O.K. I chose spaghetti.

오-케이, 아이 쵸우즈 스퍼게티

좋아, 나는 스파게티로 할래.

chopstick

[tʃɑ́pstik] 챂스틱

명 젓가락

Why should we use chopsticks?

와이 슈드 위 유즈 챂스틱스

왜 우리가 젓가락을 써야 하지?

chose

[tʃóuz] 쵸우즈

동 choose의 과거

I chose a present for him.

아이 쵸우즈 어 프레즌트 포 힘

나는 그에게 선물을 골라 주었다.

chosen

[tʃóuzn] 쵸우즌

동 choose의 과거분사

We have chosen Ever Land as the destination.

위 해브 쵸우즌 에버랜드 애즈 더 데스티네이션

우리는 에버랜드에 가기로 했습니다.

C

117

Christmas [krísməs] 크리스머스 명 성탄절

12월 25일이 성탄절이죠. 많은 사람들이 예수 그리스도 **Jesus Chirst** 지저스 크라-스트가 세상에 태어나신 이 날을 기념하여 서로 행복을 기원하며 즐겁게 지내죠. 성탄절을 영어로 **Christmas**라고 하죠. **Christmas** 하면 생각나는 것들이 있는데, 그중에서 대표적인 것이 **Christmas card** 크리스머스 카드, **Santa Claus** 샌터 클로-즈, **Christmas present** 크리스머스 프레즌트 크리스마스 선물, **Christmas tree** 크리스머스 트리-, **robin** 라빈 개똥지바퀴 새, **Christmas carol** 크리스머스 캐럴, **Christmas cake** 크리스머스 케이크이죠.

118

church
[tʃə́ːrtʃ] 쳐-취

명 교회

I go to church every Sunday.
아이 고- 투 쳐- 취 에브리 선데이
나는 일요일마다 교회에 간다.

circle
[sə́ːrkl] 서-클

명 원

Draw a circle on your notebook.
드로- 어 서-클 안 유어 노-트북
네 공책에 원을 그려라.

circus
[sə́ːrkəs] 서어커스

명 곡예단, 써커스

Let's go to see a circus.
렛츠 고- 투 시 어 서-커스
곡예단 보러 가자.

There are clowns and wild animals.
데어 아 클라운즈 앤드 와일드 애너멀즈
거기에 어릿광대와 야생 동물들이 있어.

city [síti] 시티 **명** 도시

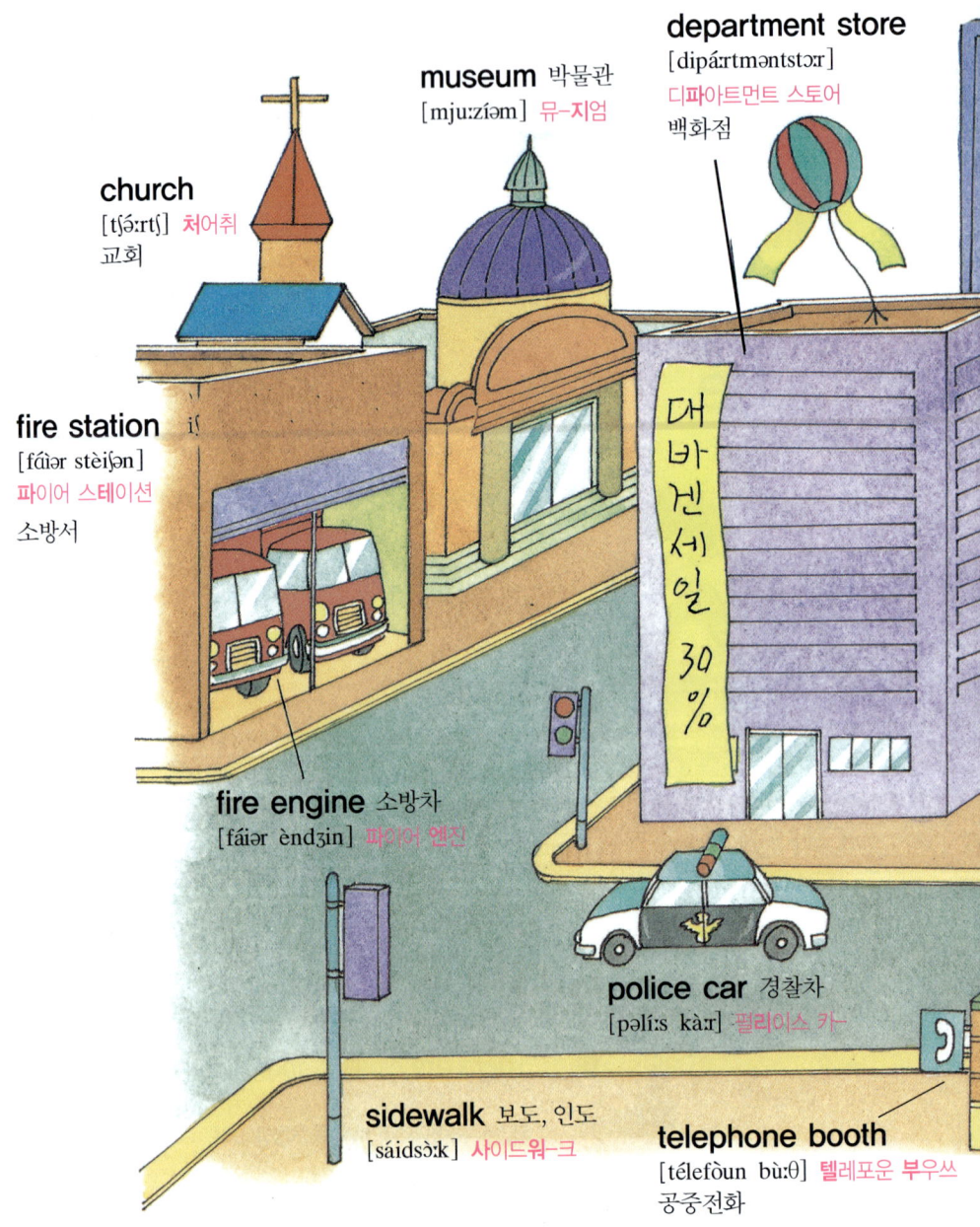

department store
[dipá:rtməntstɔ:r]
디파아트먼트 스토어
백화점

museum 박물관
[mju:zíəm] 뮤-**지**엄

church
[tʃə́:rtʃ] **처**어취
교회

fire station
[fáiər stèiʃən]
파이어 스테이션
소방서

fire engine 소방차
[fáiər èndʒin] 파이어 엔진

police car 경찰차
[pəlí:s kà:r] 펄리이스 카-

sidewalk 보도, 인도
[sáidsɔ̀:k] 사이드워-크

telephone booth
[télefòun bù:θ] 텔레포운 **부**우쓰
공중전화

120

skyscraper 고층빌딩, 마천루
[skáiskrèipər] 스카이스크레이퍼

police station 경찰서
[pəlíːs stèiʃən] 펄리스 스테이션

restaurant 식당
[réstərənt] 레스터런트

park 공원
[páːrk] 파-크

city hall
[síti hɔ̀ːl] 시티 호올
시청

bank
[bǽŋk] 뱅크
은행

subway 지하철
[sʌ́bwèi] 서브웨이

삼송빌딩

BANK

C

121

class
[klǽs] 클래스

명 반, 수업

I have an English class today.
아이 해브 언 잉글리쉬 클래스 투데이
나는 오늘 영어 수업이 있어.

classmate
[klǽsmèit] 클래스메이트

명 급우, 반친구

Jinsoo is my classmate.
진수 이즈 마이 클래스메이트
진수는 나의 반 친구이다.

classroom
[klǽsrùːm] 클라스룸

명 교실

There are thirty students in my classroom.
데얼 아 써-티 스튜-던츠 인 마이 클래스룸
우리 교실에는 학생이 서른명 있다.

clean
[klíːn] 클리인

형 동 깨끗한, 깨끗하게 하다

Keep your room clean.
킵 유어 루움 클리인
네 방을 깨끗하게 유지해라.

Clean the windows.
클리인 더 윈도우즈
유리창을 닦아라.

C

clear
[klíər] 클리어

형 맑은

It's very clear today.
잇츠 베리 클리어 투데이
오늘은 매우 맑은 날씨다.

clever
[klévər] 클레버

형 영리한, 손재주 있는

She says you're very clever.
쉬 세즈 유아 베리 클레버
그녀는 네가 아주 똑똑하다고 말한다.

climb
[kláim] 클라임

동 오르다

We climbed Halla mountain.
위- 클라임드 한라 마운틴
우리는 한라산에 올라갔다.

clock
[klák] 클락

명 시계, 탁상시계

I set the alarm clock for 6:30.
아이 셋 디 얼라암 클락 포- 식스 써-티
나는 자명종 시계를 6시 30분에 맞추었다.

close[1]
[klóus] 클로스

형 가까운, 가까이에 있는

The church is close to the shops.
더 처어취 이즈 클로스 투 더 샾스
교회는 상점 가까이에 있다.

close²
[klóuz] 클로우즈

통 닫다

Would you close the door, please?
우쥬- 클로우즈 더 도어, 플리-즈
문을 닫아 주시겠어요?

It's very cold out there.
잇츠 베리 코울드 아웃 데어
바깥은 매우 춥다.

closet
[klázit] 클라짓

명 벽장

Put those clothes in the closet.
풋 도우즈 클로우즈드즈 인 더 클라짓
저 옷들을 옷장에 넣어라.

clothes [klóuz] 클로우즈 몡 옷가지, 옷, 의류

gloves 장갑
〔glʌ́vz〕 글러브즈

uniform 유니폼
〔júːnəfɔ̀ːrm〕 유우너포옴

coat
〔kóut〕 코우트
코트

cap 모자
〔kǽp〕 캡

socks
〔sɑ́ks〕 삭스
양말

jacket
〔dʒǽkit〕 재킷
웃옷

T-shirt
〔tíʃɔ̀ːrt〕 티셔-츠
티셔츠

hat 〔hǽt〕 햇 모자

windbreaker
〔wíndbrèikər〕
윈드브레이커
방한복

undershirt
〔ʌ́ndərʃɔ̀ːrv〕 언더셔어츠
내의

pants 〔pǽnts〕 팬츠 바지

trousers
〔tráuzərz〕 트라우저즈
바지(남자용)

sweater 스웨터
〔swétər〕 스웨터

pajamas 잠옷
〔pədʒǽməz〕 퍼제머즈

126

dress 드레스
【drés】 드레스

blouse 블라우스
【bláus】 블라우스

coat 코트
【kóut】 코우트

sleeping jacket
슬리핑 재킷
잠옷

skirt 스커트
【skə́:rt】 스커어트

overall 작업바지
【ouvərɔ́:l】 오우버로올

belt 벨트
【bélt】 벨드

shorts 반바지
【ʃɔ́:rts】 쇼오츠

scarf 스카프
【ská:rf】 스카프

cloud

[kláud] 클라우드

명 구름
형 구름이 낀

There are more clouds today than yesterday.

데어 아 모어 클라우즈 터데이 댄 예스터데이
오늘은 어제보다 구름이 많다.

It's cloudy today.

잇츠 클라우디 투데이
오늘은 구름이 끼었다.

clown

[kláun] 클라운

명 어릿광대

A clown is juggling with balls.

어 클라운 이즈 저글링 위드 보올즈
한 어릿광대가 공을 가지고 재주를 부리고 있다.

club

[klʌ́b] 클럽

명 모임, 단체

I would like to join the football club.

아이 우드 라익 투 죠인 더 풋보올 클럽
나는 그 축구 모임에 들고 싶어.

coast

[kóust] 코우스트

명 해안

We sailed along the coast.

위- 세일드 얼로옹 더 코우스트
우리는 해안을 따라서 항해했다.

coat
[kóut] 코우트

명 외투

Put your coat on.
It's very cold out there.
풋 유어 코우트 안. 잇츠 베리 코울드 아웃 데어
외투를 걸쳐라. 밖은 아주 춥다.

cock
[kɔk] 콕

명 수탉

A male chicken is called a cock.
어 메일 치킨 이즈 콜드 어 콕
수탉은 cock이라고 한다.

cocoa
[kóukou] 코우코우

명 코코아

I like cocoa better than coffee.
아이 라잌 코우코우 베터 댄 커-피
나는 커피보다 코코아를 좋아한다.

coffee
[kɔ́:fi] 커-피

명 커피

Daddy drinks a lot of coffee.
대디 드링크스 어 랏 어브 커-피
아빠는 커피를 매우 많이 드신다.

coin
[kɔ́in] 코인

명 동전

Do you have some coin?
두- 유- 해브 섬 코인
너 동전 좀 있니?

cold
[kóuld] 코울드

형 추운, 차가운   명 감기

It's very cold today.
잇츠 베리 코울드 투데이
오늘은 매우 춥다.

I came down with a cold.
아이 케임 다운 위드 어 코울드
나는 감기에 걸렸다.

collect
[kəlékt] 컬렉트

동 모으다, 수집하다, 모이다

Jinsoo collects foreign coins as a hobby.
진수 컬렉츠 포-린 코인즈 애즈 어 하비
진수는 취미로 외국 동전을 모은다.

collection
[kəlékʃən] 컬렉션

명 모음, 수집

How big is your stamp collection?
하우 빅 이즈 유어 스탬프 컬렉션
너의 우표 수집은 얼마나 크니?
(=우표를 얼마나 많이 모았니?)

college
[kálidʒ] 칼리쥐

명 대학, 단과대학, 종합대학교

I will go to college.
아이 윌 고- 투 칼리쥐
나는 대학에 갈 것이다.

131

color [kΛlər] 컬러 **명** 색, 색깔

green 초록, 녹색
[grí:n] 그린

red 빨강
[réd] 레드

black
[blǽk] 블랙
검정

purple 자주색
[pə́:pl] 퍼-플

yellow
[jélou] 옐로우
노랑

blue 파랑
[blú:] 블루-

gray
[gréi] 그레이
회색

sky blue
[skáiblù] 스카이 블루우
하늘색

brown 갈색
[bráun] 브라운

orange 오렌지색
[ɔ́(:)rindʒ] 아-린쥐

132

comb
[kóum] 코움

명 빗 동 빗질하다

Comb your hair! You look messy.
코움 유어 헤어! 유 룩 메시
머리좀 빗어라! 너 지저분해 보인다.

come
[kʌm] 컴

동 오다

Come here, Sanghoon.
컴 히어, 상훈
상훈아, 이리와.

comic
[kámik] 카믹

형 우스운, 만화의
명 만화책

My brother is reading a comic book.
마이 브러더 이즈 리-딩 어 카믹 북
내 형은 만화책을 읽고 있다.

comfortable
[kʌ́mfərtəbl] 컴퍼터블

형 편안한

This sofa is very comfortable.
디스 소우퍼 이즈 베리 컴퍼터블
이 소파는 매우 편안하다.

133

company
[kʌ́mpəni] 컴퍼니

명 회사, 동반자
동 동행하다

Which company do you work for?
위치 컴퍼니 두- 유- 워-크 포-
너는 어느 회사에서 일하니?

Would you be my company to the school?
우드 유- 비 마이 컴퍼니 투 더 스쿠울
학교에 나랑 같이 갈래요?

complain
[kəmpléin] 컴플레인

동 불평하다

Don't complain about your food!
돈트 컴플레인 어바웃 유어 푸드
네 음식에 대해서 불평하지 마라!

composer
[kəmpóuzər] 컴포우저

명 작곡가, 작가

A composer is a person who writes music.
어 컴포우저 이저 펄슨 후 라이트 뮤직
작곡가란 음악을 만드는 사람이다.

computer
[kəmpjú:tər] 컴퓨-터

명 컴퓨터

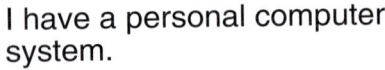

I have a personal computer system.
아이 해브 어 퍼-스널 컴퓨-터 시스텀
나는 개인용 컴퓨터가 있다.

contain
[kəntéin] 컨테인

동 담다, 포함하다

This album contains my childhood pictures.
디스 앨범 컨테인즈 마이 차일드훗 픽쳐즈
이 앨범에는 내 어린시절의 사진이 있다.

This cake contains a lot of peanuts.
디스 케이크 컨테인즈 어 랏 어브 피-너츠
이 케이크는 땅콩이 많이 들어 있다.

container
[kəntéinər] 컨테이너

명 담는 용기, 그릇

This container can hold 10gallons of water.
디스 컨테이너 캔 호울드 텐 갤런즈 어브 워-터
이 그릇은 물 10갤런을 담을 수 있다.

contest
[kántest] 컨테스트

명 선발대회, 경쟁

Myungeun won the music contest.
명은 원 더 뮤-직 컨테스트
명은이는 음악 경연대회에서 상을 탔다.

continue

[kəntínjuː] 컨티뉴-

동 ~을 계속하다, 계속되다

He continue working for a long time.
히 컨티뉴- 워킹 포러 롱 타임
그는 오랫동안 계속 일을 한다.

cook

[kúk] 쿡

동 요리하다 명 요리사

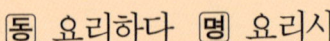

Mommy is cooking in the kitchen.
마미 이즈 쿡킹 인 더 키췬
엄마는 부엌에서 요리를 하고 계신다.

She is the best cook.
쉬- 이즈 더 베스트 쿡
그녀는 최고의 요리사이다.

cookie

[kúki] 쿠키

명 과자

These cookies are homemade.
디-즈 쿠키즈 아 호움 메이드
이 과자들은 집에서 만든 거야.

cool

[kúːl] 쿠울

형 시원한, 멋진, 냉정한
명 냉기, 서늘한 기운

It's very cool.
잇츠 베리 쿠울
아주 시원한데?

Jinhee, your jacket looks cool.
진희, 유어 재킷 룩스 쿠울
진희야, 네 자켓 근사해 보이는데!

cooperate

[kouápərèit] 코아퍼레이트

图 협력하다

Korea cooperates with America in many ways.

커리-어 코아퍼레이츠 워드 어메리커 인 메니 웨이즈
한국은 미국과 많은 면에서 협력한다.

copy

[kápi] 카피

图 사본, 복사
图 베끼다, 복사하다

A copy of the bill is enclosed.

어 카피 어브 더 빌 이즈 인클로우즈드
청구서 사본은 동봉했습니다.

correct

[kərékt] 커렉트

图 옳은, 정확한
图 바로잡다, 고치다, 정정하다

The correct amount should be $5,000.

더 커렉트 어마운트 슈드 비 파이브 사우전 달러
정확한 합계 금액은 5,000달러가 되어야 합니다.

corn

[kɔ́:rn] 코온

图 옥수수

I like corn very much.

아이 라잌 코온 베리 머치
나는 옥수수를 매우 좋아한다.

corner

[kɔ́ːrnər] 코-너

명 모퉁이, 모서리

Turn left at the next corner.
터언 레프트 앳 더 넥스트 코-너
다음 모퉁이에서 왼쪽으로 도세요.

You will find the shoe shop.
유- 윌 파인드 더 슈즈 샵
당신은 그 신발 가게를 찾을 거예요.

cost

[kɔ́ːst] 코-스트

동 ~의 비용이 들다,
(노력, 시간 등이)걸리다

How much does it cost to lease the toy?
하우 머취 더즈 잇 코-스트 투 리이스 더 토이
그 장난감을 빌리는데 얼마나 듭니까?

costume

[kástjuːm] 카스튜움

명 의상

Jinsoo is in the clown's costume.
진수 이즈 인 더 클라운즈 카스튜움
진수는 광대 의상을 입고 있다.

could

[kúd] 쿠드

동 can의 과거형

I could not hear any sound.
아이 쿠드 낫 히어 애니 사운드
나는 아무런 소리도 들을 수 없었다.

count
[káunt] 카운트

동 세다, 계산하다

Count to twenty and open your eyes.

카운트 투 트웬티 앤 오픈 유어 아이즈

스물까지 세고 눈을 떠라.

country¹
[kʌ́ntri] 컨트리

명 나라, 국가, 국토, 지방

So many countries, so many customs.

소 메니 컨트리스, 소 메니 커스텀즈

지방이 다르면 풍속도 다르다

country²
[kʌ́ntri] 컨트리

명 시골

I went to the country by train.

아이 웬투 더 컨트리 바이 트레인

그는 기차로 시골에 갔다.

course
[kɔ́ːrs] 코-스

명 길, 진로, 과목

The plane had to change its course.
더 플레인 해드 투 체인쥐 잇츠 코-스
비행기는 진로를 바꾸어만 했다.

How is your math course?
하우 이즈 유어 매쓰 코-스
네 수학 과목은 어떠니?

cousin
[kʌ́zn] 커즌

명 사촌

Tom, this is my cousin, Jinsoo.
탐, 디스 이즈 마이 커즌, 진수
탐, 얘는 내 사촌 진수야.

cover
[kʌ́vər] 커버

동 덮다 명 덮개

Cover the baby with a blanket.
커버 더 베이비 위드 어 블랭킷
담요로 애기를 덮어줘라.

Keep the cover on the pot.
킵 더 커버 안 더 팟
주전자에 뚜껑을 닫아라.

cow
[káu] 카우

명 암소

Can you tell apart cows, calves, and bulls?
캔 유- 텔 어파-트 카우즈, 캐브즈, 앤드 불즈
너는 암소, 송아지, 황소를 구분할 수 있니?

crab
[kræb] 크랩

명 게

Do you know what a crab looks like?
두- 유- 노우 왓 어 크랩 룩스 라잌
너 게가 어떻게 생겼는지 아니?

crack
[kræk] 크랙

동 금이 가다, 깨지다
명 금, 균열

Don't pour hot water in the glass, or it will crack.
돈트 푸어 핫 워-터 인 더 글래스, 오어 잇 윌 크랙
유리컵에 뜨거운 물을 붓지 마시오.
그러면 그것은 금이 갈 수도 있습니다.

crash
[kræʃ] 크래쉬

동 충돌하다, 부딪치다
명 충돌

The car crashed into the tree.
더 카-크래쉬트 인투 더 트리-
차가 나무에 충돌했다.

crawl
[krɔ́ːl] 크로올

동 기어가다, 가다

I crawled as a baby.
아이 크로올드 애즈 어 베이비
나는 아이 적에 기어다녔다.

crayon
[kréiən] 크레이언

명 크레용

Daddy bought me crayons.
대디 보-트 미 크레이언즈
아빠가 나에게 크레용을 사주셨다.

cream
[kríːm] 크리임

명 크림, 크림 모양의 제품

Put some cream in your coffee.
풋 섬 크리임 인 유어 커-피
네 차에 크림을 좀 넣어라.

I like chocolate cream.
아이 라익 쵸컬릿 크리임
나는 초컬릿 크림을 좋아한다.

cross
[krɔ́ːs] 크로-스

동 건너다
명 십자가, 교차로

The light is green.
Let's cross the road.
더 라이트 이즈 그리인. 렛츠 크로-스 더 로우드
파란불이다. 길을 건너자.

crow
[króu] 크로우

명 까마귀

His hair is as black as a crow.
히-즈 헤어 이즈 애즈 블랙 애즈 어 크로우
그의 머리는 까마귀처럼 까맣다.

C

crowd
[kráud] 크라우드

동 모여들다, 붐비다
명 군중

My house is crowded with party guests.
마이 하우스 이즈 크라우디드 위드 파-티 게스츠
나의 집은 파티 손님들로 떠들썩했다.

There is a big crowd in the park.
데어 이저 빅 크라우드 인 더 파-크
공원에 많은 군중들이 있다.

cry
[krái] 크라이

동 울다, 소리치다

The baby is crying for milk.
더 베이비 이즈 크라잉 포- 밀크
아기가 우유를 달라고 울고 있다.

Don't cry, I am not deaf.
돈트 크라이, 아이 앰 낫 데프
소리치지마, 나는 귀먹지 않았어.

cucumber

[kjúːkʌmbər] 큐-컴버 　　명 오이

Cucumbers are good for your health.
큐-컴버어즈 아 굿 포- 유어 헬쓰
오이는 너의 건강에 좋다.

cup

[kʌp] 컵 　　명 컵

Pour some water in my cup, please.
푸어 섬 워-터 인 마이 컵, 플리이즈
내 컵에 물을 좀 부어줘요.

curious

[kjúəriəs] 큐어리어스 　　형 호기심어린, 의아스러운

Jinsoo is a very curious person.
진수 이즈 어 베리 큐어리어스 퍼-슨
진수는 아주 호기심이 많은 사람이다.

He asks about everything.
하- 애스크스 어바웃 애브리씽
그는 모든 것에 대해 물어본다.

144

curtain

[kə́ːrtən] 커-튼

명 커텐

Would you open the curtain?
우쥬 오-픈 더 커-튼
커튼을 열어 주시겠습니까?

cut

[kʌt] 컷

동 자르다, 베다

Ouch, I cut my finger.
아우치, 아이 컷 마이 핑거
아야, 손을 베었다.

Mommy cut the cake in two pieces.
마미 컷 더 케이크 인 투- 피-시즈
엄마는 케이크를 두 조각으로 자르셨다.

D, d

dad
[dǽd] 대드

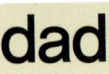 명 아빠

My dad is always busy.
마이 댇 이즈 올웨이즈 비지
나의 아빠는 항상 바쁘시다.

daddy
[dǽdi] 대디

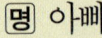 명 (어린아이들이 주로 쓰는 말) 아빠

When does daddy come home?
웬 더즈 대디 컴 홈
아빠 언제 집에 오셔요?

daisy [déizi] 데이지 명 데이지

우리는 코스모스 꽃을 가지고 잎을 따면서 "~이 된다, 안된다, 정말이다, 거짓말이다"를 말하고 마지막 잎을 딸 때 하는 말이 사실이라고 생각하곤 하지요. 서양에서는 코스모스를 가지고 그렇게 하기도 하지만 들국화를 가지고 그렇게 하기도 합니다.
주변에 코스모스나 들국화가 있으면 여러분들도 한 번 해 보세요.

Waht is your favorite flower?
왓 이즈 유어 페이버릿 플라워
네가 가장 좋아하는 꽃은 무엇이니?

My favorite flower is daisy.
마이 페이버릿 플라워 이즈 데이지
내가 가장 좋아하는 꽃은 데이지이다.

dance

[dæns] 댄스

동 춤추다

I danced with her to the piano music.
아이 댄스드 윗 허 투 더 피애노우 뮤-직
나는 그녀와 피아노곡에 맞춰 춤을 추었다.

dancing

[dǽnsiŋ] 댄싱

명 춤

It's a very exciting dancing game.
이츠 어 베리 익싸이팅 댄싱 게임
아주 재미있는 댄싱 게임이야

dancer

[dǽnsər] 댄서

명 무용수

I want to be a great dancer.
아이 원 투 비 어 그레잇 댄서
나는 위대한 무용가가 되고 싶다.

danger

[déindʒər] 데인저

명 위험

The sign reads "Danger".

더 사인 리-즈 "데인저"

표지판에는 "위험" 이라고 쓰여 있다.

dangerous

[déindʒərəs] 데인져러스

형 위험한

Watch out! That machine is dangerous.

와치 아웃! 댓 머쉬인 이즈 데인져러스

조심해! 그 기계는 위험해.

dark

[dá:rk] 다-크

형 어두운, 깜깜한

In winter, it gets dark early.

인 윈터 잇 겟츠 다-크 어얼리

겨울에는 일찍 어두워진다.

date [déit] 데이트 명 날짜

우리는 "오늘이 며칠이니?"라고 물으면 "4월 15일", "5월 6일" 이렇게 대답하죠. 영어에서는 날짜를 말하는 방법이 조금 달라요. 며칠인지를 서수로 먼저 말하고 달을 말하죠. 연도까지 말하고 싶으면 날과 달을 말한 다음에 해요.

그리고 연도를 읽는 법은 두 자리씩 끊어서 읽어요. 부록에 숫자에 대해 자세히 나와 있으니 참조하세요. 서수를 쓰지 않고 기수를 써서 답할 때는 달, 날짜, 연도의 순서로 말을 하지요. 하지만 1일과 2일, 3일은 모두 서수를 써서 말해요.

What's the date today?
왓츠 더 데잇 투데이
오늘이 몇일이지?

It's August 3.
이츠 오-거스트 써-드
8월 3일이야.

150

daughter

[dɔ́:tər] 도-터

명 딸

They have two daughters and a son.

데이 해브 투- 도-터즈 앤드 어 선

그들은 딸 둘과 아들 하나가 있다.

day

[déi] 데이

명 날, 하루, 낮

There are seven days in a week.

데어 아 세븐 데이즈 인 어 윅

일주일에는 7일이 있다.

Jinsoo studies hard day and night.

진수 스터디즈 하-드 데이 앤드 나잇

진수는 밤낮으로 열심히 공부한다.

dead

[déd] 데드

형 죽은

He has been dead for two years.

히 해즈 비인 데드 포- 투 이얼스

그가 죽은 지 2년이 된다.

deaf
[déf] 데프 **형** 귀먹은

Mr. Black can't hear well.
미스터. 블랙 캔트 히어 웰
블랙씨는 잘 들을 수 없다.

He is deaf.
히- 이즈 데프
그는 귀머거리이다.

dear [díər] 디어
형 (보통 편지의 맨 앞에서)
친애하는, 사랑스러운

Dear Jane. / Dear Chulsoo.
디어 제인 / 디어 철수
친애하는 제인 / 친애하는 철수.

death
[déθ] 데쓰 **명** 죽음

Her father's death was a shock to Mihee
허- 파-더즈 데쓰 워즈 어 샥 투 미희
아버지의 죽음은 미희에게 충격이었다.

December
[disémbər] 디셈버
명 12월

Christmas is on December 25th.
크리스머스 이즈 안 디셈버 퉤니피프쓰(퉨티피프쓰)
성탄절은 12월 25일이다.

decide
[disáid] 디사이드

동 결심하다, 결정하다

Jungmin decided to study hard.
정민 디사이드 투 스터디 하-드
정민이는 열심히 공부하기로 결심했다.

I didn't decide where to go yet.
아이 디든트 디사이드 웨어 투 고- 옛
나는 갈 곳을 아직 결정하지 않았다.

decorate
[dékərèit] 데커레이트

동 장식하다, 꾸미다

We decorated a tree for Christmas.
위- 데커레이티드 어 트리이 포- 크리스머스
우리는 크리스마스를 위해 나무를 장식했다.

deep
[díːp] 디-프

형 깊은

There is a deep hole in the tree.
데어 이즈 어 디잎 호울 인 더 트리-
나무에 깊은 구멍이 있다.

deer

[díər] 디어

명 사슴

Deer feed on grass.
디어 피-드 안 그래스
사슴은 풀을 먹고 산다.

delicious

[dilíʃəs] 딜리셔스

형 맛있는

What a delicious apple!
왓 어 딜리셔스 애플
정말 맛있는 사과구나!

deliver

[dilívər] 딜리버

동 배달하다

The mailman delivers letters everyday.
더 메일맨 딜리버즈 레터즈 에브리데이
집배원은 매일 편지를 배달한다.

dentist

[déntist] 덴티스트

명 치과의사

Jinsoo's father is a dentist.
진수즈 파-더 이즈 어 덴티스트
진수의 아버지는 치과 의사이다.

department store

명 백화점

[dipáːrtməntstòːr] 디파ー트먼트 스토어

여러분들은 백화점 **department store** 디파ー트먼트 스토어을 잘 아시죠. 큰 건물에 많은 물건들을 종류대로 모아 놓고 파는 그런 커다란 가게라고 생각하시면 돼요. 미국에서는 **shopping mall** 샤핑 모ー올 이라고도 하지요. 한 종류의 상품이 모여 있는 곳을 **department** 디파ー트먼트 라고 하는데 이런 **department** 디파ー트먼트가 많이 모여 있는 가게라는 뜻이죠.

D

describe

[diskráib] 디스크라이브

동 묘사하다, 설명하다

The teacher described the scene in words.
더 티이쳐 디스크라이브드 더 씨인 인 워-즈
선생님은 그 장면을 말로 묘사하셨다.

desert

[dézərt] 데저-트

명 사막

It's very hot in the desert.
잇츠 베리 핫 인 더 데저-트
사막은 매우 덥다.

desk

[désk] 데스크

명 책상

There are many desks in the classroom.
데어 아- 매니 데스크스 인 더 클래스룸
교실에는 많은 책상들이 있다.

dessert

[dizə́ːrt] 디저어트

명 디저트, 후식

I like icecream for dessert.
아이 라잌 아이스크리임 포- 디저-트
나는 후식으로 아이스크림을 좋아한다.

detective

[ditéktiv] 디텍티브

명 형사

A detective is looking for a thief.
어 디텍티브 이즈 룩킹 포-어 띠-프
형사가 도둑을 찾고 있다.

dial

[dáiəl] 다이얼

명 (라디오, 전화기 따위의)다이얼, 문자판
동 전화걸다

Turn the dial of the radio.
턴 더 다이얼 어브 더 레이디오
라디오의 다이얼을 돌려라.

diary [dáiəri] 다이어리 　명 일기장

여러분 일기 쓰고 계시죠. 그러면 영어로 일기를 한 번 써 보세요. 하지만 영어로 일기를 쓸 때는 지켜야 할 규칙 같은 것이 있어요. 먼저 날짜를 쓰고 그 날의 날씨는 꼭 쓰는 것이 좋고요. 보통 내가 I 아이 쓰는 것 이므로 I 아이라는 단어는 생략을 하죠. 아래에 나오는 예 example 이그잼플를 보고 여러분도 한 번 써 보세요. 많이 쓰지 않아도 좋아요. 몇 줄이라도 써 보세요.

It's the first day of the year.
잇츠 디 퍼-스트 데이 어브 디 이어
오늘은 이 해의 첫 날이다.

Will study hard, and be a good boy.
윌 스터디 하-드, 앤드 비 어 굿 보이
열심히 공부하고 좋은 소년이 되겠다.

158

dictionary
[díkʃənèri] 딕션어리

명 사전

Would you lend me your dictionary?
우쥬- 렌드 미 유어 딕션어리
네 사전을 나에게 빌려주겠니?

did
[díd] 디드

동 do의 과거형

Did you see where my pen fell?
디쥬 시 웨얼 마이 펜 펠
내 펜이 어디로 떨어졌는지 보았니?

die
[dái] 다이

동 죽다

She is very sick.
쉬- 이즈 베리 식
그녀는 심하게 아프다.

I am afraid she's dying.
아이 앰 어프레이드 쉬-즈 다잉
나는 그녀가 죽을까봐 두렵다.

D

different

[dífərənt] 디프(퍼)런트

형 다른

Jinsoo and Myunghee are twins, but they are quite different.

진수 앤드 명희 아 트윈즈, 벗 데이 아- 콰이트 디퍼런트

진수와 명희는 쌍둥이야, 하지만 그들은 상당히 달라.

difficult

[dífikʌ̀lt] 디피컬트

형 어려운

The math exam is too difficult for me.

더 매쓰 이그잼 이즈 투- 디피컬트 포- 미

수학 시험은 나에게 매우 어렵다.

dig

[díg] 디그

동 (땅 따위를)파다

● dug : dig의 과거, 과거분사

Let's dig a deep hole and plant the tree.

렛츠 디 어 디잎 호울 앤 플랜트 더 트리-

깊은 구덩이를 파고 나무를 심자.

diligent

[dílədʒənt] 딜리전트

형 근면한, 부지런한

The Koreans are diligent people.

더 커리안즈 아- 딜리전트 피플

한국인들은 부지런한 국민이다.

dime

[dáim] 다임

명 10센트 짜리 동전

Would you give me three dimes?

우쥬- 기브 미 쓰리 다임즈

나에게 십센트짜리 동전 세 개 줄래?

dining room 명 식당

[dáiniŋ rùːm] 다이닝 루움

Mom is preparing dinner in the dining room.

맘 이즈 프리페어링 디너 인 더 다이닝 루움

엄마는 식당에서 저녁을 준비하고 계신다.

dinner

[dínər] 디너

명 저녁식사

What time do you have dinner?

왓 타임 두- 유- 해브 디너

너는 몇시에 저녁을 먹니?

dinosaur 명 공룡

[dáinəsɔ̀ːr] 다이너소어

These days, dinosaurs are very popular.

디-즈 데이즈, 다이노소어즈 아 베리 파퓰러

요즘, 공룡들이 매우 인기 있다.

direct
[dirékt] 디렉트

동 이끌다, ~로 향하다
형 직선의, 직접적인

The president directs the government
더 프레지던트 디렉츠 더 거버먼트
대통령은 정부를 이끈다.

This ship is directed towards New York.
디스 쉽 이즈 디렉티드 투워-즈 뉴-요옥
이 배는 뉴욕쪽으로 방향이 정해져 있다.

direction
[dirékʃən] 디렉션

명 방향, 지휘, 지도

I dont't know which direction to go.
아이 돈트 노우 위치 디렉션 투 고-
나는 어느 방향으로 가야 할지 모르겠다.

director
[dairéktər] 디렉터

명 지도자, 지휘자

He is the director of the club.
히- 이즈 더 디렉터 어브 더 클럽
그는 그 모임의 지도자이다.

dirt
[də́:rt] 더어트   **명** 먼지

Wash the dirts off your knee.
와쉬 더 더-츠 어프 유어 니-
네 무릎에서 먼지를 털어라.

D

dirty
[də́:rti] 더-티   **형** 더러운, 지저분한

Minsoo, clean the floor please!
민수, 클리인 더 플로- 플리-즈
민수야, 바닥 좀 닦아라!

It's too dirty.
잇츠 투- 더-티
너무 더럽다.

disagree
[dìsəgrí:] 디스어그리-

동 동의하지 않다, 반대하다

I disagree with your idea.
아이 디스어그리- 위드 유어 아이디-어
나는 너의 생각에 동의하지 않아.

disappear
[dìsəpíər] 디스어피어

동 사라지다, 없어지다

Do you looking for your disappeared dog still?
두 유 룩킹 포- 유어 디스어피어드 도-그 스틸
넌 아직 없어진 개를 찾고 있니?

disappoint

[dìsəpɔ́int] 디스어**포인**트

동 실망시키다

I am sorry to disappoint you.
But I did my best.
아이 앰 소-리 투 디스어포인트 유-. 벗 아이 디드 마이 베스트
당신을 실망시켜 미안합니다.
하지만, 나는 최선을 다했어요.

disappointed
[dìsəpɔ́intid] 디스어**포인**티드

형 실망한

I am disappointed at Minsoo's failure.
아이 앰 디스어포인티드 엣 민수즈 페일리어
나는 민수의 실패에 실망했다.

dish
[díʃ] 디쉬

명 접시, 음식

What is the main dish today?
왓 이즈 더 메인 디쉬 투데이
오늘은 주 요리가 무엇이지?

Would you wash the dishes after dinner?
우쥬- 와쉬 더 디쉬즈 애프터 디너
저녁 식사 후에 접시들을 닦아 주겠니?

distance
[dístəns] 디스턴스

명 거리

What is the distance to your school?
왓 이즈 더 디스턴스 투 유어 스쿠울
네 학교까지 거리가 얼마지?

divide
[diváid] 디바이드

⑧ 나누다

Let's divide the cake into three pieces.
렛츠 디바이드 더 케이크 인투 쓰리- 피시-즈
케이크를 세 조각으로 나누자.

My room is divided into two pieces.
마이 루움 이즈 디바이디드 인투 투- 피시-즈
나의 방은 두 개로 나뉘어 있다.

do [dú:] 두우 동 ~하다 (부정문과 의문문 그리고 동사를 강조할 때 쓰임)

Do you have some money?
두- 유- 해브 섬 머니
돈 좀 있니?

Jinsoo doesn't like Math but he likes English.
진수 더즌트 라이크 매쓰 벗 히- 라잌스 잉글리쉬
진수는 수학을 싫어하지만 영어를 좋아한다.

Don't blame me for it. I didn't do that.
돈트 블레임 미 포오 잇. 아이 디든트 두 댓
그것에 대해서 나를 비난하지마, 나는 그것을 안 했어.

Chulsoo has done his homework for himself.
철수 해즈 던 히즈 호움위-크 포오 힘셀프
철수는 그의 숙제를 혼자힘으로 했다.

Isn't the spaghetti done yet?
이즌트 더 스퍼게티 던 옛
스파게티 아직 안 됐니?

166

doctor

[dάktər] 닥터

명 의사, 박사

You'll be O.K.

유월 비 오-케이

너는 괜찮을 거야.

The doctor said it's almost nothing.

더 닥터 셋 잇츠 올모-스트 낫씽

의사 선생님이 아무것도 아니라고 했다.

D

does

[dΛz] 더즈

동 do의 3인칭

Does Mr. Blaine work on here?

더즈 미스터 블레인 워크 안 히어-ㄹ

블레인 씨가 이곳에서 일하십니까?

doesn't

[dΛznt] 더즌트

동 does+not의 줄임말

Mr. Blaine doesn't work on here?

미스터 블레인 더즌트 워크 안 히어-ㄹ

블레인 씨는 이곳에서 일하지 않습니다.

dog

[dɔ́(:)g] 도-그

명 개, 강아지

My dog is very cute.

마이 도-그 이즈 베리 큐-트

내 개는 매우 귀엽다.

doll
[dάl] 달

명 인형

Jungmin has a lot of dolls.
정민 해즈 어 랏 어브 달즈
정민이는 많은 인형을 가지고 있다.

dollar
[dάlər] 달러

명 달러(미국의 화폐단위)

Just give me five dollar.
져스트 김미 파이브 달러
5달러만 줘.

dolphin
[dάlfin] 돌핀

명 돌고래

A dolphin isn't afraid of men.
어 돌핀 이즌트 어프레이드 어브 맨
돌고래는 사람을 무서워하지 않는다.

done
[dʌ́n] 던

동 do의 과거분사

My role is done.
마이 로울 이즈 던
내 할 일은 다 했다.

donkey
[dáŋki] 당키

명 당나귀

The donkey is a stubborn animal.
더 당키 이즈 어 스터번 애너멀
당나귀는 고집 센 동물이다.

door
[dɔ́ːr] 도어

명 문

To open the door, turn the doorknob.
투 오-픈 더 도어, 터언 더 도어납
문을 열려면, 손잡이를 돌려라.

dot
[dát] 다트

명 점

Her blouse is white with black dots.
허- 블라우스 이즈 화이트 위드 블랙 다츠
그녀의 블라우스는 검은 점이 있는 흰색이다.

double
[dʌ́bl] 더블

형 두 배의, 이중의, 두 개의

Changho has double books.
창호 해즈 더블 북스
창호는 두 배의 책을 가지고 있다.

down
[dáun] 다운

부 전 아래쪽에, 아래쪽으로

Put down your bag.
풋 다운 유어 백
네 가방을 내려 놓아라.

Chulmin fell down and hurt himself.
철민 펠 다운 앤 허-트 힘셀프
철민이는 넘어져서 다쳤다.

downstairs
[dáunstɛ́ərz] 다운스테어스

부 아래층에

Is anyone downstairs?
이즈 에니원 다운스테어스
아래층에 누구 있니?

dozen
[dʌ́zn] 더즌

명 형 12개(의)

There are a dozen pencils in one case.
데어 아 어 더즌 펜슬즈 인 원 케이스
상자 하나에는 12개의 연필이 있다.

● dozens : dozen의 복수형

dragon

[drǽgən] 드래건

명 용

The dragon is not a real animal.
더 드래건 이즈 낫 어 리얼 애너멀
용은 실제의 동물이 아니다.

drank

[drǽŋk] 드랭크

동 drink의 과거형

I drank too much wine with dinner.
아이 드랭크 투 머춰 와인 위드 디너
나는 저녁식사 때 와인을 너무 많이 마셨다.

draw

[drɔ́ː] 드로-

동 (그림을)그리다, 끌다, 잡아당기다

This picture was drawn by Sangjoon.
디스 픽쳐 워즈 드로온 바이 상준
이 그림은 상준이가 그린 것이다.

Jinsoo is drawing the cart.
진수 이즈 드로잉 더 카-트
진수는 수레를 끌고 있다.

drawer

[dróːər] 드로-어

명 서랍

Arrange your desk drawer.
It's messy.
어레인지 유어 데스크 드로-어. 잇츠 메시
네 책상 서랍을 정리해라. 지저분하다.

dream

[dríːm] 드리임

명 꿈 동 꿈을 꾸다

I dreamed a very dreadful
dream.
아이 드리임드 어 베리 드렛펄 드리임
나는 아주 무서운 꿈을 꾸었다.

dress

[drés] 드레스

명 드레스 동 옷을 입히다

I'll be ready in a moment.
아월 비 레디 인 어 모우먼트
금방 준비될 거야.

I am getting dressed.
아이 앰 게팅 드레스트
옷을 입고 있는 중이야.

drink

[dríŋk] 드링크

동 마시다

● drank는 과거, drunk은 과거분사

In summer, you need to drink a lot of water.

인 섬머, 유- 니-드 투 드링크 어 랏 어브 워-러

여름에는 물을 많이 마시는 것이 필요해.

D

drive

[dráiv] 드라이브

동 운전하다

● drove는 과거 ● driven은 과거분사

Daddy drives the car carefully.

대디 드라이브즈 더 카- 케어플리

아빠는 조심스럽게 차를 운전하신다.

driven

[drívən] 드리번

동 drive의 과거분사

Daddy has driven his car for 10 years.

대디 해즈 드리번 히즈 카-ㄹ 포 텐 이얼스

아빠는 그의 차를 10년 동안 운전하셨다.

driver

[dráivər] 드라이버

명 운전사

The school bus driver is very kind.

더 스쿠울 버스 드라이버 이즈 베리 카인드

학교 버스 운전사는 매우 친절하다.

173

drop

[dráp] 드랍

동 떨어뜨리다

Mommy dropped a dish and broke it.

마미 드랖트 어 디쉬 앤드 브로우크 잇

엄마는 접시를 떨어뜨려서 깨뜨렸다.

drove

[dróuv] 드로우브

동 drive의 과거형

We drove too far.

위 드로우브 투- 파-

우리는 너무 멀리 운전해 갔다.

drum

[drʌ́m] 드럼

명 드럼, 북

I know how to play a drum.

아이 노우 하우 투 플레이 어 드럼

나는 북치는 법을 안다.

drunk

[drʌ́ŋk] 드렁크

동 drink의 과거형

He was drunk.

히- 워즈 드렁크

그는 취해 있었다.

dry [drái] 드라이

동 말리다, 마르다
형 마른, 건조한

Dry your hands after washing.
드라이 유어 핸즈 애프터 와싱
씻은 다음에 네 손을 말려라.

D

duck [dʌ́k] 덕

명 오리

The most famous duck is Donald Duck.
더 모스트 페이머스 덕 이즈 도널드 덕
가장 유명한 오리는 도널드 덕이다.

dug [dʌ́g] 더그

동 dig의 과거, 과거분사

They dug a well.
데이 더그 어 웰
그들은 우물을 팠다.

during [djúəriŋ] 듀어링

전 ~동안에

During the class, I drew a picture.
듀어링 더 클래스, 아이 드루- 어 픽쳐
수업 동안에, 나는 그림을 그렸다.

175

dust
[dʌ́st] 더스트

명 먼지

There is a lot of dust on my books.
데어 이즈 어 랏 어브 더스트 안 마이 북스
내 책들 위에 많은 먼지가 있다.

dye
[dái] 다이

동 염색하다 **명** 염색약

Shinyoung dyed her hair brown.
신영 다이드 허- 헤어 브라운
신영이는 그녀의 머리를 갈색으로 염색했다.

E, e

each
[iːtʃ] 이-치

대 형 각각(의) 부 각각

There are three pencils and each has an eraser.
데어 아- 쓰리- 펜슬즈 앤드 이-치 해즈 언 이레이져
세 개의 연필이 있는데, 각각 지우개가 달려 있다.

We love each other.
위- 러브 이-치 어더
우리는 서로 사랑한다.

eagle
[íːgl] . 이이글

명 독수리

The bald eagle is the symbol of the U.S.
더 보올드 이-글 이즈 더 심벌 어브 더 유- 에스
대머리 독수리는 미국의 상징이다.

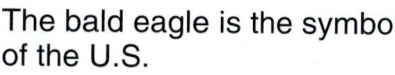

ear

[íər] 이어

명 귀, 청각

We have two ears.
위- 해브 투- 이어즈
우리는 두 개의 귀를 가지고 있다.

early

[ə́ːrli] 어얼리

부 일찍, 일찍이

I usually get up early.
아이 유-쥘리 겟 업 어얼리
나는 대개 일찍 일어난다.

Can you finish that earlier?
캔 유- 피니쉬 댓 어얼리어
너는 그것을 좀 더 일찍 끝낼 수 있니?

earth

[ə́ːrθ] 얼-쓰

명 지구, 흙, 땅

This is the biggest lake on earth.
디스 이즈 더 비기스트 레이크 안 얼-쓰
이것은 지구에서 가장 큰 호수이다.

east
[íːst] 이-스트 명 형 동쪽(의)

My school is in the east of seoul.
마이 스쿨 이즈 인 더 이-스트 어브 서울
나의 학교는 서울의 동쪽에 있다.

E

Easter [íːstər] 이-스터 명 부활절

미국의 어린이들은 부활절날 **Easter day** 이-스터 데이 부활절 바구니 **Easter basket** 이-스터 배스킷나 부활절 달걀 **Easter egg** 이-스터 에그을 숨겨 놓는 상상 속의 토끼가 있다고 생각해요. 부활절 바구니 속에는 초컬릿 **chocolate** 쵸컬릿, 젤리 **jelly** 젤리, 사탕 **candy** 캔디 등이 들어 있고 부활절 아침 **Easter morning** 이-스터 모-닝에 아이들이 찾도록 어른들이 숨겨놓죠.

easy
[íːzi] 이-지

형 쉬운

English is easy to learn.
잉글리쉬 이즈 이-지 투- 러언
영어는 배우기 쉽다.

This math exam was very easy.
디스 매쓰 이그잼 워즈 베리 이-지
이번 수학 시험은 매우 쉬웠다.

eat
[íːt] 이-트

동 먹다

● ate 는 과거 ● eaten 은 과거분사

I am full. I ate three pieces of pizza.
아이 앰 풀. 아이 에이트 쓰리- 피-시즈 어브 피-자
나는 배불러. 난 피자 세 조각을 먹었어.

eaten
[íːtn] 이-튼

동 eat의 과거분사

I haven't eaten all day!
아이 해븐트 이-튼 올 데이
나도 하루 종일 굶었단 말이야!

echo
[ékou] 에코우

명 메아리, 울림

Jinsu shouted and listened for the echo.
진수 샤우티드 앤드 리슨드 포- 디 에코우
진수는 소리를 지르고 메아리를 들었다.

egg
[ég] 에그

명 계란, 달걀

How do you want your egg?
하우 두- 유- 원트 유어 에그
계란을 어떻게 하기 원하니?

I like it over easy.
아이 라잌 잇 오우버 이-지
완숙을 해주세요.

eight
[éit] 에잇

명 형 여덟(의)

The octopus has eight arms.
디 악터퍼스 해즈 에잇 아암즈
문어는 여덟 개의 팔을 가지고 있다.

eighteen

[èitíːn] 에이티인

명 형 18(의)

How old is your brother, Chulsoo?
하우 올드 이즈 유어 브러더, 철수
철수야, 네 형은 몇 살이니?

He is eighteen years old.
히-이즈 에이티인 이어즈 올드
그는 18살이야.

eighth

[éitθ] 에잇쓰

명 형 8(의)

I am the eighth tallest boy in the class.
아이 엠 디 에잇쓰 토올리스트 보-이 인 더 클래스
나는 반에서 여덟 번째로 크다.

eighty

[éiti] 에잇티

명 형 80(의)

His salary is eighty million won a year.
히즈 샐러리 이즈 에잇티 밀리언 원 어 이어
그의 연봉은 8,000만원이다.

either

[íːðər] 이-더

대 접 형 둘 중의 하나(의)

● either A or B : A나B, A 혹은 B

Either of you should go to the party.
이-더 어브 유- 슈드 고- 투 더 파-티
너희 둘 중 하나는 파티에 가야만 한다.

Either say you're sorry or get out.
이-더 세이 유어 쏘-리 오어 겟 아우트
미안하다고 말하든지 아니면 나가라.

elbow

[élbou] 엘보우

명 팔꿈치

Don't push me with your elbow.

돈트 푸쉬 미 위드 유어 엘보우

네 팔꿈치로 나를 밀지마.

elect

[ilékt] 일렉트

동 선출하다, 뽑다

Minsoo was elected to be the chairman.

민수 워즈 일렉티드 투 비- 더 췌어먼

민수는 의장으로 선출되었다.

elephant

[éləfənt] 엘러펀트

명 코끼리

Do you know how big the elephant is?

두- 유- 노- 하우 빅 디 엘러펀트 이즈

너 코끼리가 얼마나 큰지 아니?

elevator

[éləvèitər] 엘러베이터

명 엘리베이터, 승강기

Don't jump around in the elevator.
돈트 점프 어라운드 인 디 엘러베이터
엘리베이터 안에서는 뛰지 마라.

eleven

[ilévən] 일레븐

명 형 11(의)

What time is it now?
왓 타임 이즈 잇 나우
지금 몇 시지?

It's eleven thirty.
잇츠 일레븐 써-티
11시 30분이야.

eleventh

[ilévənθ] 일레번쓰

명 형 열한번째(의)

Today is the eleventh of January.
투데이 이즈 디 일레번쓰 어브 제뉴에리
오늘은 1월 11일이다.

else

[éls] 엘스

부 그 외에

Do you want anything else.
두- 유 원트 에니씽 엘스
그 밖에 다른 것이 필요합니까?

empty

[émpti] 엠-티

형 텅빈, 비어 있는

Who ate all my chocolate?
후- 에이트 올 마이 쵸컬릿
누가 내 초컬릿 다 먹었니?

My cup is empty.
마이 컵 이즈 엠-티
내 컵이 텅 비었어.

end

[énd] 엔드

동 끝내다, 끝나다 **명** 끝

Let's end this quarrel.
렛츠 앤드 디스 쿼어럴
이 다툼을 끝내자.

We can't handle this matter any more.
위- 캔트 핸들 디스 메터 에니 모어
우리는 이 문제를 더 이상 다룰 수 없어.

energy

[énərdʒi] 에너지

명 에너지

This car moves with electric energy.
디스 카- 무브즈 위드 일렉트릭 에너지
이 차는 전기 에너지로 움직인다.

engine

[éndʒin] 엔진

엔진, 원동기

My car doesn't move.
마이 카- 더즌트 무브
내 차가 움직이지 않아.

Maybe the engine has a problem.
메이비- 디 엔진 해즈 어 프라블럼
아마 엔진에 문제가 있나 봐.

engineer

[èndʒəníər] 엔지니어

명 기술자

Chulsoo's father is an electrical engineer.
철수즈 파-더 이즈 언 일렉트리컬 엔지니어
철수 아버지는 전기 기술자이다.

England

[íŋglənd] 잉글런드

명 영국

England is called as Britain.
잉글런드 이즈 콜드 애즈 브리튼
잉글랜드는 브리튼이라고도 한다.

English

[íŋgliʃ] 잉글리쉬

형 영국의, 영국 사람의
명 영어

Mr. David is from England.
He is English.
미스터 데이빗 이즈 프럼 잉글런드. 히- 이즈 잉글리쉬
데이비드 씨는 영국 출신이다. 그는 영국 사람이다.

enjoy

[endʒɔ́i] 엔죠이

[통] 즐기다

Minsoo enjoys going to the cinema.

민수 엔죠이즈 고-잉 투 더 씨네마
민수는 영화관에 가는 것을 좋아한다.

enough

[inʌ́f] 이너프

[형] 충분한

There isn't enough orange juice for everyone.

데어 이즌트 이너프 어-린쥐 주-스 포- 에브리원
모두에게 줄 오렌지 주스가 충분하지 않다.

enter

[éntər] 엔터

[통] 들어가다

Jinsoo, knock before you enter the room.

진수, 낙 비포- 유- 엔터 더 루움
진수야, 방에 들어오기 전에 노크를 해라.

entrance

[éntrəns] 엔트런스

[명] 입구

Excuse me, where is the entrance to the cinema?

익스큐-즈 미, 웨어 이즈 디 엔트런스 투 더 씨네마
실례합니다, 극장 입구가 어디에 있죠?

E

envelope

[énvəlòup] 엔벌로우프

명 봉투

Write the address on the envelope.

라이트 디 어드레스 안 디 엔벌로우프

봉투에 주소를 써라.

equal

[íːkwəl] 이-퀄

형 평등한, 동일한, 같은

Cut the cake into six equal pieces.

컷 더 케이크 인투 식스 이-퀄 피-시즈

케이크를 똑같은 여섯 조각으로 잘라라.

These pencils are equal in length.

디-즈 펜슬즈 아- 이-퀄 인 렝쓰

이 연필들은 길이가 똑같다.

equipment

[ikwípmənt] 이퀴프먼트

명 장비, 설비

Minsoo set up all the equipment by himself.

민수 셋 업 올 디 이퀴프먼트 바이 힘셀프

민수는 모든 장비를 혼자 갖추었다.

erase
[iréis] 이레이스

통 지우다

Don't erase my name from the board.
돈트 이레이스 마이 네임 프럼 더 보-드
칠판에서 내 이름을 지우지 마.

eraser
[iréisər] 이레이서

명 지우개

The eraser is used to erase pencil marks.
디 이레이서 이즈 유즈드 투 이레이스 펜슬 마-크스
지우개는 연필 자국을 지우는 데 사용된다.

escalator
[éskəlèitər] 에스컬레이터

명 에스컬레이터

Let's ride the escalator to the next floor.
렛츠 라이드 디 에스컬레이터 투- 더 넥스트 플로-
다음 층까지 에스컬레이터를 타자.

189

even
[íːvən] 이-븐

형 평평한　부 ~조차도

Put that vase on an even part of the ground.
풋 댓 베이스 안 언 이-븐 파-트 어브 더 그라운드
저 꽃병을 평평한 땅에 놓아라.

I couldn't even meet the teacher.
아이 쿠든트 이-븐 밋 더 티-처
나는 선생님을 만날 수도 없었다.

evening
[íːvniŋ] 이-브닝

명 저녁

Would you come to my home this evening?
우쥬- 컴 투 마이 홈 디스 이-브닝
오늘 저녁에 우리 집에 오시겠습니까?

ever
[évər] 에버

부 언젠가, 이제까지

Have you ever gone to concerts?
해브 유- 에버 고온 투 콘서츠
너 언젠가 연주회에 가 본 적 있니?

every
[évriː] 에브리-

형 모든

Every student has to take the exam.
에브리 스튜-던트 해즈 투 테잌 디 이그잼
모든 학생은 시험을 치러야 한다.

190

everybody

[évribàdi] 에브리바디

명 여러분, 모든 사람

Good morning, everybody!
굿 모-닝, 에브리바디
여러분, 안녕!

everyone

[évriwʌ̀n] 에브리원

명 모든 사람

Everyone in the class shouted "T.G.I.F".
에브리원 인 더 클래스 샤우티드 "T.G.I.F."
반에 있는 모든 사람은 "티.지.아이.에프"를 외쳤다.

everything

[évriθìŋ] 에브리씽

명 모든 것

Everything is ready for the party.
에브리씽 이즈 레디 포- 더 파-티
파티를 위한 모든 것이 준비되어 있다.

E

example

[igzǽmpl] 이그잼플

명 예, 모범

I have many interesting books.
For example, "Robinson Cruso".
아이 해브 메니 인터리스팅 북스. 포- 이그잼플, "라빈슨 크로스"
나는 재미있는 책을 많이 가지고 있다. 예를 들어,
"로빈슨 크루소가" 있다.

excellent

[ékslənt] 엑설런트

형 우수한, 뛰어난

Mother's health is excellent.
마덜스 헬쓰 이즈 엑설런트
어머님의 건강은 아주 좋습니다.

except

[iksépt] 익셉트

전 ~을 제외하고

We go to school everyday
except Sunday.
위- 고- 투 스쿠울 에브리데이 익셉트 선데이
우리는 일요일을 제외하고는 매일 학교에 간다.

excite

[iksáit] 익사이트

동 흥분시키다

Don't excite yourself! Relax!
돈트 익사이트 유어셀프! 릴렉스
흥분하지 마! 긴장을 풀어!

excuse

[ikskjúːz] 익스큐-즈

동 용서하다 명 핑계

Excuse me.
익스큐-즈 미
실례합니다(=나를 용서해 주세요)
[실수를 했거나, 사과를 할 때 쓰는 말]

exercise

[éksərsàiz] 엑서사이즈

동 운동하다
명 연습(문제), 운동

If you don't exercise more, you'll get fat.
이프 유- 돈트 엑서사이즈 모어, 유월 겟 팻
운동을 좀 더 하지 않으면, 너는 뚱뚱해질 거야.

exit

[éksit] 엑시트

명 출구 동 나가다

The exit is on the left side.
디 엑싯 이즈 안 더 레프트 사이드
출입구는 왼쪽에 있다.

We exited pretty quickly.
위 엑시티드 프리티 퀴클리
우리는 꽤 빠르게 빠져 나갔다.

expect

[ikspékt] 익스펙트

동 기대하다

My parents expect me to pass the exam.
마이 페어런츠 익스펙트 미 투 패스 디 이그잼
나의 부모님은 내가 시험 합격하기를 기대하신다.

E

expensive

[ikspénsiv] 익스펜시브

형 값비싼

Daddy's car is very expensive.
대디즈 카- 이즈 베리 익스펜시브
아빠의 차는 매우 비싸다.

But mommy's is cheap.
벗 마미즈 이즈 취잎
하지만 엄마의 것은 싸다.

explain

[ikspléin] 익스플레인

동 설명하다

Would you explain this question to me?
우쥬- 익스플레인 디스 퀘스천 투 미
이 문제를 나에게 설명해 주시겠습니까?

express

[iksprés] 익스프레스

동 표현하다
형 특급의, 빠른

I can hardly express my thanks to you.
아이 캔 하-들리 익스프레스 마이 쌩스 투 유-
너에 대한 나의 감사를 거의 표현할 수 없다(너무 감사하다).

We got on an express train to Pusan.
위- 갓 안 언 익스프레스 트레인 투 부산
우리는 부산가는 특급 열차를 탔다.

extra

[ékstrə] 엑스트러

형 보통보다 많은, 여분의

Mom, I need some extra money.

맘, 아이 니-드 섬 엑스트러 머니

엄마, 나 여분의 돈이 좀 더 필요해요.

E

eye

[ái] 아이

명 눈

pupil 망막
【pjú:pəl】 퓨우펄

upper eyelid 위 눈꺼풀
【ʌ́pər àilid】 어퍼 아이릿

eyebrow 눈썹
【áibràu】 아이 브라우

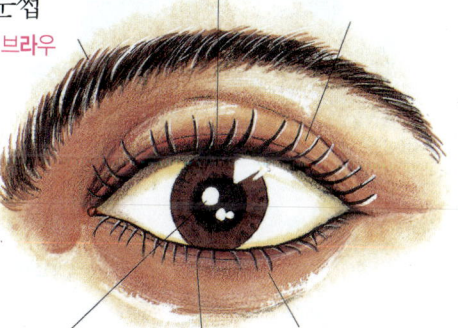

eyeball 눈동자, 안구
【áibɔ̀ːl】 아이보올

lower eyelid 아래 눈꺼풀
【lóuər àilid】 로우어 아이릿

eyelash 속눈썹
【áilæ̀ʃ】 아이래쉬

195

F, f

face
[féis] 페이스　　　**명** 얼굴

hair 머리카락
〔hέər〕 헤어

forehead
〔fɔ́(ː)rid〕 포-리드
이마

eyebrow 눈썹
〔áibràu〕 아이브라우

ear 귀
〔íər〕 이어

eye〔ái〕 아이 눈

cheek 뺨
〔tʃíːk〕 취이크

nose 코
〔nóuz〕 노우즈

lip 입술
〔líp〕 립

fact
[fǽkt] 팩트   　명 사실

I don't need an excuse.
아이 돈트 니-드 언 익스큐-즈
나는 핑계가 필요 없어.

I just want facts.
아이 저스트 원트 팩츠
나는 단지 사실을 원해.

F

factory
[fǽktəri] 팩터리   　명 공장

My uncle works in a car factory.
마이 엉클 워어스 인 어 카- 팩터리
내 삼촌은 자동차 공장에서 일한다.

fail [féil] 페일
동 실패하다
명 실패

He will fail in the exam.
히- 윌 페일 인 디 이그잼
그는 시험에서 낙제할 것이다.

fair
[fέər] 페어
명 공평한

It's not fair!
잇츠 낫 페어
공평하지 못해!

fairy

[fέəri] 페어리

명 요정

Have you ever seen a fairy?
해브 유- 에버 시인 어 페어리
너 요정을 본 적 있니?

fall¹
[fɔ́:l] 포올

명 가을

Fall is my favorite season.
포올 이즈 마이 페이버릿 시-즌
가을은 내가 가장 좋아하는 계절이다.

fall²
[fɔ́:l] 포올

동 넘어지다
● fell은 과거 ● fallen은 과거분사

Jinsoo fell down.
진수 펠 다운
진수는 넘어졌다.

family [fǽməli] 패밀리 명 가족

영어에서 가족을 나타내는 말들은 우리말 보다는 복잡하지 않습니다. 하지만 형이나, 남동생, 누나, 언니, 오빠라는 말들이 **brother** 브러더, **sister** 시스터라는 단어로 한꺼번에 나타내므로 글의 흐름을 따라 그 의미를 정확하게 알아야 합니다.

아래에 나오는 가족표는 여러분이 영어로 가족 관계를 나타내는 데 많은 도움이 될 것입니다. 익혀두세요.

grandfather
【grǽndfɑ̀:ðər】
그랜드파-더
할아버지

grandmother
【grǽndmʌ̀ðər】
그랜드머더
할머니

father
【fɑ́:ðər】
파-더
아버지

mother
【mʌ́ðər】
머더
어머니

uncle
【ʌ́ŋkəl】 엉클
아저씨

I
【ai】 아이
나

sister
【sístər】 씨스터
누나, 언니

brother
【brʌ́ðər】 브러더
형, 남동생

cousin
【kʌ́zn】 커즌
사촌

199

famous
[féiməs] 페이머스

형 유명한

France is famous for art.
프랜스 이즈 페이머스 포- 아-트
프랑스는 예술로 유명하다.

fan
[fǽn] 팬

명 선풍기, 부채
명 팬, 추종자, 애호가

Would you turn on the fan?
우쥬- 턴 안 더 팬
선풍기를 켜 주겠니?

I want to join Michael's fan club.
아이 원 투 조인 마이클즈 팬 클럽
나는 마이클의 팬 클럽에 들어가고 싶다.

far
[fáːr] 파-

형 (거리, 시간이) 먼
부 멀리, (형용사, 부사를 강조하여) 매우

How far is your school from your home?
하우 파- 이즈 유어 스쿠울 프럼 유어 홈
너희 집에서 학교가 얼마나 머니?

He can swim farther than I can.
히- 캔 스윔 파-더 댄 아이 캔
그는 나보다 더 멀리 수영할 수 있다.

farm
[fáːrm] 파암

명 농장, 과수원

My grandparents live on a farm.
마이 그랜드 페어런츠 리브 안 어 파암
내 조부모님들은 농장에 사신다.

farmer
[fáːrmər] 파-머

명 농부

My uncle is farmer.
마이 엉클 이즈 파-머
내 삼촌은 농부이다.

fashion
[fǽʃən] 패션

명 유행

Jungeun always keeps up with the fashion.
정은 올웨이즈 킵스 업 위드 더 패션
정은이는 항상 유행에 보조를 맞춘다.

fast
[fǽst] 패스트

형 빠른 부 빠르게

Which one is the fastest train to Pusan.
위치 원 이즈 더 패스티스트 트레인 투 부산
어느 것이 부산가는 가장 빠른 기차입니까?

Couldn't you drive faster?
쿠든트 유 - 드라이브 패스터
좀 더 빨리 운전할 수 없습니까?

fasten
[fǽsn] 패슨

동 단단히 묶다, 고정시키다

Fasten your seatbelt.
패슨 유어 싯 벨트
네 안전벨트를 단단히 조여라.

fat
[fǽt] 팻

형 뚱뚱한, 지방이 많은

If you don't exercise more, you'll get fatter soon.
이프 유 - 돈트 엑서사이즈 모어, 유월 겟 패터 순
만약 네가 운동을 더하지 않으면, 너는 곧 뚱뚱해질 거야.

father

[fá:ðər] 파-더

명 아버지

Like father, like son.
라이크 파-더 라이크 선
(속담) 그 아버지에 그 아들, 부전자전

favorite

[féivərit] 페이버릿

형 가장 좋아하는

What is your favorite season?
왓 이즈 유어 페이버릿 시즌
너는 어느 계절을 가장 좋아하니?

fear

[fíər] 피어

명 두려움　동 두려워하다

Jinsoo has a great fear
of spider.
진수 해즈 어 그레잇 피어 어브 스파이더
진수는 거미에 대한 큰 두려움을 가지고 있다.

F

feather

[féðər] 페더

명 깃털

My pillow is stuffed
with feathers.
마이 필로우 이즈 스터프트 윗 페더즈
내 베개는 깃털로 채워져 있다.

February

[fébruèri] 페브루에리

명 2월

My father was born in
February 1965.
마이 파-더 워즈 보온 인 페브루에리 나인틴
식스티 파이브
내 아버지는 1965년 2월에 태어나셨다.

feed

[fiːd] 피-드

동 (먹이를)먹이다, 먹다

● fed : feed의 과거, 과거분사

Did you feed the dog?
디쥬- 피-드 더 도-그
너 개에게 먹이를 주었니?

feel
[fiːl] 피일

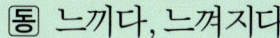

동 느끼다, 느껴지다

● felt : feel의 과거, 과거분사

Are you feeling better now?
아- 유- 피일링 베터 나우
이제 좀 괜찮니?

What do you feel about this idea?
왓 두- 유- 피일 어바웃 디스 아이디어
너는 이 안을 어떻게 생각하니?

F

feet
[fiːt] 피-트

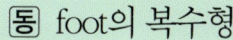

동 foot의 복수형

I put my feet in the water.
아이 풋 마이 피-트 인 더 워러
나는 두 발을 물에 담갔다.

fell
[fél] 펠

동 fall의 과거형

As I was tired, I soon fell asleep.
애즈 아이 워즈 타이어드, 아이 순 펠 어슬립
피곤했기 때문에 곧 잠들었다.

fellow
[félou] 펠로우

명 친구, 좋아하는 사람

I know that fellow from highschool.
아이 노우 댓 펠로우 프럼 하이스쿠울
나는 저 친구를 고등학교 때부터 알아.

fence
[féns] 펜스

명 울타리

We were talking across the fence.
위- 워어 토-킹 어크로-스 더 펜스
우리는 울타리를 사이에 두고 이야기하고 있었다.

few
[fjúː] 퓨-

형 (셀 수 있는 말 앞에서) 거의 없는

Jungeun has few friends.
정은 헤즈 퓨- 프렌즈
정은이는 친구가 거의 없다.

field
[fiːld] 피일드

명 들, 운동장

Farmers grow rice in that field.
파-머즈 그로우 라이스 인 댓 피일드
농부들은 저 들에서 벼를 재배한다.

fifteen
[fiftíːn] 피프티인

명 **형** 15(의)

How old is your brother?
하우 올드 이즈 유어 브러더
네 형은 몇 살이니?

He is fifteen years old.
히- 이즈 피프티인 이어즈 올드
그는 열다섯 살이다.

fifty
[fífti] 피프티

명 **형** 오십(의)

How many students are in your class?
하우 메니 스튜-던츠 아- 인 유어 클래스
네 반에는 몇 명의 학생들이 있니?

The fifty students.
더 피프티 스튜-던츠
50명이다.

F

fight

[fáit] 파이트

동 싸우다 명 싸움

● fought : fight의 과거, 과거분사

Don't tease me!
돈트 티-즈 미
나를 귀찮게 하지마!

I don't want to fight with you.
아이 돈 원 투 파이트 위드 유-
나는 너와 싸우고 싶지 않아.

fill

[fíl] 필

동 채우다

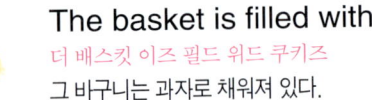

The basket is filled with cookies.
더 배스킷 이즈 필드 위드 쿠키즈
그 바구니는 과자로 채워져 있다.

film

[fílm] 필름

명 영화, (사진기의)필림

Do you like watching films?
두- 유- 라잌 와칭 필름즈
너 영화 보기 좋아하니?

Do you have another roll of film?
두- 유- 해브 언아덜 로울 어브 필름
너 필름 더 있니?

find

[fáind] 파인드

[동] 발견하다, 생각하다

● found : find의 과거, 과거분사

I found my lost key under the chair.

아이 파운드 마이 로-스트 키- 언더 더 췌어

나는 잃어버린 열쇠를 의자 밑에서 찾았다.

fine

[fáin] 파인

[형] 좋은, 괜찮은, 섬세한

It's fine today, isn't it?

잇츠 파인 투데이. 이즌트 잇

오늘 날씨 좋지. 그렇지 않니?

finger

[fíŋɡər] 핑거

[명] 손가락

What happened to your finger?

왓 해펀트 투 유어 핑거

네 손가락 어떻게 된거니?

I cut it with a knife.

아이 컷 잇 위드 어 나이프

칼로 베었어.

finish

[fíniʃ] 피니쉬

동 끝내다

Mom, may I go outside?
맘, 메이 아이 고- 아웃사이드
엄마, 나가도 돼요?

Did you finish your homework already?
디쥬 피니쉬 유어 홈워-크 어얼레디
숙제를 벌써 끝냈니?

fire

[fáiər] 파이어

명 불, 화재

There was a big fire yesterday.
데어 워즈 어 빅 파이어 예스터데이
어제 큰 화재가 있었다.

fire engine

[fáiər àndʒin] 파이어 엔진

명 소방차

Fire engines came to put out the fire.
파이어 엔진즈 케임 투 풋 아웃 더 파이어
불을 끄려고 소방차들이 왔다.

fire fighter

[fáiər fáitər] 파이어 파이터

명 소방수

The fire fighters were very courageous.

더 파이어 파이터즈 워 - 베리 커레이져스

그 소방수들은 매우 용감했다.

fireworks

[fáiərwə̀ːrk] 파이어워얼스

명 불꽃놀이

There were fireworks for New Year's Day.

데어 워 - 파이어워얼스 포 - 뉴 이어즈 데이

신년 불꽃놀이가 있었다.

first

[fəːrst] 퍼-스트

명 형 첫 번째(의)

Is this your first visit to New York?

이즈 디스 유어 퍼-스트 비짓 투 뉴-욕

이것이 너의 첫 번째 뉴욕 방문이니?

fish [fíʃ] 피쉬 명 물고기

tail fin 꼬리 지느러미
【téil fín】 테일 핀

gill 아가미
【gil】 길

carp 잉어
【káːrp】 카프

scales 비늘
【skéilz】 스케일즈

crucian carp 붕어
【krúːʃən kàːrp】 크루-션 카프

loach 미꾸라지
【lóutʃ】 로우취

212

salmon 연어
【sǽmən】새먼

eel 뱀장어
【íːl】이일

flatfish 가자미
【flǽtfiʃ】플랫피쉬

tuna 참치
【tjúːnə】튜-너

shark 상어
【ʃɑːrk】샤-크

blowfish 복어
【blóufiʃ】블로우피쉬

F

fishing

[fíʃiŋ] 피슁

명 낚시

Would you like to join our fishing?

우쥬 라잌 투 죠인 아워 피싱

우리 낚시가는데 같이 갈래?

fit [fit] 핏

동 맞다, 알맞다

형 알맞은, 적합한

This coat doesn't fit me.

디스 코트 더즌트 핏 미

이 코트는 나에게 맞지 않는다.

five

[fáiv] 파이브

명 **형** 다섯(의)

I have five candies left.

아이 해브 파이브 캔디즈 레프트

나는 사탕을 다섯개 남겼다.

fix

[fíks] 픽스

동 고치다, (음료, 음식을)준비하다, 고정시키다

My computer is out of order.

마이 컴퓨-터 이즈 아웃 어브 오-더

내 컴퓨터가 고장났다.

I need to fix it.

아이 니-드 투 픽스 잇

그것을 고쳐야 한다.

flag
[flǽg] 플랙

명 깃발

The Korean flag is flapping in the wind.
더 커리-언 플랙 이즈 플래핑 인 더 윈드
태극기가 바람에 펄럭인다.

flash
[flǽʃ] 플래쉬

동 번쩍 비치다
명 번쩍임, 섬광

The lightning flashed.
더 라이트닝 플래쉬트
번개가 번쩍했다.

flashlight
[flǽʃ làit] 플래쉬라이트

명 손전등

It's too dark.
잇츠 투- 다-크
너무 어둡다.

Turn on the flashlight.
터언 안 더 플래쉬 라이트
손전등을 켜라.

F

flat
[flǽt] 플랫

형 평평한, (타이어가)펑크난

I need something flat to write on.
아이 니-드 섬씽 플랫 투 라이트 안
받치고 쓸 평평한 것이 필요해.

We got a flat tire.
위- 갓 어 플랫 타이어
우리 차가 펑크났어.

flavor
[fléivər] 플레이버

명 맛, 향미

This bread has a strong flavor of cheese.
디스 브렏 해즈 어 스트로옹 플레이버 어브 치이즈
이 빵은 강한 치즈 맛이 난다.

flew
[flú:] 플루-

동 fly의 과거

Youngsu spent a day in Seoul and flew to Tokyo the next day.
영수 스펜트 어 데이 인 서울 앤 플루- 투 토쿄 더 넥스트 데이
영수는 서울에서 하루를 지낸 뒤 다음 날 일본 도쿄로 떠났다.

float
[flóut] 플로우트

동 물에 뜨다, 떠다니다

Does this type of wood float?
더즈 디스 타잎 어브 우-드 플로우트
이런 종류의 나무는 물에 뜨나요?

floor

[flɔːr] 플로어

명 바닥, 층

Spread the map out plat on the floor.
스프레드 더 맵 아웃 플랫 안 더 플로어
마루에 지도를 평평하게 펴라.

Which floor is your room on?
위치 플로어 이즈 유어 루움 안
네 방은 몇 층에 있니?

flour

[fláuər] 플라워

명 밀가루

Look at yourself!
룩 앳 유어 셀프
너의 모습 좀 봐라!

You have flour all over you.
유- 해브 플라워 올 오우버 유-
온통 밀가루 투성이구나.

flower

[fláuər] 플라워

명 꽃

The world's best-smelling flower is in bloom.
더 월드스 베스트 스멜링 플라워 이즈 인 블룸
세계에서 가장 향기가 좋은 꽃이 활짝 피었습니다.

flown

[flóun] 플로운

동 fly의 과거분사

The bird has flown.
더 버드 헤즈 플로운
새가 날아가 버렸다.

217

fly¹
[flái] 플라이

동 날다

● flew는 과거, flown은 과거분사

Most birds and some insects can fly.
모우스트 버-즈 앤드 섬 인섹츠 캔 플라이
대부분의 새들과 몇몇 곤충들은 날 수 있다.

A bee flew in through the window.
어 비- 플루- 인 쓰루 더 윈도우
벌 한 마리가 창문으로 날아 들어왔다.

fly²
[flái] 플라이

명 파리

The fly is one of the most common insects.
더 플라이 이즈 원 어브 더 모우스트 커먼 인섹츠
파리는 가장 흔한 곤충 중의 하나이다.

fog
[fɔːg] 포-그

명 안개

I can't see well in the thick fog.
아이 캔트 시- 웰 인 더 씩 포-그
나는 짙은 안개 때문에 잘 볼 수 없다.

fold

[fould] 포울드

동 접다

Fold the blanket and put it in the closet.

포울드 더 블랭킷 앤드 풋잇 인 더 클라짓

담요를 접어서 옷장에 넣어라.

follow

[fálou] 팔로우

동 따라가다, 뒤따르다

Follow me.
I'll show you the way.

팔로우 미. 아월 쇼- 유- 더 웨이

저를 따라 오세요. 길을 가르쳐 드릴께요.

food [fúːd] 푸우드 **명** 음식

cake 케이크
〔kéik〕 케이크

beer 맥주
〔bíər〕 비어

spaghetti
〔spəgéti〕 스퍼게티
스파게티

milk 우유
〔mílk〕 밀크

pizza 피자
〔píːtsə〕 피-자

beef stew 소고기스튜
〔bíːf stjùː〕 비-프 스튜우

chicken 닭고기
〔tʃíkin〕 취킨

jelly 젤리
〔dʒéli〕 젤리

sandwich 샌드위치
〔sǽndwitʃ〕 샌드위치

ketchup 케챱
〔kétʃəp〕 케첩

roll 롤빵
〔róul〕 로울

water 물
〔wɔ́ːtər〕 워-터

salad 생채요리
〔sǽləd〕 샐러드

roast beef 구운 쇠고기
〔róust bìːf〕 로우스트 비-프

potato 감자
【pətéitou】 퍼테이토우

coffee 커피
【kɔ́ːfi】 커-피

cream 크림
【kríːm】 크-림

soup 수프
【súːp】 수-프

pepper 후추
【pépər】 페퍼

salt 소금
【sɔ́ːlt】 솔트

icecream
【áiskrìːm】 아이스크리임
아이스크림

melon 메론
【mélən】 멜런

wine 포도주
【wáin】 와인

bread【bréd】 브레드 빵

tea 차
【tiː】 티-

butter 버터
【bʌ́tər】 버터

omelet【ɑ́məlit】 아믈릿 오믈렛

jam 잼
【dʒǽm】 잼

F

221

fool
[fúːl] 푸울

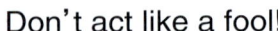

명 바보, 멍청이

Don't act like a fool!
돈트 액트 라잌 어 푸울
바보처럼 행동하지마.

foolish
[fúːliʃ] 푸울리쉬

형 멍청한, 바보스러운

It is foolish to behave like that.
잇 이즈 푸울리쉬 투 비헤이브 라잌 댓
그렇게 행동하는 것은 바보같은 짓이야.

foot
[fút] 풋

명 발

● feet : foot의 복수형

He stand on one foot.
히 스탠드 안 원 풋
그는 한 발로 섰다.

football [fútbɔːl] 풋볼 **명** 미식축구

football 풋볼은 미식 축구를 일컫는 말이고, 우리가 축구라고 하는 말은 보통 soccer 사커라고 합니다. 미국에서는 football 풋볼의 인기가 매우 높아서 Super Bowl 슈퍼 보울게임이 열리는 날에는 회사나 군대 조차도 휴일로 정해서 쉴 정도입니다.

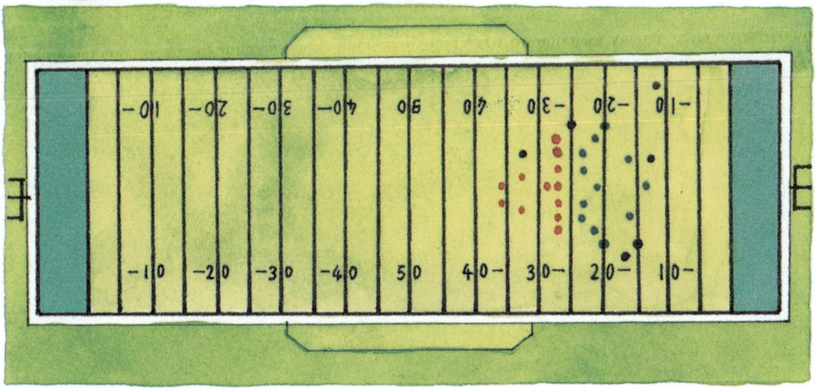

F

footprint

[fútprìnt] 풋프린트

명 발자국

Who left these muddy footprints on the floor?
후- 레프트 디-즈 머디 풋프린트츠 안 더 플로어
누가 마루에 진흙 투성이 발자국을 남겼니?

for

[fɔ́ːr] 포-

전 ~을 위하여, ~에 대하여, ~관하여, ~동안

Daddy bought a doll for me.
대디 보-트 어 달 포- 미
아빠가 나에게 인형을 사 주셨다.

France is famous for its wines.
프랜스 이즈 페이머스 포- 잇츠 와인즈
프랑스는 와인으로 유명하다.

forehead

[fɔ́ːrhèd] 포-헤드

명 이마

Sweat stood on her forehead.
스웰 스투-드 안 허 포-헤드
그녀의 이마에 땀이 배어 있었다.

forest
[fɔ́:rist] 포-리스트

명 숲

Many bears live in that forest.
메니 베어즈 리브 인 댓 포-리스트
저 숲 속에는 많은 곰들이 산다.

foreign
[fɔ́:rin] 포-린

형 외국의, 외국산의

There are only a few foreign schools in Korea.
대얼 아- 온리 어 퓨 포-린 스쿨스 인 커리어
한국에 외국인 학교는 얼마 되지 않는다.

forget
[fərgét] 퍼겟

동 잊다

Be there at four o'clock, Don't forget.
비- 데어 앳 포- 어클락, 돈트 퍼켓
4시에 그곳에 있어라. 잊지마.

● forgot은 과거형 ● forgotten은 과거분사

forgot
[fərgát] 퍼갓

동 forget의 과거형

I'm sorry. I forgot.
아임 쏘리. 아이 퍼갓
미안해요, 잊었어요.

F

forgotten

[fərgátn] 퍼갓튼

[동] forget의 과거분사형

Foreign names are easily forgotten.
포-런 네임즈 아- 이지리 퍼갓튼
외국어 이름은 잘 잊혀진다.

fork

[fɔ́ːrk] 포-크

[명] 포크

Don't eat food with your fingers.
Use a fork.
돈트 이잇 푸-드 위드 유어 핑거즈. 유-즈 어 포-크
손가락으로 음식을 먹지 마라. 포크를 사용해.

forty

[fɔ́ːrti] 포-티

[명][형] 40 (의)

How old is your mom?
하우 올드 이즈 유어 맘
네 엄마는 몇 살이시니?

She is forty five years old.
쉬 이즈 포-티 파이브 이어즈 올드
45살이셔.

fought

[fɔːt] 포-트

[동] fight의 과거, 과거분사

We fought until the end.
위 포-트 언틸 디 엔드
우리는 끝까지 싸웠다.

found

[fáund] 파운드

동 find의 과거, 과거분사

She has found her headset.
쉬 해즈 파운드 허 헤드셋
그녀는 그녀의 헤드셋을 찾았다.

four

[fɔ́:r] 포-

명 형 넷(의)

How many brothers do you have?
하우 메니 브러더즈 두- 유- 해브
너는 형제가 몇이니?

I have four brothers.
아이 해브 포- 브라더스
나는 형제가 4명 있다.

fourteen

[fɔ́:rtíːn] 포-티인

명 형 14(의)

He is fourteen years old.
히- 이즈 포-티인 이어즈 올드
그는 14살이다.

forward

[fɔ́:rwərd] 포-워드

부 앞쪽으로, 자진해서
● look forward to ~ing : ~을 기대하다

We marched forward to the camp.
위- 마-취트 포-워드 투 더 캠프
우리는 야영장을 향해서 행진했다.

She is always forward to help others.
쉬- 이즈 올웨이즈 포-워드 투 헬프 아더즈
그녀는 언제나 자진해서 남을 도우려 한다.

F

fox
[fɑ́ks] 팍스

명 여우

People believe the fox is clever.
피-플 빌리-브 더 팍스 이즈 클레버
사람들은 여우가 영리하다고 믿는다.

France
[fræns] 프랜스

명 프랑스

What is France famous for?
왓 이즈 프랜스 페이머스 포-
프랑스는 무엇으로 유명하니?

free
[fríː] 프리-

형 자유로운, 공짜의

It's the summer vacation!
잇츠 더 섬머 버케이션
여름 방학이다!

I'm free from now for one month.
아임 프리- 프럼 나우 포- 원 먼쓰
나는 지금부터 한 달동안 자유다.

freeze

[fríz] 프리-즈

[동] 얼리다, 얼다

● froze는 과거, frozen은 과거분사

It's freezing today.
잇츠 프리-징 투데이
오늘은 얼 것처럼 춥다.

The pond has frozen up.
더 판드 해즈 프로-즌 업
연못이 얼어버렸다.

F

Franch

[fréntʃ] 프렌치

[형] 프랑스의,
프랑스 사람의, 프랑스어의

Mr. Leon is from Franch.
미스터 레옹 이즈 프럼 프렌치
레옹씨는 프랑스에서 왔다.

fresh

[fréʃ] 프레쉬

[형] 싱싱한, 맑은, 생기있는

Everything looked fresh
after the rain.
에브리씽 룩트 프레쉬 에프터 더 뤠인
비 온 후에 모두 다 싱싱하게 보였다.

Friday

[fráidei] 프라데이

[명] 금요일

T.G.I.F. Let's have a party.
티-.지-.아이.에프. 렛츠 해브 어 파-티
만세! 금요일이다. 파티하자(=만세, 금요일이다).

● T.G.I.F. = Thank god It's friday

friend
[frénd] 프렌드

명 친구

Jinsoo is my best friend.
진수 이즈 마이 베스트 프렌드
진수는 나의 가장 친한 친구다.

frighten
[fráitn] 프라이튼

동 놀라키다

Jungsook was frightened by my dog.
정숙 워즈 프라이튼드 바이 마이 도-그
정숙이는 내 개에게 놀랐다.

frog
[frɔ́:g] 프로-그

명 개구리

Can you hear the frogs croak?
캔 유- 히어 더 프로-그즈 크로우크
너 개구리 우는 소리 들리니?

froze

[fróuz] 프로우즈

동 freeze의 과거형

It froze hard last night.
잇 프로우즈 하드 라스트 나잇
간밤에 얼음이 꽁꽁 얼었다.

from

[frəm] 프럼

전 ~로부터

My school is 3Km from my home.
마이 스쿠울 이즈 쓰리- 킬러미터즈 프럼 마이 홈
나의 학교는 집에서 3 킬로미터 떨어져 있다.

I am form Korean.
아이 앰 프럼 커리어언
나는 한국인이다.

front

[frʌnt] 프런트

명 앞(쪽)

There is a cinema in front of the school.
데어 이즈 어 시네마 인 프론트 어브 더 스쿠울
학교 앞에 영화관이 있다.

frown

[fráun] 프라운

동 얼굴을 찌푸리다

My daddy frowned at my school report.
마이 대디 프라운드 앳 마이 스쿠울 리포-트
아빠는 내 성적표에 얼굴을 찌푸렸다.

F

fruit [fru:t] 푸루-트 **명** 과일

strawberry
〔strɔ́:bèri〕 스트로오베리
딸기

apple
〔ǽpl〕 애플
사과

banana
〔bənǽnə〕 버내너
바나나

melon
〔mélən〕 멜런
멜론

grape
〔gréip〕 그레이프
포도

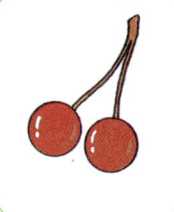
cherry
〔tʃéri-〕 체리
체리

watermelon
〔wɔ́:tərmèlən〕 워-터멜런
수박

pineapple
〔páinæ̀pl〕 파인애플
파인애플

peach
〔pí:tʃ〕 피치
복숭아

kiwi
〔kí:wi〕 키-위
키위

persimmon
〔pərsímən〕 퍼시먼
감

orange
〔ɔ́:rindʒ〕 어-린쥐
오렌지

232

fry
[frái] 프라이

동 기름에 튀기다

Shall I fry the fish for dinner?
쉘 아이 프라이 더 피쉬 포- 디너
저녁으로 생선을 튀길까요?

fuel
[fjúːəl] 퓨-얼

명 연료

My car doesn't move any more.
마이 카- 더즌트 무브 에니 모어
내 차가 더 이상 움직이지 않는다.

We are out of fuel.
위- 아 아웃 어브 퓨-얼
우리는 연료가 떨어졌다.

full
[fúl] 풀

형 가득 찬

The waste basket is full of junks.
더 웨이스트 배스킷 이즈 풀 어브 정크스
휴지통이 쓰레기로 가득하다.

I am full. I can't eat any more.
아이 앰 풀. 아이 캔트 이잇 애니 모어
나는(배가)가득해. 나는 더 이상 먹을 수 없어.

F

fun
[fʌn] 펀

명 재미(있는 일)

Did you have fun at the party?
디쥬 해브 펀 앳 더 파-티
파티에서 재미있었니?

funny
[fʌ́ni] 퍼니

형 재미있는

Everybody likes him.
에브리바디 라잌스 힘
모든 사람들이 그를 좋아한다.

He is very funny.
히- 이즈 베리 퍼니
그는 매우 재미있다.

fur
[fɚːr] 퍼-

명 털가죽, 모피

Rabbits have soft fur.
래비츠 해브 소-프트 퍼-
토끼는 부드러운 털가죽을 가지고 있다.

furniture [fə́ːrnitʃər] 퍼-니처 명 가구

rocking chair
〔rákiŋ tʃɛ̀ər〕라킹 체어
의자

bookcase
〔búkkèis〕북케이스
책장

desk
〔désk〕데스크
책상

bed 침대
〔bed 뱉〕

television 텔레비젼
〔téləvìʒən〕텔리비젼

sofa 소파
〔sóufə〕소우파

table 탁자
〔téibl〕테이블

stool 걸상
〔stúːl〕스투-울

wastebasket 휴지통
〔wéistbæ̀skit〕웨이스트배스킷

F

235

G, g

game

[géim] 게임

명 놀이, 게임

Would you like to play a card game?

우쥬- 라잌 투 플레이 어 카-드 게임

카드 게임 하시겠어요?

garage

[gərɑ́:ʒ] 거라-지

명 차고

My daddy's car is in the garage.

마이 대디즈 카- 이즈 인 더 거라-쥐

아빠의 차가 차고에 있어.

garbage
[gáːrbidʒ] 가-비지

명 쓸모없는 것, 쓰레기

Put away that garbage!
풋 어웨이 댓 가-비지
그 쓰레기는 저리로 치워!

garden
[gáːrdn] 가-든

명 정원, 뜰, 마당

We grow some vegetables in the garden.
위- 그로- 섬 베지터벌즈 인 더 가든
우리는 정원에 약간의 채소를 기른다.

gas
[gǽs] 개스

명 가스

Jungmin turned on the gas stove.
정민 터언드 안 더 개스 스토-브
정민이는 가스 난로를 켰다.

gasoline

[gǽsəlíːn] 개설리인

명 (자동차 연료로)
휘발유

We need some gasoline.
위- 니-드 섬 개설리인
우리는 휘발유가 좀 더 필요하다.

We are running out of gasoline.
위- 아- 러닝 아웃 어브 개설리인
우리는 휘발유가 떨어져 가고 있다.

---

gate

[géit] 게이트

명 문, 출입문

The gate is open.
더 게이트 이즈 오픈
대문이 열려 있다.

Somebody must be in there.
섬바디 머스트 비- 인 데어
누군가 저 안에 틀림없이 있다.

---

gave

[géiv] 게이브

동 give의 과거형

I gave a book to the boy.
아이 게이브 어 북 투 더 보이
나는 그 소년에게 책을 주었다.

---

geese

[gíːs] 가-스

명 오리들

● goose의 복수형

There are too many geese on this farm.
대얼 아 투 매니 기-스 안 디스 팜
이 농장엔 거위들이 너무 많아.

gentle

[dʒéntl] 젠틀

형 온화한, 상냥한, 가문이 좋은

He greeted me with a very gentle voice.
히 그리티드 미 위드 어 베리 젠틀 보이스
그는 아주 부드러운 목소리로 나에게 인사를 했다.

gentleman

[dʒéntlmən] 젠틀맨

명 신사, 점잖은 사람

Most Englishmen are gentleman, but not all.
모오스트 잉글리쉬먼 아- 젠틀맨, 벗 낫 오올
대부분의 영국 사람은 신사이다,
그러나 모두는 아니다.

G

gentlemen

[dʒéntlmən] 젠틀맨

명 신사들

Ladies and gentlemen, please welcome Dr. Arthur Hill.
레이디스 앤 젠틀맨 플리즈 웰컴 닥터 아서 힐
신사 숙녀 여러분, 아서 힐 박사님을 반갑게 맞아 주십시오
● gentleman의 복수형

German

[dʒə́ːrmən] 저-먼

명 형 독일인(의), 독일어(의)

Is Mr. Weber English?
이즈 미스터 웨버 잉글리쉬
웨버씨는 영국 사람이니?

No, he isn't. He is German.
노-, 히- 이즌트, 히- 이즈 저-먼
아니, 그렇지 않아. 그는 독일 사람이야.

Germany

[dʒə́ːrməni] 져-머니

명 독일

Berlin is the capital of Germany.
버어린 이즈 더 캐퍼틀 어브 져-머니
베를린은 독일의 수도이다.

get

[gét] 겟

동 얻다, ~이 되다, ~하게 하다

● got은 과거 ● gotten는 과거분사

Sangjoon, you got a new shirt.
상준, 유 갓 어 뉴- 셔엇
상준아, 너 새 셔츠 구했구나.

I didn't get a good look at that.
아이 디든트 겟 어 굿 룩 앳 댓
나는 그것을 자세히 보지 못했다.

giant

[dʒáiənt] 자이언트

명 거인

What is your brother doing?
왓 이즈 유어 브러더 두-잉
네 형은 무엇하고 있니?

He is reading a giant story.
히- 이즈 리-딩 어 자이언트 스토-리
그는 거인 이야기를 읽고 있어.

gift

[gíft] 기프트

명 선물

What is that doll?
왓 이즈 댓 달
그 인형은 뭐야?

This is a gift for my sister.
디스 이즈 어 기프트 포- 마이 시스터
이것은 내 동생을 위한(에게 줄) 선물이야.

giraffe

[dʒərǽf] 져래프

명 기린

A giraffe is asleep below the tree.
어 져래프 이즈 어슬맆 빌로우 더 츄리
기린 한 마리가 나무 밑에서 자고 있다.

G

girl

[gə́:rl] 거얼

명 소녀

There are more girls than boys in my class.

데어 아- 모어 거얼즈 댄 보이즈 인 마이 클래스

우리 반에는 남자 아이들보다 여자 아이들이 더 많다.

give

[gív] 기브

동 주다

● gave는 과거 ● given은 과거분사

My teacher gave me a lot of homework.

마이 티-처 게이브 미 어 랏 어브 홈워-크

나의 선생님은 나에게 많은 숙제를 내주셨다.

Can you give me the book on the desk?

캔 유- 기브 미 더 북 안 더 데스크

책상 위에 있는 책을 나에게 주겠니?

given

[gívən] 기븐

동 give의 과거분사

Ask, and it shall be given you.

에스크 앤 잇 쉘 비 기븐 유

구하라, 그러면 너희에게 주실 것이다.

glad [glǽd] 글랫

형 기쁜, 반가운

I'm glad to meet you.

아임 글랫 투 미-트 유-

너를 만나서 기뻐.

glass

[glǽs] 글래스

명 유리잔, 유리, 안경(복수형)

Would you fill the glass with milk again?

우쥬- 필 더 글래스 위드 밀크 어겐

내 유리잔에 우유를 다시 채워 주시겠습니까?

I forgot where I'd put my glasses.

아이 퍼갓 웨어 아이드 풋 마이 글래시즈

나는 안경을 어디에 두었는지 잊어버렸다.

glove

[glʌ́v] 글러브

명 장갑

My gloves are made of leather.

마이 글러브즈 아- 메이드 어브 레더

내 장갑은 가죽으로 만들어졌다.

glue

[glúː] 글루-

명 풀, 아교, 접착제

Can I borrow your glue stick?

캔 아이 발로우 유어 글루- 스틱

네 풀을 빌릴 수 있겠니?

go
[góu] 고우

동 가다, 진행되다
● went는 과거, gone은 과거분사

Where are you going?
웨어 아- 유- 고-잉
너 어디 가니?

goal
[góul] 고울

명 목표, (운동경기의)골

Jinsoo did his best to reach his goal.
진수 디드 히즈 베스트 투 리-치 히즈 고울
진수는 자기의 목표에 도달하기 위해 최선을 다했다.

goat
[góut] 고우트

명 염소

The goat milk tastes great.
더 고우트 밀크 테이스츠 그레잇
염소 우유는 맛이 기막히다.

god
[gád] 갓

명 신, (God)하나님

The ancient Greeks had many Gods.
디 에인션트 그리익스 헤드 메니 갓즈
고대 그리스 사람들은 많은 신들을 가지고 있었다.

gold
[góuld] 고울드

명 황금

My mommy's ring is made of gold.
마이 마미스 링 이즈 메이드 어브 고울드
내 엄마의 반지는 금으로 만들어졌다.

gone
[gɔ́ːn] 고온

동 go의 과거분사

The game has gone into overtime.
더 게임 해즈 고온 인투 오-버타임
경기는 시간을 넘겼다.

G

good

[gúd] 굿

〔형〕 좋은

● bettter 는 비교급 ● best 는 최상급

My brother Chulsoo is good at Math, but I am not.
마이 브러더 철수 이즈 굿 앳 매쓰, 벗 아이 앰 낫
나의 형 철수는 수학을 잘한다. 그러나 나는 그렇지 않다.

This watch keeps good time.
디스 와취 킵스 굿 타임
이 시계는 시간이 잘 맞는다.

good-by(e)

[gùdbái] 굿바이

〔형〕 안녕 (헤어질 때 하는 인사말)

Good-by, Jinsoo.
굿바이, 진수
잘 가, 진수야.

Good-by, Sangeun. See you later.
굿바이, 상은. 시- 유- 레이터
잘 가 상은아. 나중에 보자.

goose

[gúːs] 구-스

〔명〕 거위

A goose looks like a duck, but a little larger.
어 구-스 룩스 라잌 어 덕, 벗 어 리틀 라-져
거위는 오리와 비슷하다, 하지만 조금 더 크다.

got

[gát] 갓

〔동〕 get의 과거형

My uncle finally got married last year.
마이 엉클 파이널리 갓 메리드 라스트 이어
우리 삼촌은 마침내 작년에 결혼을 했다.

grade
[gréid] 그레이드

명 학년, 등급, 단계

I'm in the third grade.
아임 인 더 써-드 그레이드
나는 3학년이다.

And my brother is in the fifth grade.
앤드 마이 브러더 이즈 인 더 피프쓰 그레이드
그리고 나의 형은 5학년이다.

grandfather
[grǽndfà:ðər] 그랜드파-더

명 할아버지

My grandfather has a white beard.
마이 그랜드 파-더 해즈 어 화이트 비어드
나의 할아버지는 하얀 턱수염이 있다.

grandmother
[grǽndmʌðər] 그랜드머더

명 할머니

My grandmother is very good at cooking.
마이 그랜드머더 이즈 베리 굿 앳 쿠킹
나의 할머니는 요리를 아주 잘 하신다.

grandparent

[grǽndpέ:ərənts] 그랜드페어런트

명 조부모님

My grandparent live in the country.

마이 그랜드페어런트 리브 인 더 컨트리
나의 조부모님은 시골에 사신다.

grape

[gréip] 그레이프

명 포도

I like oranges better than grapes.

아이 라잌 어-린쥐 베터 댄 그레입스
나는 포도보다 오렌지를 좋아한다.

grass

[grǽs] 그래스

명 풀, 잔디

Keep off the grass.

킵 어프 더 그래스
잔디 밭에 들어가지 마시오.

gray, grey

[gréi] 그레이

명 **형** 회색(의)

My grandparents turned gray.

마이 그랜드페어런츠 턴드 그레이
나의 조부모님은 머리가 반백발이다.

great
[gréit] 그레이트

형 큰, 훌륭한, 위대한

There are great buildings in the city.
데어 아- 그레잇 빌딩즈 인 더 시티
도시는 큰 건물들이 있다.

green
[grí:n] 그리인

명 형 녹색(의)

I painted the door green.
아이 페인티드 더 도어 그리인
나는 문을 녹색으로 칠했다.

When the light turns green, you can go.
웬 더 라이트 터언즈 그리인, 유- 캔 고-
불이 녹색으로 바뀔 때, 너는 가도 된다.

greeting
[grí:ting] 그리-팅

명 인사

Minja didn't return my greeting.
민자 디든트 리터언 마이 그리-팅
민자는 나의 인사를 받지 않았다.

grew

[grúː] 그루-

통 grow의 과거

He grew to be a doctor.
히 그루- 투 비 어 닥터
그는 커서 의사가 되었다.

grocery store

[gróusəri stɔ̀ːr] 그로우서리 스토어

명 식품점

Where is the nearest grocery store?
웨어 이즈 더 니어리스트 그로우서리 스토어
가장 가까운 식품점이 어디에 있죠?

ground

[gráund] 그라운드

명 땅, 운동장

Why are you digging in the ground?
와이 아- 유- 디깅 인 더 그라운드
너는 왜 땅을 파고 있니?

I want to plant a tree in the ground.
아이 원투 플랜트 어 트리 인 더 그라운드
나는 땅에 나무를 심고 싶어.

group

[grúːp] 그루웁

명 무리, 모임, 단체

The class was divided into three groups.
더 클래스 워즈 디바이디드 인투 쓰리- 그루웁스
학급생들은 세 무리로 나뉘어졌다.

grow
[gróu] 그로우

동 자라다, 재배하다
● grew는 과거 ● grown은 과거분사

I've grown six inches.
아이브 그로운 식스 인치즈
나는 6인치나 컸다.

We grow vegetables in our garden.
위- 그로우 베지터벌즈 인 아워 가든
우리는 정원에서 채소를 재배한다.

grown
[gróun] 그로운

동 grow의 과거분사

The hill is well grown with trees.
더 힐 이즈 웰 그로운 위드 트리스
그 언덕에는 나무가 무성하게 우거져 있다.

G

guard
[gáːrd] 가-드

동 지키다 명 경비원

The house is guarded by six guards.
더 하우스 이즈 가-디드 바이 식스 가-즈
저 집은 여섯 명의 경비원에 의해 지켜진다.

guess
[gés] 게스

동 추측하다

Jinsoo, guess what?
진수, 게스 왓
진수야, 맞춰봐?(=추측해봐?)

guest

[gést] 게스트

명 (집에 찾아온)손님

Twenty guests came for
the party.
트웬티 게스츠 케임 포- 더 파-티
20명의 손님이 파티에 왔다.

guide

[gáid] 가이드

동 안내하다 **명** 안내자

I know the way. Let me guide you.
아이 노우 더 웨이. 렛 미 가이드 유-
내가 길을 알아. 내가 안내할게.

Please, don't go elsewhere.
Follow the guide.
플리즈, 돈트 고- 엘스웨어. 팔로우 더 가이드
다른데로 가지 마세요. 안내를 따르세요.

guitar

[gitáːr] 기타-

명 (악기)기타

Can you play the guitar?
캔 유- 플레이 더 기타-
너 기타 연주 할 수 있니?

gun

[gʌ́n] 건

명 총

The cowboy quickly pulled out the gun.
더 카우보이 퀴클리 풀드 아웃 더 건
그 카우보이는 재빨리 총을 뽑았다.

gym

[dʒím] 짐

명 체육관

I work out everyday in the gym.
아이 워-크 아웃 에브리데이 인 더 짐
나는 매일 체육관에서 운동을 한다.

G

H, h

hair
[hέər] 헤어

명 털, 머리카락

Her hair is long.
허- 헤어 이즈 로옹
그녀의 머리카락은 길다.

half
[hǽf] 해프

명 절반 부 절반, 반쯤

Half of 6 is 3.
해프 어브 식스 이즈 쓰리-
6의 반은 3이다.

This meat is half cooked.
디스 미-트 이즈 해프 쿡트
이 고기는 반쯤 요리가 되었어(익었어).

hall
[hɔːl] 호올

명 강당, 공연장

The concert was held in the music hall.
더 칸서-트 워즈 헬드 인 더 뮤-직 호올
그 콘서트는 음악당에서 열렸다.

ham
[hǽm] 햄

명 햄

I love ham sandwiches.
아이 러브 햄 샌드위치즈
나는 햄 샌드위치를 좋아해.

hamburger
[hǽmbə̀ːrgər] 햄버-거

명 햄버거

I want to eat a hamburger for lunch.
아이 원 투 잇 어 햄버-거 포- 런취
나는 점심으로 햄버거를 먹고 싶어.

H

hammer

[hǽmər] 해머

명 망치

Can I use your hammer?
캔 아이 유-즈 유어 해머
네 망치 좀 써도 될까?

Of course.
어브 커-스
물론이지.

hand

[hǽnd] 핸드

명 손

Wash your hands first.
워쉬 유어 핸즈 퍼-스트
손부터 먼저 씻어.

handkerchief

[hǽŋkərtʃif] 행커취프

명 손수건

My mother gave this
handkerchief to me.
마이 머더 게이브 디스 행커취프 투 미
내 어머니께서 이 손수건을 주셨어.

handle
[hǽndl] 핸들

명 손잡이　동 다루다

Turn the handle to open the box.
터언 디 핸들 투 오-픈 더 박스
상자를 열려면 손잡이를 돌려.

Let me handle this problem.
렛 미 핸들 디스 프라블럼
이 문제는 내가 다루겠어.

handsome
[hǽnsəm] 핸섬

형 잘생긴

He is a very handsome
young man.
히- 이즈 어 베리 핸섬 영 맨
그는 매우 잘생긴 젊은이야.

hang
[hǽŋ] 행

동 매달다, 매달리다

Let's hang this lamp from the ceiling.
렛츠 행 디스 램프 프럼 더 시일링
이 등을 천장에 매달자.

He is hanging by a rope in the air.
히- 이즈 행잉 바이 어 로-프 인 디 에어
그는 밧줄로 공중에 매달려 있다.

happen

[hǽpən] 해편

동 (사건 따위가)일어나다, 발생하다

Be careful.
비 케어플
조심해.

Traffic accidents can happen at anytime.
트래픽 액시던츠 캔 해펀 앳 에니타임
교통사고는 언제라도 일어날 수 있어.

happy

[hǽpi] 해피

형 행복한, 기쁜

I'm very happy to receive your letter.
아임 베리 해피 투 리시-브 유어 레터
네 편지를 받아서 아주 기뻐.

hard

[háːrd] 하-드

형 딱딱한, 튼튼한, 어려운
부 열심히

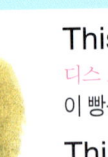

This bread is too hard to eat.
디스 브렛 이즈 투- 하-드 투 잇
이 빵은 먹기에 너무 딱딱해.

This problem is too hard for me to answer.
디스 플라블럼 이즈 투- 하-드 포- 미 투 앤서
이 문제는 내가 답하기에는 너무 어려워.

has [hǽz] 해즈
동 have의 3인칭 단수

She has a book under her arm.
쉬 해즈 어 북 언더 허 암
그녀는 책을 옆구리에 끼고 있다.

hat
[hǽt] 햇
명 모자

Be careful not to lose your hat.
비 케어플 낫 투 루-즈 유어 햇
모자를 잃어 버리지 않도록 조심해.

hatch
[hǽtʃ] 햇취
동 (알을)부화하다, (알이)깨다

A hen hatches chickens.
어 헨 해취즈 취킨즈
암탉은 병아리를 부화한다.

The eggs hatched out.
디 에그즈 해취트 아웃
알이 부화했다.

hate
[héit] 헤이트
동 미워하다, 싫어하다

Do good to those who hate you.
두 굿 투 도우즈 후 헤이트 유
너를 미워하는 자에게 친절하게 대하라.

have

[hǽv] 해브

동 가지다, 시키다, ~하게하다, 먹다

● had : have의 과거, 과거분사

I have two books.

아이 해브 투- 북스

나는 책 두권을 가지고 있어.

My mother had me clean
up my room.

마이 머더 해드 미 클리인 업 마이 루움

어머니께서 나에게 내 방을 청소하라고 시키셨어.

hawk

[hɔ́ːk] 호-크

명 매

A hawk is flying over the school
building.

어 호-크 이즈 플라잉 오우버 더 스쿠울 빌딩

매 한 마리가 학교 건물 위를 날고 있다.

he [híː] 하-

대명 그는(가)(인칭대명사, 3인칭 단수 남성, 주격)

He is my brother.
히- 이즈 마이 브러더
그는 나의 형이다.

head
[héd] 헤드

명 머리 **동** ~으로 향하다

He scratched his head.
히- 스크랫춰트 히즈 헷
그는 머리를 긁적거렸다.

We are heading for Pusan.
위- 아- 헤딩 포- 부산
우리는 부산으로 향하고 있다(떠난다).

health
[hélθ] 헬쓰

명 건강

He lost his health.
히- 로스트 히즈 헬쓰
그는 건강을 잃었다.

healthy
[hélθi] 헬씨

형 건강한, 건전한

She is old, but still healthy.
쉬- 이즈 울드, 벗 스틸 헬씨
그녀는 늙었지만 여전히 건강하다.

hear
[híər] 히어   통 듣다, 들리다

He can't hear at all, poor fellow!
히 캔트 히어 엣 올 푸어 펠로우
가엾게도 그는 전혀 듣지를 못하는구나!

heard
[hə́:rd] 허-드
통 hear의 과거, 과거분사형

I heard a siren somewhere.
아이 허-드 어 사이렌 섬웨어
어디선가 사이렌 소리가 들렸다.

heart
[há:rt] 하-트
명 마음, 심장

She has a warm heart.
쉬- 해즈 어 위엄 하-트
그녀는 따뜻한 마음을 가지고 있다.

heat
[hí:t] 히-트   명 열, 더위

I can't walk about in this heat.
아이 캔트 워-크 어바웃 인 디스 히-트
나는 이런 더위에서는 돌아다닐 수 없어.

heavy
[hévi] 헤비

형 무거운

This bag is too heavy for me to lift.
디스 백 이즈 투- 헤비 포- 미 투 리프트
이 가방은 내가 들기에는 너무 무거워.

heel [híːl] 히일
명 발 뒤꿈치,
(신발의)뒤축

She wears high heels.
쉬- 웨어즈 하이 히일즈
그녀는 굽이 높은 신발을 신었어.

height
[háit] 하이트

명 높이

What is the height of the Twin Building?
왓 이즈 더 하이트 어브 더 트윈 빌딩
쌍둥이 빌딩의 높이가 얼마니?

held [héld] 헬드
동 hold의 과거,
과거분사형

A flea market will be held on this weekend.
어 프리- 마킷 윌 비 헬드 안 디스 위켄드
벼룩시장이 이번 주말에 열릴 것이다.

helicopter

[hélikàptər] 헬리캅터

명 헬리콥터

Two helicopters crashed down yesterday.

투- 헬리갑터즈 크래쉬트 다운 예스터데이

어제 헬리콥터 두 대가 추락했어.

hello

[helóu] 헬로우

감탄 이봐, 여보세요, 안녕

Hello, Eunhee! How are you?

헬로우 은희! 하우 아- 유-

은희야 안녕, 잘 지내니?

helmet

[hélmit] 헬밋트

명 안전모, 투구, 철모

Wear a helmet to protect your head.

웨얼 어 헬밋 투 프러텍트 유어 햇

머리를 보호하기 위해서 안전모를 써라.

help
[hélp] 헬프

동 돕다 명 도움

Can you help me with my homework?
캔 유- 헬프 미 위드 마이 홈워-크
내 숙제를 도와줄 수 있니?

I can do it without your help.
아이 캔 두- 잇아웃 유어 헬프
나는 너의 도움 없이도 이것을 할 수 있어.

hen
[hén] 헨

명 암탉

A hen was singing in the morning.
어 헨 워즈 싱잉 인 더 모-닝
암탉 한 마리가 아침에 울고 있었어.

H

her
[hə́:r] 허-

대 그녀를, 그녀에게 she의 목적격,
그녀의(she의 소유격)

Have you seen her?
해브 유- 시인 허-
그녀를 본 적 있니?

Let's give her a big hand.
렛츠 기브 허- 어 빅 핸드
그녀에게 큰 박수를 보냅시다.

265

here
[híər] 히어

부 여기에(서)
명 여기, 이 곳

Here is my book.
히어 이즈 마이 북
여기 내 책이 있어.

Get out of here!
겟 아웃 어브 히어
여기서 나가!

hero
[hí:rou] 하-로우

명 영웅

He is my hero.
히- 이즈 마이 히-로우
그는 나의 영웅이야.

hi
[hái] 하이

감탄 안녕
(hello보다 친근한 표현)

Hi, Wangsik, how are you?
하이 왕식 하우 아- 유-
안녕 왕식아, 잘 지내?

hide
[háid] 하이드

동 숨기다, 숨다
● hid : hide의 과거형

I hid the broken plate in the drawers.
아이 히드 더 브로-큰 플래이트 인 더 드로-어즈
나는 깨진 접시를 서랍 안에 숨겼다.

high
[hái] 하이

형 높은

It is a very high building.
잇츠 어 베리 하이 빌딩
이 빌딩은 아주 높아.

hiking
[háikiŋ] 하이킹

명 하이킹, 도보 여행

Let's go hiking.
렛츠 고- 하이킹
하이킹 가자.

H

hill
[híl] 힐

명 언덕

The house stands on a hill.
더 하우스 스탠즈 안 어 힐
그 집은 언덕 위에 있어.

him
[hím] 힘

대 그를, 그에게(he의 목적격)

I invited him to my birthday party.
아이 인바이티드 힘 투 마이 버-쓰데이 파-티
나는 그를 내 생일 파티에 초대했어.

She gave a watch to him.
쉬- 게이브 어 와취 투 힘
그녀는 그에게 시계를 주었어.

himself
[himsélf] 힘셀프

대 그 자신

He did it himself.
히 디드 잇 힘셀프
그 스스로 그것을 했다.

hip
[híp] 힙

명 엉덩이

Put your hands on your hips.
풋 유어 핸즈 안 유어 힙스
손을 엉덩이에 얹으세요.

hippopotamus
[hìpəpátəməs] 히퍼파터머스

명 하마

You can see hippopotamuses in the zoo.
유- 캔 씨- 히퍼파터머시즈 인 더 주-
동물원에 가면 하마를 볼 수 있어.

his

[híz] 히즈

대 그의
형 그의 것(소유격)

He gave me his address.
히- 게이브 미 히즈 어드레스
그는 나에게 그의 주소를 주었다.

His son is smart.
히즈 썬 이즈 스마트
그의 아들은 똑똑하다.

history

[hístəri] 히스터리

명 역사, 경력, 유래

This knife has a history.
디스 나이프 해즈 어 히스터리
이 칼에는 내력이 있다.

hit

[hít] 힛

동 치다, 때리다, 명중시키다
명 때리기

He hit me in the stomach.
히- 힛 미 인 더 스터먹
그는 내 배를 쳤다.

The bomb scored a hit on the bridge.
더 밤 스코-드 어 힛 안 더 브릿지
폭탄이 다리에 명중했다.

269

hobby [hábi / hɔ́bi] 하비 명 취미

여러분은 어떤 취미를 가지고 있나요? 취미의 종류는 헤아릴 수 없을 정도로 많겠지요. 그 중에서도 가장 많은 것이 무엇인가를 모으는 수집 취미일 것입니다. 가령 우표수집 **stamp collecting** 스탬프 컬렉팅이나 동전 수집 **coin collecting** 코인 컬렉팅같은 것들이 있지요. 또한 활동적인 친구들은 운동 **sports** 스포—츠을 취미로 가지고 있을 수도 있을 것입니다. 야구 **baseball** 베이스보올나 테니스 **tennis** 테니스도 이에 해당하겠지요. 이 외에도 예술에 관심이 있는 친구라면 그림그리기 **painting** 페인팅를 취미로 가질 수도 있을 것이고, 뜨개질 **knitting** 니팅이나 원예 **gardening** 가아드닝를 취미로 가질 수도 있을 겁니다. 아마 전자 오락 **computer game** 컴퓨—터게임이 취미라고 하는 친구들도 많을 겁니다. 하여튼 지금 아무 취미도 없다면 자기만의 취미를 하나 만들어 보세요.

270

hold

[hóuld] 호올드

동 잡다, 가지다　명 잡기
● held : hold의 과거, 과거분사형

I want to hold your hand.
아이 원 투 호올드 유어 핸드
네 손을 잡고 싶어.

He took hold of the door knob.
히- 툭 호올드 어브 더 도어 납
그는 문 손잡이를 잡았다.

hole

[hóul] 호울

명 구멍

There's a hole in my sock.
데어즈 어 호울 인 마이 삭
내 양말에 구멍이 나 있어.

H

holiday [hάlədei] 할러데이 명 휴일

아래의 휴일들이 미국의 대표적인 휴일들입니다. 아버지의 날 **Father's Day** 파-더스 데이는 우리의 어버이 날에 해당하는 날로 우리와 마찬가지로 카네이션 **Carnation** 카네이션을 달아 드립니다. 독립기념일 **Independence Day** 인디펜던스 데이은 7월 4일 **Fourth of July** 포-쓰 어브 줄라이이라고도 합니다. 이 날에는 대대적인 시가행진 **parade** 퍼레이드과 함께 밤에 화려한 불꽃놀이 **Fire Works** 파이어 워억스가 밤하늘을 수놓습니다. 핼로윈 **Halloween**에는 아이들이 도깨비나 유령 복장을 하고 집집마다 다니며 **"Trick of treat"** 트릭 어브 트리-트라고 말합니다. 굳이 번역하자면 "과자 안주면 장난칠 거예요" 정도로 되겠지요. 그러면 그 집에서는 미리 준비한 사탕 **candy** 캔디이나 과자를 아이들에게 줍니다. 일종의 전통이지요. 추수감사절 **Thanksgiving day** 쌩스기빙 데이은 그 해에 새로 추수한 음식을 차리고 한 해의 농사를 무사히 거두게 된 것을 감사하는 날입니다. 특히 추수감사절에는 칠면조 **Turkey** 터어키를 먹는 전통이 있습니다.

New Year's Day 새해
〔njúː jíərz déi〕 뉴-이어즈 데이

Valentine's Day 발렌타인 축일
〔vǽləntàinz dei〕 밸런타인즈 데이

Easter 부활절
〔íːstər〕 이이스터

Father's Day 〔fɑ́ːðərz dei〕 파-더즈 데이 명 아버지의 날

Father's day 아버지의 날
〔fɑ́ːðərz dei〕 파-더즈 데이

Independence Day
〔ìndipéndəns dei〕 인디펜던스 데이
독립기념일

Halloween
〔hæ̀ləwíːn〕 핼러위인
핼로윈

Thanksgiving Day
〔θæ̀ŋksgívg dei〕 쌩스기빙 데이
추수 감사절

Christmas 성탄절
〔krísməs〕 크리스머스

H

home
[hóum] 홈

명 집, 가정

I left my glasses at home.
이 레프트 마이 글래시즈 앳 홈
나는 집에 안경을 두고 왔어.

She is from a poor home.
쉬- 이즈 프럼 어 푸어 홈
그녀는 가난한 가정 출신이야.

homework
[hóumwə̀ːrk] 호움워-크

명 숙제

I have to do my homework.
아이 해브 투 두 마이 홈워-크
난 숙제하러 가야 해.

honey
[hʌ́ni] 허니

명 꿀, 사랑하는 사람
(부부나 애인 사이의 호칭)

I'm afraid of bees.
아임 어프레이드 어브 비-즈
나는 벌을 무서워해.

But I love honey very much.
벗 아이 러브 허니 베리 머취
하지만 꿀은 아주 좋아해.

hook
[húk] 훅

명 갈고리, 고리

Hang your hat on the hook.
행 유어 햇 안 더 훅
네 모자를 고리에 걸어라.

hop
[háp] 합

동 깡충깡충 뛰다
명 폴짝폴짝, 깡충깡충 뜀

The bird hopped onto my finger.
더 버-드 합트 안투- 마이 핑거
새가 내 손가락 위로 폴짝 뛰어 올랐다.

hope
[hóup] 홉프

동 바라다, 희망하다
명 희망, 바램

I hope you will come soon.
아이 홉 유- 윌 컴 수운
네가 빨리 오기를 바래.

Don't give up hope in any situation.
돈트 기브 업 홉 인 에니 시츄에이션
어떤 상황에서도 희망을 포기하지 마.

horn
[hɔ́ːrn] 호온

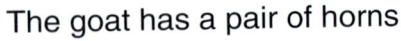 명 뿔, 나팔, (자동차의)경적

The goat has a pair of horns.
더 고우트 해즈 어 페어 어브 호온즈
염소는 한 쌍의 뿔을 가지고 있다.

Sound a horn.
사운드 어 호온
경적을 울리다.

horse
[hɔ́ːrs] 호-스

명 말

I'm learning to ride a horse.
아임 러-닝 투 라이드 어 호-스
나는 승마를 배우고 있어.

hose
[hóuz] 호우즈
명 긴 양말,
물 호스, 수도용 관

He learned how to turn the hose on.
히 런드 하우 투 턴 더 호우즈 안
그는 호스를 끼우는 방법도 배웠다.

hospital
[háspitl] 하스피틀(틀)

명 병원

She went to the hospital last night.
쉬 - 웬 투 디 하스피틀 래스트 나잇
그녀는 어젯밤 입원했어.

hot
[hát] 핫

명 뜨거운, 매운

The tea is too hot to drink.
더 티- 이즈 투- 핫 투 드링크
이 차는 마시기에는 너무 뜨거워.

hotel
[houtél] 호우텔

명 호텔, 숙박업소

I'm staying in a hotel now.
아임 스테잉 인 어 호우텔 나우
나는 지금 호텔에서 지내고 있어.

hour
[áuər] 아워

명 시간, 시각, 때

There are 24 hours in a day.
데어 아- 퉨티 포오 아워즈 인 어 데이
하루는 24시간이야.

house
[háus] 하우스

명 집

I can't find his house.
아이 캔트 파인드 히즈 하우스
나는 그의 집을 찾을 수 없어.

how
[háu] 하우

부 어떻게, 어느 만큼, 어느 정도

How can I get to Seoul Station?
하우 캔 아이 겟 투 서울 스테이션
서울역에 어떻게 갑니까?

How much money do you have?
하우 머취 머니 두- 유- 해브
돈을 얼마나 가지고 있니?

however
[hauévər] 하우에버
부 아무리~할지라도,
아무리~라도(하더라도)

However tired you may be, you must do it.
하우에버 타이어드 유 메이 비, 유 머스트 두 잇
아무리 피곤해도 그것을 해야만 된다.

hug
[hʌ́g] 허그

동 껴안다   명 포옹

She hugged her baby.
쉬- 허그드 허- 베이비
그녀는 자신의 아기를 껴안았다.

Give me a hug!
깁 미 어 허그
안아주세요!

huge
[hjúːdʒ] 휴-즈
형 거대한

This building is huge.
디스 빌딩 이즈 휴-즈
이 건물은 거대하다.

hundred

[hʌ́ndrəd] 헌드레드

명 100 형 100의

I won the one hundred meter race yesterday.

아이 온 더 원 헌드랫 미-터 레이스 예스터데이

나는 어제 백미터 경주에서 이겼어.

hung

[hʌ́ŋ] 헝

동 hang의 과거, 과거분사형

He hung his cap on the hook

히 헝 히즈 캡 안 더 훅

그는 모자를 모자걸이에 걸었다.

hungry

[hʌ́ŋgri] 헝그리

형 배고픈

Have this cake if you're hungry.

해브 디스 케이크 이프 유어 헝그리

배고프면 이 케이크를 먹어.

hunt

[hʌ́nt] 헌트

동 사냥하다
명 사냥, 추적, 탐색

We are going to hunt rabbits tomorrow.

위- 아- 고잉 투 헌트 래비츠 투마로우

우리는 내일 토끼를 사냥할 것이다.

I like a treasure hunt.

아이 라잌커 트레져 헌트

나는 보물 찾기를 좋아해.

hurry
[hə́:ri] 허-리

동 서두르게 하다, 서두르다
명 서두름, 급박

Hurry up, or you'll be late.
허-리 업, 오- 유윌 비 레이트
서둘러, 아니면 너는 늦을거야.

What's the hurry? Slow down.
와츠 더 허-리? 슬로우 다운
뭐가 급해? 천천히 해.

hurt
[hə́:rt] 허-트

동 다치게 하다, 손상시키다, 아프다

● hurt : hurt의 과거, 과거분사

Many people were hurt in the accident.
메니 피-플 워- 허-트 인 디 액시던트
많은 사람들이 그 사고에서 다쳤다.

My leg is still hurting.
마이 렉 이즈 스틸 허-팅
다리가 아직도 아파.

husband
[hʌ́zbənd] 허즈번드

명 남편

Have you met her husband?
해브 유- 맷 허- 허즈번드
그녀의 남편을 만난 적이 있어요?

280

I, i

I
[ái] 아이

인칭대명 나는, 내가

I am very tired.
아이 앰 베리 타이어드
나는 매우 피곤해.

I

ice
[áis] 아이스

명 얼음

The ice has melted.
디 아이스 해즈 멜티드
얼음이 녹았어.

281

ice cream
[áis krìːm] 아이스 크리임

명 아이스크림

Two ice creams, please.
투- 아이스 크리임즈, 플리-즈
아이스크림 두 개 주세요.

idea
[aidíːə] 아이디어

명 생각, 견해, 아이디어

I have no idea.
아이 해브 노- 아이디어
나는 몰라 (=I don't know)

idle
[áidl] 아이들

형 게으른

It's idle to wake up late in the morning.
잇츠 아이들 투 웨이크 업 레이트 인 더 모-닝
아침에 늦게 일어나는 것은 게으른 거야.

idol
[áidl] 아이들

명 우상, 인기인

Michael Jackson is the idol of the youngsters.
마이클 잭슨 이즈 디 아이들 어브 더 영스터즈
마이클 잭슨은 젊은이들의 우상이야.

if
[íf] 이프

접 (만약)~이면, ~하면, ~라고 하면

If you will help, we'll finish sooner.
이프 유 월 헬프 위일 피니쉬 수너
만일 거들어 주신다면(일이) 더 빨리 끝나겠습니다만.

ill
[íl] 일

형 병든

She's ill, so she can't come.
쉬-즈 일, 소- 쉬- 캔트 컴
그녀는 아파서 올 수 없어.

imagination
[imǽdʒənéiʃən] 이매져네이션

명 상상, 상상력

He has a rich imagination.
히- 해즈 어 리취 이매져네이션
그는 상상력이 풍부해.

immediately

[imíːdiətli] 이미-디어틀리

부 곧, 즉시

Please, telephone immediately.

플리즈 텔러포운 이미-디어틀리

곧바로 전화하세요.

import

[impɔ́ːrt] 임포-트

동 수입하다

Korea imports a lot of goods from Japan.

커리-어 임포-츠 어 랏 어브 굿즈 프럼 져팬

한국은 많은 상품을 일본으로부터 수입한다.

important

[impɔ́ːrtənt] 임포오턴트

형 중요한

He is a very important person.

히- 이즈 어 베리 임포-턴트 퍼-슨

그는 아주 중요한 사람이야.

impossible

[impásəbəl] 임파서벌

형 불가능한

It's impossible to live forever.

잇츠 임파서벌 투 리브 포레버

영원히 사는 것은 불가능해.

in

[in] 인

전 ~의 안에, ~안에서, ~안의

She is in the room.

쉬- 이즈 인 더 루움

그녀는 방 안에 있어.

Put the money in your pocket.

풋 더 머니 인 유어 파킷

돈을 네 주머니에 넣어라.

inch

[ínt∫] 인취

명 인치(길이의 단위)

He is six feet and two inches tall.

히- 이즈 식스 피-트 앤드 투- 인취즈 토올

그는 키가 6 피트 2 인치이다.

The line is an inch long.

더 라인 이즈 언 인취 로옹

그 줄은 길이가 1인치야.

Indian
[índiən] 인디언

명 인디언(미대륙의 원주민), 인도인
형 인디언의, 인도의, 인도인의

Indians ride horses very well.
인디언즈 라이드 호오시즈 베리 웰
인디언들은 말을 아주 잘 탄다.

industry
[índəstri] 인더스트리

명 산업, 업

Pohang is famous for its steel industry.
포항 이즈 페이머스 포- 잇츠 스티일 인더스트리
포항은 제철업으로 유명해.

information
[ìnfərméiʃən] 인퍼메이션

명 정보

Give me some information about the exam.
기브 미 섬 인퍼메이션 어바웃 디 이그잼
시험에 대한 정보 좀 줘.

ink
[íŋk] 잉크

명 잉크

I need red ink.
아이 니-드 레드 잉크
나는 빨간색 잉크가 필요해.

She wrote her name in ink.
쉬- 로우트 허- 네임 인 잉크
그녀는 자기 이름을 잉크로 썼어.

insect
[ínsekt] 인섹트

명 곤충, 벌레

I'm afraid of insects.
아임 어프레이드 어브 인섹츠
나는 벌레가 무서워.

inside
[insáid] 인사이드

전 부 안에, 내부에

Come inside.
컴 인사이드
안으로 들어와.

Can you see what is inside the box.
캔 유- 시- 왓 이즈 인사이드 더 박스
상자 속에 무엇이 있는지 볼 수 있어?

287

instant
[ínstənt] 인스턴트

명 잠깐, 즉시　형 즉각적인

I'll be back in an instant.
아월 비 백 인 언 인스턴트
곧 돌아올게.

instead
[instéd] 인스테드

부 대신에

If you don't go, I'll go instead.
이프 유- 돈트 고-, 아윌 고- 인스테드
만약 네가 가지 않으면, 내가 대신 갈게.

interest
[íntərist] 인터레스트

명 흥미, 관심, 이익, 이자

This has no interest for me.
디스 해즈 노- 인터레스트 포- 미
나는 이것에 흥미가 없다.

interesting
[íntəristiŋ] 인터리스팅

형 흥미로운, 재미있는

The movie is very interesting.
더 무비 이즈 베리 인터리스팅
그 영화는 아주 재미있어.

into
[íntu] 인투(모음앞, 문장끝) 인터(자음앞)

전 안, 속으로

Come into this room.
컴 인터 디스 루움
이 방 안으로 들어와.

introduce
[ìntrədjúːs] 인트러듀-스

동 소개하다

Let me introduce Sukjoo to you.
렛 미 인트러듀-스 석주 투 유-
너에게 석주를 소개할게.

Will you introduce your friend to me?
윌 유- 인트러듀-스 유어 프렌드 투 미
네 친구를 나에게 소개시켜 줄래?

invent
[invént] 인벤트

동 발명하다

Edison invented the light bulb.
에디슨 인벤티드 더 라이트 벌브
에디슨이 전구를 발명했어.

invisible
[invízəbl] 인비저벌

형 보이지 않는

The soul is invisible.
더 소울 이즈 인비저벌
영혼은 보이지 않아.

invitation
[ìnvətéiʃən] 인버테이션

명 초대

Thank you for your invitation.
쌩크 유 - 포 - 유어 인버테이션
초대해줘서 고마워.

invite
[inváit] 인바이트

동 초대하다

He invited me to his birthday party.
히 - 인바이티드 미 투 히즈 버 - 쓰데이 파 - 티
그는 자신의 생일 파티에 나를 초대했어.

iron
[áiərn] 아이언

명 쇠, 철

Iron is hard and heavy.
아이언 이즈 하 - 드 앤드 헤비
쇠는 단단하고 무겁다.

is

[íz] 이즈

동 be의 3인칭 단수 직설법, 현재

She is my sister.
쉬 - 이즈 마이 시스터
그녀는 나의 여동생이다.

island

[áilənd] 아일런드

명 섬

Jejudo is a beautiful island.
제주도 이즈 어 뷰 - 티플 아일런드
제주는 아름다운 섬이야.

isn't

[íznt] 이즌트

is의 부정 축약형

She isn't my sister.
쉬 - 이즈든트 마이 시스터
그녀는 내 여동생이 아니야.

it

[ít] 잇

대 그것
(단수, 중성의 주격 및 목적격)

It is a book.
잇 이즈 어 북
그것은 책이야.

It is rainning.
잇 이즈 레이닝
비가 오고 있어.

I

291

itch
[itʃ] 잇취

동 가렵다 **명** 가려움

My finger itches.
마이 핑거 이취즈
손가락이 가려워.

itself
[itsélf] 잇셀프

대 그 자신(을)

She is kindness itself.
쉬 - 이즈 카인드니스 잇셀프
그녀는 친절 바로 그 자체이다.(그녀는 정말 친절하다)

J, j

jacket
[dʒǽkit] 재킷

명 재킷, 윗도리

Wear your jacket.
웨어 유어 재킷
네 자켓을 입어.

A jacket is a short coat.
어 재킷 이즈 어 숏 코-트
자켓은 짧은 상의입니다.

jam
[dʒǽm] 잼

명 잼

I love strawberry jam.
아이 러브 스트로-베리 잼
나는 딸기 잼을 좋아해.

Jam is sweet.
잼 이즈 스위-트
잼은 달아.

293

January

[dʒǽnjuèri] 재뉴에리

명 1월

January is the first month of the year.
재뉴에리 이즈 더 퍼-스트 먼쓰 어브 디 이어
1월은 일년 중 첫 번째 달이야.

Japan

[dʒəpǽn] 져팬

명 일본

Japan is an Asian country.
져팬 이즈 언 에이젼 컨트리
일본은 아시아에 있는 나라다.

Japan is an island country.
져팬 이즈 언 아일런드 컨트리
일본은 섬 나라야!

Japanese

[dʒæpəníːz] 재패니-즈

형 일본의, 일본어의
명 일본인, 일본어

This is a Japanese car.
디스 이즈 어 재패니-즈 카-
이것은 일본 차이다.

She is Japanese.
쉬- 이즈 재패니-즈
그녀는 일본인이다.

jar

[dʒáːr] 쟈-

명 단지, 항아리

Put the cookies in the jar.
풋 더 쿠키즈 인 더 쟈-
과자를 단지에 넣어.

jaw

[dʒɔ́ː] 쟈-

명 턱

He hit me in the jaw.
히- 힛 미 인 더 쟈-
그는 내 턱을 쳤다.

jelly

[dʒéli] 젤리

명 젤리

I want to have this jelly candy.
아이 원 투 해브 디스 젤리 캔디
이 젤리 사탕을 먹고 싶어.

J

jet

[dʒét] 젯

명 제트기

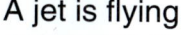

A jet is flying.
어 젯 이즈 플라-잉
제트기 한 대가 날고 있어.

295

jewel [dʒúːəl] 쥬우얼 명 보석

emerald 에메랄드
〔émərəld〕 에머럴드

ruby 루비(홍옥)
〔rúːbi〕 루우비

sapphire 사파이어(청옥)
〔sǽfaiər〕 새파이어

tourmaline 전기석
〔túərməlin〕 투어멀린

opal 단백석
〔óupəl〕 오우펄

turquoise 터키
〔tə́ːrkwɔiz〕 터어쿼이즈

amethyst 자수정
〔ǽməθist〕 애머써스트

garnet 석류석
〔gáːrnit〕 가아닛

topaz 황옥
〔tóupæz〕 토우패즈

aquamarine 남옥
〔æ̀kwəməríːn〕 애쿼머리인

lapis lazuli 청금석
〔lǽpis læ̀zuli〕 래피스래쥴리

diamond 다이아몬드
〔dáiərmənd〕 다이어먼드

job [dʒáb] 잡 명 직업, 일

vet 수의사
【vet】 벳

doctor 의사
【dáktər】 닥터

waiter 급사, 웨이터
【wéitər】 웨이러

dentist
【déntist】
덴티스트
치과의사

waitress
【wéitris】
웨이트리스
여급

carpenter
【ká:rpintər】
카-핀터
목수

taxi driver
【tǽksi dràivər】
택시 드라이버
택시 운전사

cook 요리사
【kúk】 쿡

nurse 간호사
【nə́:rs】 너-스

fireman 소방수
【fáiərmən】 파이어먼

teacher 선생님
【tí:tʃər】 티-춰

J

join
[dʒɔ́in] 죠인

동 붙이다, 참여하다

I joined two tables together.
아이 죠인드 투- 테이블즈 투게더
나는 탁자 두 개를 붙였어.

Do you want to join in the game?
두- 유- 원 투 죠인 인 더 게임
경기에 참여하고 싶니?

Journey
[dʒə́ːrni] 져-니

명 여행

We made a long journey
on foot.
위- 메이드 어 로옹 져-니 안 풋
우리는 도보로 긴 여행을 했어.

joy
[dʒɔ́i] 죠이

명 기쁨

She cried for joy.
쉬- 크라이드 포- 죠이
그녀는 기뻐서 울었어.

judge
[dʒʌdʒ] 져쥐

명 심사의원, 재판관
동 심판하다, 판단하다

My father is a judge.
마이 파 - 더 이즈 어 져쥐
나의 아버지는 재판관이야.

I judge him to be a good man.
아이 져쥐 힘 투 비 어 굿 맨
나는 그가 좋은 사람이라고 생각해.

juice
[dʒúːs] 쥬-스

명 주스

I like orange juice.
아이 라잌 어 - 린쥐 쥬 - 스
나는 오렌지 주스를 좋아해.

J

July
[dʒuːlái] 줄라이

명 7월

I'll be 12 years old in July.
아월 비 트웰브 이어즈 올드 인 줄라이
나는 7월에 12 살이 돼.

jump
[dʒʌ́mp] 점프

동 뛰어오르다

He jumped in the air.
히- 점프트 인 디 에어
그는 공중으로 뛰어 올랐다.

jump rope
[dʒʌ́mp ròup] 점프 로우프

명 줄넘기

I'm good at jump rope.
아임 굿 앳 점프 로우프
나는 줄넘기를 잘해.

June
[dʒúːn] 쥬운

명 6월

I'm going to go to France in June.
아임 고-잉 투 고 투 프랜스 인 쥬운
나는 6월에 프랑스에 갈거야.

jungle

[dʒʌ́ŋgl] 정글

명 밀림

They live in the jungle.
데이 리브 인 더 정글
그들은 밀림에서 살아.

junior

[dʒúːnjər] 쥬우니어

형 나이어린, 연소자의
명 연소자, 2세

He is two years junior to me.
히- 이즈 투 이어즈 쥬-니어 투 미
그는 나보다 나이가 2살 적어.

His name is Tom Willie Junior.
히즈 네임 이즈 탐 윌리 쥬-니어
그의 이름은 탐 윌리 2세이다.

just

[dʒʌst] 져스트

부 방금, 바로

I have just finished my homework.
아이 해브 져스트 피니쉬트 마이 홈워-크
나는 방금 숙제를 끝냈어.

That's just what I said.
댓츠 져스트 왓 아이 셋
그게 바로 내가 한 말이야.

K, k

kangaroo

[kæŋgərúː] 캥거루-

명 캥거루

You can see kangaroos
in Australia.
유- 캔 시- 캥거루-즈 인 오-스트레일러
너는 호주에서 캥거루를 볼 수 있어.

keep

[kíːp] 키입

동 계속하다, 유지하다, 보관하다
● kept : keep의 과거, 과거분사

Keep going!
키입 고-잉
계속 가!

Keep the door shut.
키입 더 도어 셧
문을 닫아 두세요.

kettle
[kétl] 케틀

명 주전자

Don't touch the kettle.
돈트 터취 더 케틀
주전자를 만지지 마라.

It's hot now.
잇츠 핫 나우
지금 그것은 뜨거워.

key
[ki:] 키-

명 열쇠

I lost my key.
아이 로-스트 마이 키-
나는 내 열쇠를 잃어버렸어.

K

keyhole
[kíːhòul] 키-호울

명 열쇠 구멍

Don't listen at a keyhole.
돈트 리슨 앳 어 키-호울
열쇠 구멍으로 엿듣지 마라.

kick
[kík] 킥

동 발로 차다   **명** 발로 차기

I kicked the ball.
아이 킥트 더 보올
나는 공을 발로 찼어.

He gave me a kick.
히- 게이브 미 어 킥
그는 나를 발로 찼어.

kid
[kíd] 킷

명 어린애

We are all kids.
위- 아- 오울 킷즈
우리는 모두 어린애들이야.

kill
[kíl] 킬

동 죽이다

I just killed a mosquito.
아이 져스트 킬드 어 머스키-토우
나는 방금 모기 한 마리를 잡았다.

kilometer
[kilámətər] 킬러미터

명 킬로미터(거리의 단위)

The speed is 110 kilometers per hour.
더 스피-드 이즈 원 헌드레드 앤드 텐 킬러미터즈 퍼 아워
속도가 시속 110킬로미터야.

Wow! It's very fast.
와우! 잇츠 베리 패스트
야! 굉장히 빠르구나.

kind¹
[káind] 카인드

명 종류

The shark is a kind of fish.
더 샤-크 이저 카인드 어브 피쉬
상어는 물고기의 한 종류야.

kind²
[káind] 카인드

형 친절한

She's very kind and lovely.
쉬-즈 베리 카인드 앤 러블리
그녀는 아주 친철하고 귀여워.

kindergarten
[kíndərgàːrtn] 킨더가-튼

명 유치원

How can I get to
Ilsin kindergarten?
하우 캔 아이 겟 투 일신 킨터가-튼
일신 유치원에 어떻게 가나요?

K

king

[kíŋ] 킹

명 왕

I respect King Sejong.

아이 리스펙트 킹 세종

나는 세종 대왕을 존경해.

kiss

[kís] 키스

동 입맞추다, 키스하다
명 뽀뽀, 키스

We kissed each other.

위- 키스트 이-취 어더

우리는 서로에게 뽀뽀했어.

My mother gave me a kiss.

마이 머더 게이브 미 어 키스

어머니가 나에게 뽀뽀해 주셨어.

kitchen

[kítʃən] 키췬

명 부엌, 주방

My mother's working
in the kitchen.

마이 머더즈 워-킹 인 더 키췬

나의 어머니는 부엌에서 일하고 계셔.

kite
[káit] 카이트
명 연

Look at that big kite!
룩 앳 댓 빅 카이트
저 큰 연을 봐!

kitten
[kítn] 키튼
명 새끼 고양이

I have three kittens.
아이 해브 쓰리 - 키튼즈
나는 새끼 고양이 세 마리를 가지고 있어.

A kitten is a baby cat.
어 키튼 이즈 어 베이비 캣
새끼 고양이는 아기 고양이야.

knee
[ni:] 니-
명 무릎

Point to your knee.
포인트 투 유어 니-
네 무릎을 가리켜 봐.

She hurt her knee when she fell down.
쉬- 허-트 허- 니- 웬 쉬- 펠 다운
그녀는 넘어지면서 무릎을 다쳤어.

knew
[njú:] 뉴-
동 know의 과거

I knew that she was a liar.
아이 뉴 댓 쉬- 워즈 어 라이어
나는 그녀가 거짓말쟁이임을 알고 있었다.

knife
[náif] 나이프

명 칼

Don't play with a knife.
돈트 플레이 위드 어 나이프
칼을 가지고 놀지 말아라.

knock
[nák] 낙

동 노크하다

Someone knocked on the door.
섬원 낙트 안 더 도-
누군가가 문을 노크했어.

know
[nóu] 노우

동 알다
● knew는 과거 ● known은 과거분사

I know why she's crying.
아이 노우 와이 쉬-즈 크라잉
나는 왜 그녀가 우는지 알아.

known
[nóun] 노운

동 know의 과거분사

He is known as a pop singer.
히- 이즈 노운 애즈 어 팝 싱어
그는 팝송 가수로 알려져 있다.

knot
[nát] 낫

명 매듭

She tied her belt with a knot.
쉬- 타이드 허- 벨트 위드 어 낫
그녀는 자신의 허리띠를 매듭으로 묶었어.

K

koala
[kouáːlə] 코우아알러

명 코알라

The koala is so cute.
더 코우아알러 이즈 소- 큐-트
코알라는 아주 귀여워.

Korea

[kəríːə] 커리-어

명 한국

We all live in Korea.
위- 올 리브 인 커리-어
우리는 모두 한국에서 살아.

Korean

[kəríːən] 커리-언

명 한국인, 한국어
형 한국의

She is Korean.
쉬- 이즈 커리-언
그녀는 한국인이야.

ㄴ, l

label
[léibəl] 레이벌

몡 라벨, 상표, 표지
동 라벨을 붙이다

Read the label on the bottle.
리-드 더 레이벌 안 더 바틀
병에 붙은 상표를 읽어봐.

He labeled the bottle.
히- 레이벌드 더 바틀
그는 병에 상표를 붙였어.

L

ladder

[lǽdər] 래더

명 사다리

He's working on the ladder.
히-즈 워-킹 안 더 래더
그는 사다리 위에서 일하고 있어.

lady

[léidi] 레이디

명 숙녀, 아가씨

Ladies and Gentlemen!
레이디즈 앤드 젠틀먼
신사 숙녀 여러분!

She's a beautiful lady.
쉬-즈 어 뷰-티플 레이디
그녀는 아름다운 아가씨야.

laid

[léid] 레이드

동 lay의 과거,
과거분사형

She laid awake a little
while longer.
쉬- 레이드 어웨이크 어 리를 와일 롱거
그녀는 조금 더 오래 깨어 있었다.

lain

[léin] 레인

동 lie(눕다)의
과거분사형

The corpse had lain in the
soil for 200 years.
더 코웁스 해드 레인 인 더 소일 포- 투 헌드레드
이얼즈
그 시신은 200년간 흙 속에 누워 있었다.

lake
[léik] 레이크

명 호수

Let's go sailing on the lake.
레츠 고- 세일링 안 더 레이크
호수에 배 타러 가자.

lamp
[lǽmp] 램프

명 등, 등불

Turn on the lamp.
터언 안 더 램프
등을 켜.

L

land
[lǽnd] 랜드

명 땅, 육지

The sailor finally reached land.
더 세일러 파이널리 리-취트 랜드
선원은 마침내 육지에 닿았어.

language
[lǽŋgwidʒ] 랭귀쥐

명 언어

He can speak three languages.
히- 캔 스피-크 쓰리- 랭귀쥐
그는 세 가지 언어를 말할 수 있다.

lantern
[lǽntərn] 랜턴

명 등, 랜턴

I need a brighter lantern.
아이 니-드 어 브라이트 랜턴
나는 더 밝은 등이 필요해.

large
[lá:rdʒ] 라-쥐

형 큰, 넓은

This room is large.
디스 루움 이즈 라-쥐
이 방은 커.

last
[láːst] 라스트

형 최후의, 마지막의
동 지속하다

I met him last Saturday.
아이 멧 힘 라스트 세터데이
나는 그를 지난 토요일에 만났어.

This is your last chance.
디스 이즈 유어 라스트 챈스
이것이 너의 마지막 기회야.

late
[léit] 레이트

형 늦은

He was late for school again.
히- 워즈 레이트 포- 스쿨 어겐
그는 또 학교에 늦었어.

L

later
[léitər] 레이터

형 보다 늦은(late의 비교급), 후의
부 나중에

See you later.
씨- 유- 레이터
나중에 보자. (헤어질 때 하는 인사)

laugh
[lǽf] 래프

동 웃다 명 웃음

Don't laugh, I'm serious.
돈트 래프, 아임 시어리어스
웃지마, 나는 심각해.

He gave a loud laugh.
히- 게이브 어 라우드 래프
그는 크게 웃었어.

laundry
[lá:ndri] 란-드리

명 빨래, 빨래감

There's a lot of laundry in the basket.
데어즈 어 랏 어브 란-드리 인 더 배스킷
바구니 안에는 많은 빨래감이 있어.

law
[lɔ́:] 로-

명 법

We must obey the law.
위- 머스트 어베이 더 로-
우리는 법을 지켜야 해.

lawn

[lɔ́ːn] 로온

몡 잔디, 잔디밭

Let's play on the lawn.

렛츠 플레이 안 더 로온

잔디밭에서 놀자.

lay

[léi] 레이

통 놓다, 눕히다

● laid는 과거, 과거분사

He laid his coat on the bed.

히- 레이드 히즈 코-트 안 더 벳

그는 그의 외투를 침대 위에 놓았다.

lazy

[léizi] 레이지

몡 게으른

She's a lazy girl.

쉬-즈 어 레이지 거얼

그녀는 게으른 소녀야.

L

lead

[líːd] 리-드

통 인도하다, 이끌다
몡 모범, 선두

She led me to the theater.

쉬- 렛 미 투 더 씨-어터

그녀는 나를 극장으로 인도했어.

I'll follow your lead.

아윌 팔로- 유어 리-드

나는 당신의 인도를 따르겠어요.

leader

[líːdər] 리-더

명 지도자

He is the leader of this group.
히- 이즈 더 리-더 어브 디스 그루웁
그가 이 단체의 지도자야.

leaf

[líːf] 리-프

명 나뭇잎

I picked up a beautiful leaf.
아이 픽트 업 어 뷰-티플 리-프
나는 예쁜 나뭇잎 하나를 주웠어.

learn

[lə́ːrn] 러언

동 배우다

I'm learning English.
아임 러-닝 잉글리쉬
나는 영어를 배우고 있다.

leave

[líːv] 리-브

동 떠나다

We left the school at 3 o'clock.
위- 레프트 더 스쿠울 앳 쓰리- 어클락
우리는 3시에 학교를 떠났어.

● left : leave의 과거, 과거분사

led
[léd] 렛

동 lead의 과거, 과거분사

I led a blind man by the hand his home yesterday.

아이 렛 어 브라인드 맨 바이 더 핸드 히즈 홈 예스터데이
나는 어제 장님의 손을 이끌어 그의 집에 모셔다 주었다.

left
[léft] 레프트

형 왼쪽의 **명** 왼쪽

Stretch your left arm.

스트레취 유어 레프트 아암
왼팔을 쭉 펴세요.

leg
[lég] 레그

명 다리

The dog has four legs.

더 도-그 해즈 포- 레그즈
개는 네 개의 다리를 가지고 있어.

lemon
[lémən] 레먼

명 레몬

I like lemon juice.
아이 라잌 레먼 쥬-스
나는 레몬 주스를 좋아해.

lend
[lénd] 렌드

동 빌려주다

Can you lend a pencil to me?
캔 유- 렌드 어 펜슬 투 미
연필 좀 빌려줄래?

length
[léŋ*k*θ] 렝쓰

명 길이, 키

The line is 10 meters in length.
더 라인 이즈 텐 미-터즈 인 렝쓰
이 선은 길이가 10미터야.

less [lés] 레스

부 보다 적게, 덜

This is less important than that.
디스 이즈 레스 임포-턴트 댄 댓
이것은 저것보다 덜 중요해.

lesson
[lésn] 레슨

명 교습, 레슨, 수업, 교훈

I'm taking a piano lesson.
아임 테이킹 어 피애노우 레슨
나는 피아노 레슨을 받고 있어.

The accident was a lesson to me.
디 액시던트 워즈 어 레슨 투 미
그 사고는 나에게 교훈이 되었다.

let
[lét] 렛

동 ~하게 하다
● let's=let us : ~하게 하자

She let me go.
쉬- 렛 미 고-
그녀는 내가 가도록 했어.

Let's go.
렛츠 고-
가자.

letter
[létər] 레터

명 편지, 글자

Write me a letter.
라이트 미 어 레터
편지해 줘.

L

library

[láibrèri] 라이브러리

명 도서관

I studied in the library.

아이 스터디드 인 더 라이브러리

나는 도서관에서 공부했어.

lick

[lík] 릭

동 핥다

The dog licked my face.

더 도-그 릭트 마이 페이스

그 개가 내 얼굴을 핥았어.

lid

[líd] 리드

명 뚜껑, 덮개

Open the lid.

오픈 더 리드

뚜껑을 열어.

lie

[lái] 라이

명 거짓말

동 거짓말하다, 눕다

Don't tell a lie.

돈트 텔 어 라이

거짓말 하지 마.

She always lies.

쉬- 올웨이즈 라이즈

그녀는 언제나 거짓말해.

life
[láif] 라이프

명 생활, 인생, 목숨, 생명

He lived a happy life.
히- 리브드 어 해피 라이프
그분은 행복한 삶을 살았어.

lift
[líft] 리프트

동 들어 올리다

He lifted a box.
히- 리프티드 어 박스
그는 상자 하나를 들어 올렸어.

light¹
[láit] 라이트

형 가벼운

A sheet of paper is light.
어 쉬-트 어브 페이퍼 이즈 라이트
종이 한 장은 가벼워.

L

light²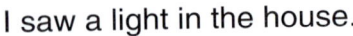
[láit] 라이트

명 빛 동 불을 붙이다

I saw a light in the house.
아이 소- 어 라이트 인 더 하우스
나는 집 안에서 불빛을 보았어.

He lighted a candle.
히- 라이티드 어 캔들
그는 양초에 불을 붙였어.

lightning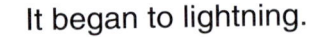
[láitniŋ] 라이트닝

명 번개 동 번개치다

The tree was struck by lightning.
더 트리- 워즈 스트럭 바이 라이트닝
나무에 번개를 맞았다.

It began to lightning.
잇 비갠 투 라이트닝
번개가 치기 시작했어.

like¹
[láik] 라잌

동 좋아하다, 하고 싶다
(like to+동사원형)

I like her very much.
아이 라잌 허- 베리 머취
나는 그녀를 아주 좋아해.

I like to go home.
아이 라잌 투 고- 홈
나는 집에 가고싶어.

like²
[láik] 라잌

형 같은, 닮은, 비슷한
부 ~같이, ~처럼

He is like his father.
히- 이즈 라잌 히즈 파-더
그는 자기 아버지를 닮았어.

I can't run fast like you do.
아이 캔트 런 패스트 라잌 유- 두-
나는 너처럼 빨리 뛰지 못해.

lily
[líli] 릴리

명 백합

My favorite flower is a lily.
마이 페이버릿 플라워 이즈 어 릴리
내가 가장 좋아하는 꽃은 백합이야.

line
[láin] 라인

명 선

She drew a line under the word.
쉬- 드루- 어 라인 언더 더 워-드
그녀는 그 단어 아래에 선을 그었다.

L

lion
[láiən] 라이언

명 사자

I saw a lion in the zoo.
아이 소- 어 라이언 인 더 주-
나는 동물원에서 사자를 봤어.

lip
[líp] 립

명 입술

He fell down and cut his lip.
히 펠 다운 앤 컷 히즈 립
그는 넘어져서 입술이 찢어졌다.

list
[líst] 리스트

명 목록, 일람표, 명부

We will add your name
to the list.
위 윌 애드 유어 네임 투 더 리스트
당신의 이름도 명단에 올려놓겠습니다.

listen
[lísn] 리슨

동 듣다, 귀담아 듣다

I'm listening to the music.
아임 리스닝 투 더 뮤-직
나는 음악을 듣고 있어.

little
[lítl] 리틀

형 작은
부 약간, 조금

She lives in a little house.
쉬- 리브즈 인 어 리틀 하우스
그녀는 작은 집에 살아.

There is only a little wine.
데어 이즈 온리 어 리틀 와인
술이 조금밖에 없다.

I can speak a little French.
아이 캔 스피커 어 리틀 프랜치
나는 프랑스말을 조금은 할 수 있다.

live
동 [lív] 리브 형 [láiv] 라이브

동 살다 형 살아 있는

Man can't live forever.
맨 캔트 리브 포에버
사람은 영원히 살 수 없다.

This is a live fish.
디스 이즈 어 라이브 피쉬
이것은 살아 있는 물고기야.

living room [lívɪŋ rùːm] 리빙 루움 명 거실

frame 액자
【fréim】 프레임

lamp 등
【lǽmp】 램프

curtain 커텐
【kə́ːrtn】 커-튼

audio 오디어
【ɔ́ːdiou】 오-디오우

table lamp
【téibl lǽmp】
테이블 램프
탁상 스탠드

vase 꽃병
【véis】 베이스

coffee table 커피 탁자
【kɔ́ːfi tèibl】 커-피 테이블

sofa 소파
【sóufə】 소우퍼

carpet 카페트
【ká:rpit】 카-핏

328

lock
[lák] 락

동 잠그다 **명** 자물쇠

He locked up the door.
히- 락트 업 더 도어
그는 문을 잠갔어.

I lost the key for this lock.
아이 로-스트 더 키- 포- 디스 락
나는 이 자물쇠의 열쇠를 잃어 버렸어.

lonely
[lóunli] 로운리

형 외로운

I'm in the house alone.
아임 인 더 하우스 얼로운
나는 집에 혼자 있어.

I feel lonely.
아이 피일 로운리
나는 외로워.

long
[lɔ́ːŋ] 로옹

형 긴, 먼

That train is very long.
댓 트레인 이즈 베리 로옹
저 기차는 아주 길어.

We have walked a long way.
위- 헤브 워억트 어 롱 웨이
우리는 먼 길을 걸었다.

329

look

[lúk] 룩

동 보다 명 보기

Look at the beautiful flower.
룩 앳 더 뷰-티플 플라워
그 아름다운 꽃을 봐.

He took a look at me.
히- 툭 어 룩 앳 미
그는 나를 한 번 쳐다 봤어.

loose

[lú:s] 루-스

형 느슨한, 헐렁한
동 풀다, 풀어주다

This belt is too loose.
디스 벨트 이즈 투- 루-스
이 허리띠는 너무 느슨해.

I can't loosen this knot.
아이 캔트 루-슨 디스 낫
나는 이 매듭을 풀 수가 없어.

lose

[lú:z] 루-즈

동 잃다, 잃어버리다

● lost : lose의 과거, 과거분사

There is not moment to lose.
데어 이즈 낫 모먼트 투 루-즈
한시도 지체할 수 없다.

lost

[lɔ(:)st] 로-스트

형 잃어버린, 길잃은
● lose : lost의 과거, 과거분사형

We have a lost child here.
위 해브 어 로스트 차일드 히어
길 잃은 아이를 보호하고 있습니다.

lot

[lát] 랏

명 많음 부 아주, 매우

You have a lot of toys.
유- 해브 어 랏 어브 토이즈
너는 많은 장난감을 가지고 있어.

I want a lot more.
아이 원트 어 랏 모어
나는 훨씬 더 많이 원해.

loud

[láud] 라우드

형 시끄러운, 소리가 큰

I like heavy metal music.
아이 라잌 헤비 메틀 뮤-직
나는 해비메탈 음악을 좋아해.

I think it's too loud.
아이 씽크 잇츠 투- 라우드
그것은 너무 시끄럽다고 생각해.

L

331

love
[lΛv] 러브

동 사랑하다 **명** 사랑

She loves her children.
쉬- 러브즈 허- 췰드런
그녀는 자신의 아이들을 사랑해.

low
[lóu] 로우

형 낮은 **부** 낮게

He jumped over the low fence.
히- 점프트 오-버 더 로- 펜스
그는 낮은 담을 뛰어 넘었어.

The airplane is flying low.
디 에어플레인 이즈 플라잉 로-
비행기가 낮게 날고 있어.

luck
[lΛk] 럭

명 운, 행운

I had good luck today.
아이 해드 굿 럭 투데이
나는 오늘 운이 좋았어.

Good luck with your race!
굿 럭 위드 유어 레이스
네 경기에 행운이 있기를 !

lucky
[lʌ́ki] 러키

형 행운의, 운수 좋은

Today was lucky.
투데이 위즈 러키
오늘은 운이 좋았어.

lunch
[lʌ́ntʃ] 런취

명 점심

What did you have for lunch?
왓 디쥬- 해브 포- 런취
너 점심으로 무엇을 먹었니?

I had some pizza.
아이 해드 섬 피-자
피자를 먹었어.

Chulsoo takes his lunch to school.
철수 테잌스 히즈 런취 투 스쿠울
철수는 점심을 학교에 가지고 갑니다.

L

M, m

ma'am
[mǽm] 맴

명 마님, 아주머니
● madam의 단축형

Hello, ma'am.
헬로우 맴
안녕하세요, 아주머니

machine
[məʃíːn] 머쉬인

명 기계, 기계장치

What is this machine for?
왓 이즈 디스 머쉬인 포-
이 기계는 어디에 쓰는 것입니까?

It's for dry cleaning.
잇츠 포- 드라이 클리-닝
이것은 드라이크리닝 하는 데 쓰는 기계입니다.

mad

[mǽd] 맷

형 미친, 화난, 열중한

Avoid that mad man.
어보이드 댓 맷 맨
저 미친 사람을 피해.

Are you still mad at me?
아 유- 스틸 맷 앳 미
너 아직도 나한테 화났니?

made

[méid] 메이드

동 make의 과거, 과거분사형

I had made a mistake.
아이 해드 메이드 어 미스테이크
내가 실수했다.

M

Magazine

[mǽgəzíːn] 매거지인

명 잡지

What are you reading?
왓 아- 유- 리딩
너 무엇을 읽고 있니?

I'm reading a magazine.
아임 리딩 어 매거지인
나는 잡지를 읽고 있어.

magic

[mǽdʒik] 매직

명 마술, 마법
형 마술의, 마법의

Do you believe in magic?
두- 유- 빌리-브 인 매직
너 마술을 믿니?

No, I don't.
노-, 아이 돈트
아니, 안 믿어.

magician

[mədʒíʃən] 머지션

명 마술사, 마법사

The magician disappeared with smoke.
더 머지션 디스어피어드 위드 스모-크
마술사가 연기와 함께 사라졌어.

magnet
[mǽgnit] 매그닛

명 자석

Nails stick to the magnet.
네일즈 스틱 투 더 매그닛
못은 자석에 붙는다.

mail
[méil] 메일

명 우편, 우편물
동 우편으로 부치다

This letter came in the mail.
디스 레터 케임 인 더 메일
이 편지는 우편으로 왔어.

I want to mail this letter.
아이 원 투 메일 디스 레터
나는 이 편지를 우편으로 부치고 싶어요.

make
[méik] 메이크

동 만들다, ~하게 하다

I made this toy tank for myself.
아이 메이드 디스 토이 탱크 포- 마이셀프
나는 이 장난감 탱크를 나 혼자 만들었어.

His joke made me laugh.
히즈 죠-크 메이드 미 래프
그의 농담이 나를 웃게 했어.

M

man
[mǽn] 맨

명 남자, 사람, 인간

Man can't live forever.
맨 캔트 리브 퍼에버
인간은 영원히 살 수 없어.

Who is that man?
후- 이즈 댓 맨
저 남자는 누구야?

manner
[mǽnər] 매너

명 예절, 예의, 방식

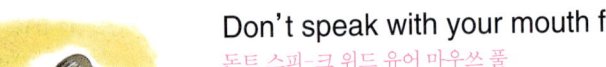

Don't speak with your mouth full.
돈트 스피-크 위드 유어 마우쓰 풀
입에 음식을 넣은 채 말하지 마라.

It's a bad table manner.
잇츠 어 뱃 테이블 매너
그것은 나쁜 식사 예절이다.

many
[méni] 메니

형 많은

I have many friends.
아이 해브 메니 프렌즈
나는 많은 친구를 가지고 있어.
(= 나는 친구가 많아)

map
[mǽp] 맵

명 지도

Where is Pusan?
웨어 이즈 부산
부산이 어디에 있지?

Look it up on the map.
룻 잇 업 안 더 맵
지도에서 찾아 봐.

marble
[máːrbəl] 마-벌

명 대리석, 구슬(구슬치기에 쓰는 구슬)

They used marble to build that building.
데이 유-즈드 마-벌 투 빌드 댓 빌딩
그들은 저 건물을 세우기 위해 대리석을 사용했어.

I don't have a marble.
아이 돈트 해브 어 마-벌
나는 구슬이 없어.

march
[máːrtʃ] 마-취

동 행진하다, 행군하다
명 행진, 행군

The soldiers are marching down the street.
더 소울저즈 아- 마-칭 다운 더 스트리-트
군인들이 거리를 행군해 내려가고 있어.

They are on the march.
데이 아- 안 더 마-취
그들은 행진 중이야.

M

March
[má:rtʃ] 마-취

명 3월

School start in March.
스쿠울 스타-트 인 마-취
학교는 3월에 시작해.

mark
[má:rk] 마-크

명 표시, 자국
동 표시하다

Put a mark on your book.
풋 어 마-크 안 유어 북
네 책에 표시를 하렴.

I got good marks in the exam.
아이 갓 굿 마악스 인 디 이그잼
나는 시험에서 좋은 점수를 받았어.

How do you know it's your book?
하우 두- 유- 노우 잇츠 유어 북
이것이 네 책이라는 것을 어떻게 아니?

I marked on it.
아이 마악트 안 잇
책 위에다 표시를 했어.

market
[mɑ́ːrkit] 마-킷   **명** 시장

Is your mother at home?
이즈 유어 머더 앳 홈
너의 어머니는 집에 계시니?

No, She went to the market.
노-, 쉬- 웬 투 더 마-킷
아니요, 어머니께서는 시장에 가셨어요.

marry
[mǽri] 매리   **동** 결혼하다

Will you marry me?
윌 유- 매리 미
나와 결혼해 줄래?

Are you crazy?
아- 유- 크레이지
너 미쳤니?

mask
[mǽsk] 매스크   **명** 가면, 탈, 마스크

Put on the mask.
풋 안 더 매스크
마스크를 쓰렴.

M

match

[mǽtʃ] 매취

명 성냥, 시합, 상대
동 어울리다

She lighted a match.
쉬 - 라이티드 어 매취
그녀는 성냥을 켰어.

Did you see the boxing match yesterday?
디쥬 - 시 - 더 박싱 매취 예스터데이
너 어제 권투 시합을 보았니?

The Korean boxer knocked down his match.
더 커리 - 언 박서 낙트다운 히즈 매취
한국 선수가 그의 상대방을 때려눕혔어.

math

[mǽθ] 매쓰

명 수학

You will learn math in middle school.
유월 러언 매쓰 인 미들 스쿠울
너는 중학교에서 수학을 배우게 될 거야.

matter
[mǽtər] 매터

명 문제, 일, 중요함
동 중요하다

What's the matter with you?
왓츠 더 매터 위드 유ー
너 무슨 문제 있니?

Nothing.
나씽
전혀 없어.

May
[méi] 메이

명 5월

May the eighth is Parent's Day.
메이 디 에이쓰 이즈 페어런츠 데이
5월 8일은 어버이 날이야.

may
[méi] 메이

조 ~일지도 모른다,
~해도 된다

It may rain today.
잇 메이 레인 투데이
오늘 비가 올지도 몰라.

You may eat this cake.
유ー 메이 잇 디스 케이크
이 케이크를 먹어도 돼.

M

maybe
[méibi:] 메이비-

부 아마도

I don't think she will come.
아이 돈트 씽크 쉬- 윌 컴
나는 그녀가 오리라고 생각하지 않아.

Maybe you're right.
메이비- 유어 라이트
아마도 네가 맞을 거야.

me
[mí:] 미(미-)

대 나를, 나에게(I의 목적격)

She still remembers me.
쉬- 스틸 리멤버즈 미
그녀는 아직 나를 기억해.

She sent a gift to me.
쉬- 센트 어 기프트 투 미
그녀가 나에게 선물을 보내 주었어.

meal
[mí:l] 미일

명 식사

I don't like a hot meal.
아이 돈트 라잌 어 핫 미일
나는 뜨거운 식사는 좋아하지 않아.

344

mean
[míːn] 미인

동 뜻하다, 의미하다
형 심술궂은, 보잘 것 없는

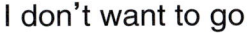

I don't want to go.
아이 돈트 원 투 고-
나는 가고 싶지 않아.

What do you mean?
왓 두- 유- 미인
무슨 뜻이야?

meant [mént] 멘트

동 mean의 과거,
과거분사형

I meant it for a joke.
아이 멘트 잇 포어 죠-크
나는 농담으로 한 말이다 .

measure
[méʒər] 메저

명 측정, 양, 척도

He measured the fence.
히- 메저드 더 펜스
그는 담장의 길이를 쟀어.

M

meat
[míːt] 미-트

명 고기

I want to have more meat.
아이 원 투 해브 모어 미-트
나는 고기를 좀 더 먹고 싶어.

medal
[médl] 메들

명 메달

I got a gold medal.
아이 갓 어 고울드 메들
나 금메달을 땄어.

Wow, that's great!
와우, 댓츠 그레잇
야, 대단하구나!

medicine
[médəsin] 메더선

명 약, 의학

I have a headache.
아이 해브 어 헤드에잌
머리가 아파.

Why don't you take medicine?
와이 돈트 유– 테잌 메더선
약을 먹지 그러니?

meet
[míːt] 미–트

동 만나다
● met : meet의 과거, 과거분사

I'll meet her at the station.
아윌 미–트 허– 앳 더 스테이션
나는 그녀를 역에서 만날 거야.

melon
[mélən] 멜런

명 멜론

Have you ever had melon?
해브 유 - 에버 햇 멜런
너 멜론을 먹어본 적이 있니?

No, I haven't.
노 -, 아이 해븐트
아니, 없어.

melt
[mélt] 멜트

동 녹이다, 녹다
명 용해, 용해물

The sun melted the snow.
더 선 멜티드 더 스노우
태양이 눈을 녹였어.

member
[mémbər] 멤버

명 일원, 회원

M

I'm a member of my family.
아임 어 멤버 어브 마이 패밀리
나는 내 가족의 일원이야.

memory
[méməri] 메머리

명 기억, 기억력

I have a good memory.
아이 해브 어 굿 메머리
나는 기억력이 좋다.

men
[mén] 멘

명 남자들, 사람들
● man의 복수형

There are three men in the room.
데어 아– 쓰리– 멘 인 더 루움
방에는 세 사람이 있어.

merchant
[mə́ːrtʃənt] 머–천트

명 상인

The merchant lost all his goods.
더 머–천트 로–스트 올 히즈 굿즈
상인은 그의 모든 상품들을 잃어버렸어.

mermaid
[mə́ːrmèid] 머–메이드

명 인어

Mermaids aren't real.
머–메이즈 안트 리–얼
인어는 진짜로 있는 게 아니야.

merry
[méri] 메리

형 즐거운, 명랑한

He is a merry fellow.
히 - 이즈 어 메리 펠로우
그는 명랑한 친구야.

Merry Christmas!
메리 크리스머스
즐거운 크리스마스!

mess
[més] 메스

명 어수선함, 뒤죽박죽
동 어지러뜨리다

Your room is a mess.
유어 루움 이즈 어 메스
너의 방은 엉망이야.

You messed up your room again.
유 - 메스트 업 유어 루움 어겐
너 네방을 또 어지럽혔구나.

message
[mésidʒ] 메시쥐

명 소식, 통지, 메시지

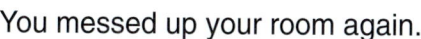

She left a message for you.
쉬 - 레프트 어 메시쥐 포 - 유 -
그녀가 너에게 메시지를 남겼어.

met [met] 멧
동 meet의 과거,
과거분사

We met her yesterday.
위 맷 허 - 에스터데이
우리는 어제 그녀를 만났었다.

meter
[mí:tər] 미-터

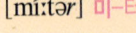

명 미터(길이의 단위)

This wall is 3 meters high.
디스 워얼 이즈 쓰리- 미-터즈 하이
이 담은 높이가 3미터야.

mice
[máis] 마이스

명 쥐들
● mouse의 복수

There are many mice in the house.
데어 아- 메니 마이스 인 더 하우스
집에 쥐들이 많아.

middle
[mídl] 미들

명 한가운데, 중앙
형 중간의

Where is your sister in this photo?
웨어 이즈 유어 시스터 인 디스 포-토우
네 여동생은 이 사진에 어디 있니?

She is in the middle.
쉬- 이즈 인 더 미들
그녀는 가운데에 있어.

midnight

[mídnàit] 미드나이트

명 밤 12시, 자정

When does the store close?
웬 더즈 더 스토어 클로우즈
그 상점은 언제 문을 닫니?

It closes at midnight.
잇 클로우지즈 앳 미드나잇
자정에 닫아.

milk

[mílk] 밀크

명 우유

I drink milk everyday.
아이 드링크 밀크 에브리데이
나는 매일 우유를 마셔.

million

[míljən] 밀리언

명 백만 형 백만의

How much does he earn a month?
하우 머춰 더즈 히 - 어언 어 먼쓰
그는 한 달에 얼마나 버니?

He earns one million won.
히 - 어언즈 원 밀리언 원
그는 백만 원을 벌어.

M

mind [máind] 마인드

명 정신, 마음
동 신경쓰다

I'll keep that in mind.
아월 키입 댓 인 마인드
명심할게.

mine
[máin] 마인

대 나의 것

This book is yours and that's mine.

디스 북 이즈 유어즈 앤드 댓츠 마인

이 책은 너의 것이고, 저 책은 나의 것이야.

minus
[máinəs] 마이너스

전 ~을 뺀 **명** 음수 부호

4 minus 3 is 1.

포- 마이너스 쓰리- 이즈 원

4 빼기 3은 1이야.

minute
[mínit] 미니트

명 분, 잠깐, 잠시

Hurry up!

허-리 업

서둘러!

You have only 5 minutes left.

유- 해브 온리 파이브 미니츠 레프트

너는 5분밖에 시간이 없어.

miracle
[mírəkl] 미러컬

명 기적

She wasn't late today.
쉬 - 워즌트 레이트 투데이
그녀는 오늘 늦지 않았어.

Really? That's a miracle.
리얼리? 댓츠 어 미러컬
정말이니? 그것 참 기적이구나!

mirror
[mírər] 미러

명 거울

Who broke my mirror?
후 - 브로-크 마이 미러
누가 내 거울을 깨뜨렸니?

I'm sorry, I did.
아임 소-리, 아이 디드
미안해, 내가 그랬어.

miss
[mís] 미스

동 놓치다, 그리워하다

M

Hurry up, or you'll miss the train.
허-리 업, 오어 유월 미스 더 트레인
서둘러, 그렇지 않으면 너는 기차를 놓칠 거야.

Good bye. I'll miss you.
굿바이, 아윌 미스 유-
안녕. 너를 그리워할 거야.

Miss
[mìs] 미스

명 ~양(결혼하지 않은 여자에 대한 호칭)

Who is that lady?
후- 이즈 댓 레이디
저 숙녀는 누구지?

She is Miss Kim.
쉬- 이즈 미스 킴
김양이야.

mistake
[mistéik] 미스테이크

명 실수 **동** 실수하다

I'm sorry. I made a big mistake.
아임 소-리. 아이 메이드 어 빅 미스테이크
미안해. 내가 큰 실수를 저질렀어.

That's O.K., but don't mistake again.
댓츠 오-케이, 벗 돈트 미스테이크 어겐
괜찮아, 하지만 다시 실수하지 마.

mitten
[mítn] 미튼

명 벙어리 장갑

What did you get on your birthday?
왓 디쥬 겟 안 유어 벌-쓰데이
너의 생일에 무엇을 받았니?

I got a pair of mittens.
아이 갓 어 페어 어브 미튼즈
벙어리 장갑 한 켤레를 받았어.

354

mix
[míks] 믹스

동 섞다, 섞이다 **명** 섞인 것

Oil and water don't mix.
오일 앤드 워-터 돈트 믹스
기름은 물과 섞이지 않아.

model
[mádl] 마들

명 모형, 모델, 모범, 본보기

It's our latest model.
잇츠 아워 레이티스트 마들
이 제품은 저희의 최신 모델입니다.

moment
[móumənt] 모우먼트

명 순간

M

Just wait a moment.
저스트 웨잇 어 모우먼트
잠깐!

Don't go away now.
돈트 고- 어웨이 나우
지금은 가지 마.

mommy
[mámi] 마미

명 엄마(아이들이 어머니를 부르는 말)

Mommy, I'm hungry.
마미, 아임 헝그리
엄마 배고파요.

Monday
[mʌ́ndei] 먼데이

명 월요일

Tomorrow is Monday.
투마로우 이즈 먼데이
내일은 월요일이야.

money
[mʌ́ni] 머니

명 돈

How much money do you have?
하우 머춰 머니 두- 유- 해브
너 돈을 얼마나 가지고 있니?

I have no money.
아이 해브 노- 머니
나 돈 없어.

monkey
[mʌ́ŋki] 멍키

명 원숭이

The monkey is eating a banana.
더 멍키 이즈 이-팅 어 버내너
원숭이는 바나나를 먹고 있어.

monster
[mɑ́nstər] 먼스터

명 괴물

Frankenstein is a monster.
프랭컨스타인 이즈 어 먼스터
프랑켄 스타인은 괴물이야.

month
[mʌ́nθ] 먼쓰

명 달(매월)

There are twelve months in a year.
데어 아- 트웰브 먼쓰 인 어 이어
일년에는 열두 달이 있어.

moon
[múːn] 무운

명 달

Look at the bright moon.
룩 앳 더 브라이트 무운
밝은 달을 봐.

mop
[máp] 맙

명 대걸레 동 대걸레질하다

Bring a mop to me.
브링 어 맙 투 미
대걸레를 가져와.

Mop the floor after you sweep it.
맙 더 플로오 애프터 유 - 스위 - 프 잇
바닥을 쓸고 나서 대걸레질을 하렴.

more
[mɔ́ːr] 모어

형 더 ~한
부 더

She is more beautiful than her sister.
쉬 - 이즈 모어 뷰 - 티플 댄 허 - 시스터
그녀는 그녀의 여동생보다 아름다워.

morning
[mɔ́ːrniŋ] 모 - 닝

명 아침

I woke up late this morning.
아이 워 - 크 업 레이트 디스 모 - 닝
나는 오늘 아침 늦게 일어났어.

most
[mòust] 모우스트

형 가장 ~한 부 가장

She's the most beautiful girl in our class.
쉬-즈 더 모우스트 뷰-티플 걸 인 아우어 클래스
그녀는 우리 반에서 가장 아름다워.

mother
[mΛðər] 마덜

명 어머니

Where is your mother?
웨어 이즈 유어 마덜
네 어머니는 어디 계시니?

She's in the kitchen.
쉬-즈 인 더 키친
부엌에 계셔.

motion
[móuʃən] 모-션

명 동작, 움직임

I can't follow his motions.
아이 캔트 팔로- 히즈 모-션즈
나는 그의 동작을 따라 할 수가 없어.

motor
[móutər] 모우터

명 모터, 발동기

Switch on the motor.
스위치 안 더 모우터
모터를 켜라.

Let's see if it works.
렛츠 시- 이프 잇 워억스
작동하는지 보자.

motorboat
[móutərbòut] 모우터보우트

명 모터보트

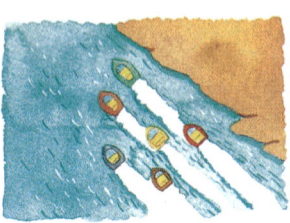

There are many motorboats in the river.
데어 아- 메니 모오터보우츠 인 더 리버
강에는 많은 모터보트들이 있어.

motorcycle
[móutərsàik] 모우터사이클

명 오토바이

He rides a motorcycle very well.
히- 라이즈 어 모우터사이클 베리 웰
그는 오토바이를 아주 잘 타.

mountain
[máuntən] 마운턴

명 산

That mountain is very high.
댓 마운턴 이즈 베리 하이
저 산은 아주 높아.

mouse
[máus] 마우스

명 생쥐

There is a mouse in the restaurant.
데어 이즈 어 마우스 인 더 레스터런트
그 식당에는 생쥐 한 마리가 있어.

mouth
[máuθ] 마우쓰

명 입

Close your mouth and listen up.
클로-즈 유어 마우쓰 앤드 리슨 업
입은 다물고 잘 들어봐.

move
[múːv] 무-브

동 움직이다, 이사하다

What's wrong with you?
왓츠 로옹 위드 유-
뭐가 잘못됐니?

I can't move my neck.
아이 캔트 무브 마이 넥
목을 움직일 수가 없어.

movie
[múːvi] 무-비

명 영화

Why don't we go for a movie?
와이 돈트 위- 고- 포- 어 무비
우리 영화보러 가는 게 어때?

That's a good idea!
댓츠 어 굿 아이디-어
그거 좋은 생각이야.

M

Mr.
[místər] 미스터

명 ~씨, ~선생

Someone's looking for Mr. Kim.
섬원즈 룩킹 포- 미스터 킴
누군가 김 선생님을 찾고 있어.

Mr. Kim, it's your turn.
미스터 김, 이츠 유어 터언
김씨, 당신 차례입니다.

Mrs. mrs.
[mísiz] 미시즈

명 부인
(결혼한 여성의 성 앞에 붙임)

Mrs. Kennedy is an American.
미시즈 케네디 이즈 언 어메리컨
케네디 부인은 미국인이야.

Ms. ms.
[míz] 미즈

명 기혼
(여성과 미혼 여성을 합쳐 부르는 말)

Where is Ms. Kim?
웨어 이즈 미즈 킴
미즈 김은 어디 있습니까?

much
[mʌtʃ] 머취

형 많은 부 매우, 많이

We don't have much time.
위 - 돈트 해브 머취 타임
우리는 시간이 많지 않아.

Thank you very much.
생큐 - 베리 머취
대단히 감사합니다.

mud
[mʌd] 머드

명 진흙

What are you doing?
왓 아 - 유 - 두 - 잉
너 뭐하고 있니?

I'm playing with mud.
아임 플레잉 위드 머드
진흙을 가지고 놀고 있어.

muscle
[mʌsl] 머설

명 근육

He has big arm muscles.
히 - 해즈 빅 아암 머설즈
그는 큰 팔 근육을 가지고 있어.

M

museum
[mjuːzíːəm] 뮤-지-엄

명 박물관

They visited the
National Museum.
대이 비지티드 더 네셔널 뮤-지엄
그들은 국립 박물관을 방문했다.

music
[mjúzik] 뮤-직

명 음악

This music is by Beethoven.
디스 뮤-직 이즈 바이 베이토-번
이 음악은 베토벤이 작곡한 거야.

must
[mʌ́st] 머스트

조 ~해야 한다(must+동사원형)

I must go now.
아이 머스트 고- 나-
나는 지금 가야 해.

You must finish your homework.
유- 머스트 피니쉬 유어 홈워-크
너는 숙제를 끝내야 해.

my
[mái] 마이

대 나의(I의 소유격)

This is my book.
디스 이즈 마이 북
이것은 나의 책이야.

myself

[maisélf] 마이셀프

대 나 자신이, ~을, ~에게

I'll do it myself.
아윌 두- 잇 마이셀프
내가 직접 할 거야.

I talked to myself.
아이 토옥 투 마이셀프
나는 자신에게 말했어.

mystery

[místəri] 미스터리

명 신비스러움

She disappeared suddenly.
쉬- 디스어피어드 서든리
그녀는 갑자기 사라졌어.

It's a mystery.
잇츠 어 미스터리
그건 미스테리야.

M

N, n

nail
[néil] 네일

명 못, 손톱, 발톱

The nail hurt my hand.
더 네일 허트 마이 핸드
못에 손을 다쳤어.

You're too young to nail manicure.
유어 투- 영 투 네일 메니큐얼
너는 손톱에 메니큐어 칠을 하기에는 너무 어려.

nap

[næp] 냅

명 낮잠 **동** 낮잠자다

I took a nap on the couch.
아이 툭 어 냅 안 더 카우춰
나는 소파에서 낮잠을 잤어.

name

[néim] 네임

명 이름, 성명

My name is Jane.
마이 네임 이즈 제인
내 이름은 제인이야.

narrow

[nǽrou] 내로우

형 좁은

This road is very narrow.
디스 로-드 이즈 베리 내로우
이 길은 아주 좁아.

nation

[néiʃən] 네이션

명 국민, 국가

The president spoke to the nation.
더 프레지던트 스포-크 투 더 네이션
대통령이 국민들에게 연설했다.

nature

[néitʃər] 네이처

명 자연, 성격

Nature is beautiful.
네이처 이즈 뷰-티플
자연은 아름다워.

Cat and dogs have different natures.
캣 앤드 도-그 해브 디퍼런트 네이처
고양이와 개는 천성이 다르다.

near

[níər] 니어

형 가까운 **부** 가까이

My school is quite near from here.
마이 스쿠울 이즈 콰이트 니어 프럼 히어
나의 학교는 여기서 아주 가까워.

Minjoo lives near my house.
민주 리브즈 니어 마이 하우스
민주는 내 집 근처에 살아.

neat

[níːt] 니-트

형 단정한, 산뜻한

She always looks neat.
쉬- 올웨이즈 룩스 니-트
그녀는 언제나 단정해 보여.

neck

[nék] 넥

명 목

He has a short neck.
히- 해즈 어 쇼-트 넥
그는 목이 짧아.

need
[níːd] 나-드 　　동 필요하다　명 필요

I need a book.
아이 니-드 어 북
나는 책이 필요해.

You need to go to sleep.
유- 니-드 투 고- 투 슬리잎
너는 잠을 자러 가야 해.

needle
[níːdl] 니-들 　　명 바늘

This needle is very sharp.
디스 니-들 이즈 베리 샤프
이 바늘은 아주 날카로워.

neighbor
[néibər] 네이버 　　명 이웃 사람

They are good neighbors.
데이 아- 굿 네이버즈
그들은 좋은 이웃 사람들이야.

N

neighborhood

[néibərhùd] 네이버후드

명 이웃, 근처

There is a supermarket in the neighborhood.

데어 이즈 어 수퍼마-킷 인 더 네이버후드

이웃에 슈퍼마켓이 하나 있어.

neither

[níːðər] 니이더

부 ~도 아니다

Neither answer is correct. correct them.

니-더 앤서 이즈 커렉트. 커렉트 뎀

어느쪽 답도 옳지 않아. 둘 다 고쳐라.

nephew

[néfjuː] 네퓨-

명 남자 조카

He is my nephew.

히- 이즈 마이 네퓨-

그는 나의 조카야.

nest

[nést] 네스트

명 둥지

I found a bird nest.

아이 파운드 어 버-드 네스트

나는 새 둥지를 발견했어.

net

[nét] 네트

명 그물, 곤충 채집망, 네트

Who made this net?
후 메이드 디스 넷
누가 이 곤충 채집망을 만들었니?

I did.
아이 디드
내가 만들었어.

never

[névər] 네버

부 절대 ~않다

I never lie.
아이 네버 라이
나는 절대 거짓말하지 않아.

That's a lie!
댓츠 어 라이
그게 거짓말이야!

new

[njúː] 뉴우

형 새로운

This is a new computer game.
디스 이즈 어 뉴- 컴퓨-터 게임
이것은 새로운 컴퓨터 오락 게임이야.

N

newborn

[njúːbɔ̀ːrn] 뉴-보온

형 갓난

A newborn baby can't speak.

어 뉴-보온 베이비 캔트 스피-크

갓난 아기는 말을 못해.

news

[njúːz] 뉴-즈

명 뉴스, 소식

I have news for you.

아이 해브 뉴-즈 포- 유-

네게 전해 줄 소식이 있어.

newspaper

[njúːzpèipər] 뉴-즈페이퍼

명 신문

My father's reading a newspaper.

마이 파-더즈 리딩 어 뉴-즈페이퍼

나의 아버지께서는 신문을 읽고 계셔.

next

[nékst] 넥스트

형 다음의, 바로 옆의

See you next week.
시- 유- 넥스트 위-크
다음 주에 보자.

nice

[náis] 나이스

형 좋은, 친절한

What a nice weather!
왓 어 나이스 웨더
정말 좋은 날씨야!

He is a nice man.
히- 이즈 어 나이스 맨
그는 친절한 사람이야.

nickel

[níkəl] 니컬

명 5센트짜리 동전

Would you give me two nickels?
우쥬- 깁 미 투- 니컬즈
5센트 동전 두 개 주시겠어요?

nickname

[níknèim] 닉네임

명 별명

His nickname is "Duck".
히즈 닉네임 이즈 "덕"
그의 별명은 "오리"야.

N

niece

[níːs] 니-스

명 여자 조카

I like Mr. Lee's niece.
아이 라잌 미스터 리즈 니스
나는 이씨의 여자 조카를 좋아해.

night

[náit] 나이트

명 밤

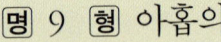

The moon rises at night.
더 무운 라이지즈 앳 나잇
달은 밤에 뜬다.

nine

[náin] 나인

명 9 **형** 아홉의

I counted from one to nine.
아이 카운티드 프럼 원 투 나인
나는 1부터 9까지 세었다.

nineteen

[nàintíːn] 나인티인

형 열아홉의, 19의

He died nineteen years ago.
히- 다이드 나이티인 이어즈 어고-
그는 19년 전에 죽었어.

ninety
[náinti] 나인티

명 아흔, 90 **형** 90의

My grandfather is ninety years old.
마이 그랜드파-더 이즈 나인티 이어즈 올드
나의 할아버지는 아흔이셔.

ninth
[náinθ] 나인쓰

명 아홉 번째 **형** 아홉 번째의

Today is his ninth birthday.
투데이 이즈 히즈 나인쓰 벌-쓰데이
오늘은 그의 아홉 번째 생일이야.

no
[nóu] 노우

부 아니, 하나도 없는

N

Are you hungry?
아- 유- 헝그리
배고프니?

No, I'm not.
노우, 아임 낫
아니, 배고프지 않아.

noble
[nóubl] 노우벌

형 고상한, 고귀한

My hobby is listening to classical music.
마이 하비 이즈 리스닝 투 클래시컬 뮤-직
내 취미는 고전 음악 감상이야.

You have a noble hobby.
유- 해브 어 노우벌 하비
너는 고상한 취미를 가졌구나.

nobody
[nóubàdi] 노우바디

대 아무도 ~않다, 없다

Nobody showed up.
노우바디 쇼우드 업
아무도 나타나지 않았어.

noise
[nɔ́iz] 노이즈

명 시끄러운 소리, 잡음

Don't make noise.
돈트 메이크 노이즈
시끄러운 소리를 내지 마라.

none
[nʌ́n] 넌

대 아무도, 아무것도 ~않다

None of them told the truth.
넌 어브 뎀 토울드 더 트루쓰
아무도 진실을 말하지 않았다.

noon

[núːn] 누운

명 낮 12시, 정오

I'll be there by noon.
아월 비 데어 바이 누운
거기에 정오까지 갈게.

north

[nɔ́ːrθ] 노-쓰

명 북, 북쪽 형 북쪽의

Which direction is the north?
위치 디렉션 이즈 더 노-쓰
북쪽이 어느 방향이지?

nose

[nóuz] 노우즈

명 코

She has a big nose.
쉬- 해즈 어 빅 노우즈
그녀는 코가 커.

not

[nát] 낫

부 ~아니다, 않다

This is not a joke.
디스 이즈 낫 어 죠-크
이건 농담이 아니야.

I did not break the window.
아이 디드 낫 브레이크 더 윈도우
나는 창문을 깨지 않았어.

note [nóut] 노-트
명 각서, 메모, 기록
동 적어두다, 주의하다

The man is writing a note.
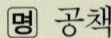
더 맨 이즈 와이팅 어 노-트
남자가 메모를 하고 있다.

notebook
[nóutbùk] 노-트북

명 공책

Can you show me your notebook?
캔 유- 쇼 미 유어 노-트북
너의 공책을 나에게 보여줄 수 있니?

nothing
[nʌ́θiŋ] 너씽
명 아무것도 ~하지 않다, 아니다

Is there anything in your pocket?
이즈 데어 에니씽 인 유어 파킷
너의 주머니 속에 무엇이 있니?
nothing.
너씽 아무것도 없어.

November
[nouvémbər] 노우벰버

명 11월

It is cold in November.
잇 이즈 코울드 인 노우-벰버
11월에는 춥다.

378

now
[náu] 나우

부 지금

I must go now.
아이 머스트 고- 나우
나는 지금 가야 해.

My mother is calling me.
마이 머더 이즈 코올링 미
어머니께서 나를 부르고 계셔.

number
[nʌ́mbər] 넘버

명 수, 숫자, 번호

What is your phone number?
왓 이즈 유어 폰 넘버
네 전화 번호는 몇 번이니?

My phone number is 123-4567
마이 폰 넘버 이즈 원 투우 쓰리, 포- 파이브 식스 세븐
내 전화 번호는 123-4567이야.

nurse
[nɔ́ːrs] 너-스

명 간호사

How is that nurse?
하우 이즈 댓 너-스
저 간호사는 어때?

She is very kind.
쉬- 이즈 베리 카인드
그녀는 아주 친절해.

N

O, o

oatmeal
[óutmìːl] 오-트미-일

명 오트밀

Do you like the oatmeal?
두- 유- 라잌 디 오-트미-일
오트밀 좋아하니?

Yes, I do.
예스, 아이 두-
그래, 좋아해.

ocean
[óuʃən] 오우션

명 대양, 끝없이 넓음

They sailed across the ocean.
데이 세일드 어크로-스 디 오우션
그들은 배로 바다를 건넜다.

o'clock

[əklák] 어클락

명 시, 시각

What time is it now?
왓 타임 이즈 잇 나우
지금 몇 시니?

It's two o'clock.
잇츠 투- 어클락
두 시야.

October

[ɑktóubər] 악토-버

명 10월

That store will open in October.
댓 스토- 윌 오-픈 인 악토-버
저 상점은 10월에 문을 열 거야.

octopus

[ɑktəpəs] 악터퍼스

명 문어

The octopus have eight legs.
디 악터퍼스 해브 에이트 레그즈
문어는 다리가 여덟 개야.

odd
[ád] 아드

형 이상한

They are odd people.
데이 아- 아드 피-플
그들은 이상한 사람들이야.

of
[ʌv] 어브

전 ~의, ~중의

I like the color of her dress.
아이 라잌 더 컬러 어브 허- 드레스
나는 그녀 옷의 색깔이 좋아.

You can take one of these toys.
유- 캔 테잌 원 어브 디-즈 토이즈
이 장난감들 중에서 하나를 가져도 돼.

off
[ɔ́:f] 어-프

부 꺼져   전 떨어져, 벗어나

Turn the light off!
터언 더 라이트 어-프
불을 꺼라!

Keep off the grass.
키입 어-프 더 그래스
잔디밭에 들어가지 마시오.

office
[ɔ́(ː)fis] 어피스

명 사무실

My father has an office in Chongno.

마이 파-더 해즈 안 어피스 인 종로

나의 아버지께서는 종로에 사무실을 가지고 계셔.

often
[ɔ́(ː)fən] 어픈

부 종종, 자주

She often comes to see me.

쉬- 어픈 컴즈 투 시- 미

그녀는 종종 나를 보러 와.

oh
[óu] 오우

감 와, 아

Oh, what a beautiful day it is!

오우, 왓 어 뷰-티플 데이 잇 이즈

와, 정말 좋은 날이로구나!

oil
[ɔ́il] 오일

명 기름

Put some oil in the floor.

풋 섬 오일 인 더 플로-

바닥에 기름을 좀 발라라.

O

O.K.
[òukéi] 오-케이

부 좋아, 괜찮아

It is O.K. to go now?
잇츠 오-케이 투 고- 나우
지금 가도 괜찮니?

old
[óuld] 오울드

형 나이 든, 늙은

He is an old man.
히- 이즈 언 오울드 맨
그는 노인이야.

on
[ɑn] 안

전 ~위에, ~에

My school is on a hill.
마이 스쿠울 이즈 안 어 힐
나의 학교는 언덕 위에 있어.

once
[wʌns] 원스

부 한 번, 이전에

Look at me once again.
룩 앳 미 원스 어겐
나를 다시 한 번 봐.

one
[wʌn] 원

명 하나, 1 **형** 하나의

Three minus two is one.
쓰리- 마이너스 투- 이즈 원
3 빼기 2는 1이야.

There is one way to go there.
데어즈 원 웨이 투 고- 데어
그곳으로 가기 위해서는 한 가지 길이 있어.

onion
[ʌnjən] 어니언

명 양파

A farmer brought onions to the market.
어 파-머 브로-트 어니언즈 투 더 마-킷
농부가 양파를 시장으로 가지고 왔다.

O

only
[óunli] 오운리

[부] 오직, 단지

Only you can finish this work.
오운리 유- 캔 피니쉬 디스 워-크
오직 너만이 이 일을 끝낼 수 있어.

open
[óupən] 오-픈

[동] 열다

I can't open the door now.
아이 캔트 오-픈 더 도어 나우
나는 지금 문을 열 수 없어.

I'm talking on the phone.
아임 토-킹 안 더 포운
전화를 받고 있거든.

opposite
[ápəzit] 아퍼짓

[형] 맞은편의, 반대의
[명] 정반대, 맞은 편

They went in the opposite direction.
데이 웬트 인 디 아퍼짓 디렉션
그들은 정반대의 방향으로 갔어.

Black and white are opposites.
블랙 앤 화이트 아- 아퍼짓
검은색과 흰색은 반대 색이야.

or
[ɔːr] 오-

[전] 혹은, ~거나 또는

Hurry up, or you'll be late.
허-리업, 오어 유월 비 레이트
서둘러, 아니면 너는 늦을거야.

orange

[ɔ́(:)rindʒ] 어-린쥐

명 오렌지

I like orange juice.
아이 라잌 어-린쥐 쥬-스
나는 오렌지 주스를 좋아해.

orchestra

[ɔ́:rkəstrə] 오-커스트러

명 교향악단, 오케스트라

The orchestra is playing a symphony.
디 오-커스트러 이즈 플레잉 어 심퍼니
교향악단이 교향곡을 연주하고 있어.

order

[ɔ́:rdər] 오-더

명 순서, 질서, 명령, 주문
동 명령하다, 주문하다

Write the words in alphabetic order.
라이트 더 워-즈 인 앨퍼베틱 오-더
단어들을 알파벳 순서로 써라.

The general gave orders to his soldiers.
더 제너럴 게이브 오-더즈 투- 히즈 소울저즈
장군은 그의 병사들에게 명령을 내렸다.

O

organ

[ɔ́ːrɡən] 오-건

명 오르간, 기관(장기)

The heart is an important organ.
더 하-트 이즈 언 임포-턴트 오-건
심장은 중요한 기관이야.

other

[ʌ́ðər] 어더

형 다른, 그 외의
대 다른 사람 것

Are there any other problems?
아- 데어 에니 어더 프라블럼즈
다른 문제가 있습니까?

Where are the others?
웨어 아- 디 어더즈
다른 사람들은 어디 있지?

our

[áuər] 아워

대 우리의, 우리들의

This is our school.
디스 이즈 아워 스쿠울
이것은 우리의 학교야.

ours

[áuərz] 아워즈

대 우리의 것

No way, the game is ours.
노- 웨이, 더 게임 이즈 아워즈
천만에, 그 시합의 승리는 우리의 것이야.

out
[áut] 아우트

뷔 밖으로, 밖에
전 밖의

It is cold out here.
잇 이즈 코울드 아우트 히어
이곳의 밖은 추워.

He just walked out.
히- 져스트 워억트 아우트
그는 방금 밖으로 걸어 나갔어.

outside
[áutsàid] 아웃사이드

명 밖
뷔 밖으로, ~에서

The children are running outside.
더 췰드런 아- 러닝 아웃사이드
아이들은 밖에서 뛰어 다니고 있어.

over
[óuvər] 오우버

전 위에, 위로   뷔 끝나서

The lamp is hung over the table.
더 램프 이즈 헝 오-버 더 테이블
등잔이 탁자 위에 매달려 있어.

It is all over!
잇츠 올 오우버
모든 게 끝이야.

o

own
[óun] 오운

 형 자기 자신의   동 소유하다

It is my own idea.
잇츠 마이 오운 아이디어
이것은 내 자신의 생각이다.

My father owns a company.
마이 파더 오운즈 어 컴퍼니
나의 아버지께서는 회사를 하나 소유하고 계셔.

ox
[áks] 악스

 명 소, 수소

The ox is a large animal.
디 악스 이즈 어 라지 애너멀
소는 큰 동물이야.

P, p

package
[pǽkidʒ] 패키쥐

명 짐, 소포

Can you carry the package?
캔 유- 캐리 더 패키쥐
이 짐은 나를 수 있겠니?

page
[péidʒ] 페이쥐

명 페이지, 쪽수

Read the first page of this book.
라-드 더 퍼-스트 페이쥐 어브 디스 북
이 책의 첫 페이지를 읽어봐.

P

paint

[péint] 페인트

명 페인트
동 그리다, 페인트 칠을 하다

Paint the wall with the
blue paint.

페인트 더 워얼 위드 더 블루- 페인트
파란색 페인트를 가지고 담을 칠해라.

pair

[pέər] 페어

명 한 쌍, 한 벌

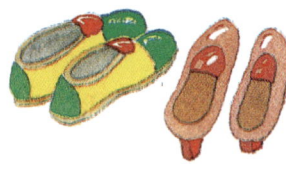

There are two pairs of shoes.

데어 아- 투- 페어즈 어브 슈-즈
신발 두 켤레가 있어.

palace

[pǽlis] 팰리스

명 궁전

Palaces are big and beautiful.

팰리시즈 아- 빅 앤드 뷰-티플
궁전들은 크고 아름다워.

pale
[péil] 페일

형 창백한

She became pale at the news.
쉬- 비케임 페일 앳 더 뉴-즈
그녀는 그 소식을 듣고는 창백해졌어.

pants
[pǽnts] 팬츠

명 바지

My mother bought me a pair of pants.
마이 마덜 보-트 미 어 페어 어브 팬츠
나의 어머니께서 나에게 바지 한 벌을 사주셨어.

paper
[péipər] 페이퍼

명 종이

Give me a sheet of paper.
깁 미 어 쉬-트 어브 페이퍼
종이 한 장 줘.

parade
[pəréid] 퍼레이드

명 행렬, 퍼레이드

Let's join in the parade.
렛츠 죠인 인 더 퍼레이드
퍼레이드에 참가하자.

P

paradise

[pǽrədàis] 패러다이스

명 낙원, 천국

This island looks like paradise.
디스 아일런드 룩스 라잌 패러다이스
이 섬은 낙원처럼 보이는구나.

pardon

[páːrdn] 파-든

명 용서, 관용

I beg your pardon.
아이 베그 유어 파-든
미안합니다.

parent

[pέərənt] 페(어)런트

명 부모
(보통 복수인 parents로 사용합니다)

My parents gave me a present.
마이 페어런츠 게이브 미 어 프레즌트
나의 부모님께서 나에게 선물을 사주셨어.

park
[páːrk] 파-크

명 공원

Let's meet at the Olympic park.
렛츠 미-트 앳 디 얼림픽 파-크
올림픽 공원에서 만나자.

parrot
[pǽrət] 패럿

명 앵무새

There is a parrot in the cage.
데어 이즈 어 패럿 인 더 케이지
새장 안에 앵무새 한 마리가 있어.

part
[páːrt] 파-트

명 일부, 부분

Incheon is a part of Korea.
인천 이즈 어 파-트 어브 커리-어
인천은 한국의 한 부분이야.

P

party
[páːrti] 파-티

명 모임, 화합, 파티

Today is my birthday.
투데이 이즈 마이 벌-쓰데이
오늘은 나의 생일이야.

Let's have a birthday party.
렛츠 해브 어 벌-쓰데이 파-티
생일 파티를 열자.

pass
[pǽs] 패스

동 지나가다, 합격하다, 건네주다
명 지나가기, 패스

You can pass first.
유- 캔 패스 퍼-스트
너 먼저 지나가렴.

Pass me the salt, plese.
패스 미 더 소올트, 플리-즈
소금 좀 건네주시겠어요.

past
[pǽst] 패스트

명 과거 **형** 지나간, 과거의
전 ~을 지나

In the past he was a teacher.
인 더 패스트 히- 워즈 어 티-춰
그는 과거에는 선생님이었어.

It's five past nine.
잇츠 파이브 패스트 나인
9시 5분이야.

path
[pǽθ] 패쓰

명 길, 통로

This path is too narrow.
디스 패쓰 이즈 투- 내로-
이 길은 너무 좁아.

pay
[péi] 페이

동 지불하다, 보상하다
명 봉급

He gets his pay each Monday.
히- 겟츠 히즈 페이 이-취 먼데이
그는 매주 월요일 봉급을 받아.

pea
[píː] 피-

명 콩, 완두

I don't like the pea.
아이 돈트 라잌 더 피-
나는 콩을 좋아하지 않아.

P

peace

[píːs] 피-스

명 평화

We all love the peace.
위- 올 러브 더 피-스
우리 모두는 평화를 사랑해.

peach

[píːtʃ] 피-취

명 복숭아

Do you like the peach?
두- 유- 라잌 더 피-취
너는 복숭아를 좋아하니?

Yes, I do.
예스, 아이 두-
그래, 좋아해.

peanut

[píːnʌt] 피-넛

명 땅콩

I like bread with peanut butter.
아이 라잌 브렛 위드 피-넛 버터
나는 땅콩 버터 바른 빵을 좋아해.

pear
[pέər] 페어

명 배

She prefers the pear to the apple.
쉬- 프리퍼-즈 더 페어 투 디 애플
그녀는 사과보다는 배를 좋아해.

pen
[pén] 펜

명 펜

The pen is mightier than the sword.
더 펜 이즈 마이티어 댄 더 소-드
펜은 칼보다 강하다.(격언)

pencil
[pénsəl] 펜설

명 연필

Mark the answers with your pencil.
마아크 디 앤서즈 위드 유어 펜설
너의 연필로 답을 표시해.

P

people

[píːpl] 피-플

명 사람들, 민족

How are they?
하우 아- 데이
그 사람들은 어때?

They are good people.
데이 아- 굿 피플
그들은 좋은 사람들이야.

perfect

[páːrfikt] 퍼-펙트

형 완전한, 완벽한

Your English is good, but not perfect.
유어 잉글리쉬 이즈 굿 , 벗 낫 퍼-펙트
너의 영어는 훌륭하지만 완전하지는 않아.

perhaps

[pərhǽps] 퍼햅스

부 아마도

I think so perhaps.
아이 생크 소 퍼햅스
아마 그럴 것 같애.

person

[páːrsən] 퍼-슨

명 사람

Who is that person?
후- 이즈 댓 퍼-슨
저 사람은 누구니?

400

pet
[pét] 펫

명 애완 동물

What is your favorite pet?
왓 이즈 유어 페이버릿 펫
네가 가장 좋아하는 애완 동물은 뭐니?

My favorite pet is the cat.
마이 페이버릿 펫 이즈 더 캣
내가 가장 좋아하는 애완 동물은 고양이야.

phone
[fóun] 포운

명 전화
동 전화하다(=telehpone)

Be quiet!
비- 콰이엇
조용히 해!

I'm talking on the phone now.
아임 토-킹 안 더 포운 나우
지금 전화 중이잖니.

photo
[fóutou] 포-토-

명 사진

She showed me her photos of America.
쉬- 쇼우드 미 허- 포-토즈 어브 어메리커
그녀는 내게 미국에서 찍은 그녀의 사진들을 보여주었어.

photography
[fóutogræf] 퍼터그레피

[명] 사진찍기, 사진술

Please, take a photography of us.
플리-즈, 테잌 어 퍼터그레피 어브 어스
우리 사진 좀 찍어 주세요. 부탁합니다.

piano
[piǽnou] 피애노우

[명] 피아노

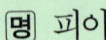

I play the piano very well.
아이 플레이 더 피애노우 베리 웰
나는 피아노를 아주 잘 쳐.

That's great!
댓츠 그레잇
그것 참 대단하구나!

pick
[pík] 픽

[동] 줍다, 따다

Please, pick up my hat.
플리-즈, 픽 업 마이 햇
제 모자를 주워 주세요.

The girls are picking the fruits.
더 거얼즈 아 피킹 더 프루-츠
소녀들이 과일들을 따고 있어.

picnic
[píknik] 피크닉

명 소풍

Let's go on a picnic.
렛츠 고- 안 어 피크닉
소풍 가자.

picture
[píktʃər] 픽처

명 그림

That picture is very beautiful.
댓 픽처 이즈 베리 뷰-티플
저 그림은 아주 아름다워.

pie
[pái] 파이

명 파이

I like cherry pie the most.
아이 라잌 체리 파이 더 모우스트
나는 체리 파이를 가장 좋아해.

So do I.
소- 두- 아이
나도 그래.

piece
[píːs] 피-스

명 조각

Do you want a piece of cake?
두- 유- 원트 어 피-스 어브 케이크
케이크 한 조각 먹을래?

P

pig
[píg] 피그

명 돼지

He is as fat as a pig.
히- 이즈 애즈 팻 애즈 어 픽
그는 돼지처럼 뚱뚱해.

pigeon
[pídʒən] 피젼

명 비둘기

A pigeon is the symbol of peace.
어 피젼 이즈 더 심벌 어브 피-스
비둘기는 평화의 상징이야.

pile
[páil] 파일

명 쌓아올린 것, 더미
동 쌓다, 축적하다

The pile of books fell down.
더 파일 어브 북스 펠 다운
책 더미가 넘어졌어.

He piled up the books too high.
히- 파일드 업 더 북스 투- 하이
그가 책들을 너무 높이 쌓았구나.

pillow
[pílou] 필로우

명 베개

Which pillow is yours?
위치 필로우 이즈 유어즈
어느 베개가 너의 것이니?

pilot
[páilət] 파일럿

명 비행기 조종사

My brother is in the air force.
마이 브러더 이즈 인 디 에어 포-스
나의 형은 공군이야.

He is a pilot.
히- 이즈 어 파일럿
그는 비행기 조종사야.

pin
[pín] 핀

명 핀, 못, 바늘
형 핀으로 꽂다, 고정하다

This pin is not sharp.
디스 핀 이즈 낫 샤프
이 핀은 날카롭지 않아.

She pinned on picture to the door.
쉬- 핀드 안 픽쳐 투 더 도어
그녀는 그림을 문에 핀으로 꽂았다.

pine
[páin] 파인
명 솔, 소나무

A pine tree tops the hill.
어 파인 트리 탑스 더 힐
언덕 꼭대기에 소나무 한 그루가 서 있다.

pineapple
[páinæ̀pl] 파인애플
명 파인애플

I like the pineapple.
아이 라잌 더 파인애플
나는 파인애플을 좋아해.

P

405

pink
[píŋk] 핑크

명 분홍색 형 분홍색의

My dress is pink.
마이 드레스 이즈 핑크
내 옷은 분홍색이야.

It's very beautiful.
잇츠 베리 뷰-티플
아주 아름답구나.

pipe
[páip] 파이프

명 파이프, 관

Water is flowing through this pipe.
워-터 이즈 플로-잉 쓰루- 디스 파잎
물이 이 관을 통해 흐르고 있어.

pitcher
[pítʃər] 피쳐

명 투수, 물주전자

Park Chanho is a famous pitcher.
박찬호 이즈 어 페이머스 피쳐
박찬호는 유명한 투수이다.

pizza

[píːtsə] 피-자

명 피자

Pizza is an Italian food.
피-자 이즈 언 이탤리언 푸-드
피자는 이탈리아 음식이야.

place

[pléis] 플레이스

명 장소　**동** 놓다, 위치시키다

This room is a secret place.
디스 루움 이즈 어 시-크릿 플레이스
이 방은 비밀 장소야.

Place the book on the desk.
플레이스 더 북 안 더 데스크
그 책을 책상 위에 놓아라.

plain

[pléin] 플레인

형 쉬운, 명백한, 평범한

Explain it in plain English.
익스플레인 잇 인 플레인 잉글리쉬
쉬운 영어로 설명해 주세요.

plan

[plǽn] 플랜

명 계획　**동** 계획하다

What's your plan for the summer vacation?
왓츠 유어 플랜 포- 더 서머 베케이션
너의 여름 방학 계획은 뭐니?

I have not planned yet.
아이 해브 낫 플랜드 옛
아직 계획을 세우지 않았어.

P

plane
[pléin] 플레인

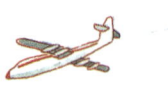

명 비행기, 평면

A plane is flying in the sky.
어 플레인 이즈 플라잉 인 더 스카이
하늘에 비행기 한 대가 날고 있어.

● airplane의 생략형

plant
[plǽnt] 플랜트

명 식물
동 나무를 심다, 씨를 뿌리다

All plants need water and light.
올 프랜쯔 니-드 워-터 앤 라잇
모든 식물은 물과 빛이 필요해.

I'm planting a tree.
아임 플랜팅 어 트리-
나무를 심고 있어.

plate
[pléit] 플레이트

명 접시, 쟁반

Who broke this plate?
후- 브로우크 디스 플레이트
누가 이 쟁반을 깼니?

I didn't, mom.
아이 디든트, 맘
엄마, 제가 깨지 않았어요.

play
[pléi] 플레이

동 놀다, 연주하다
명 놀이, 연주

I can't play the piano.
아이 캔트 플레이 더 피애노우
나는 피아노는 못 쳐.

But I can play football very well.
벗 아이 캔 플레이 풋보올 베리 웰
하지만 나는 축구는 아주 잘 할 수 있어.

playground
[pléigràund] 플레이그라운드

명 운동장

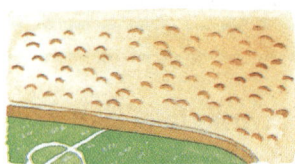

There are many children in the playground.
데어 아- 메니 췰드런 인 더 플레이그라운드
운동장에 아이들이 많이 있다.

please
[plí:z] 플리-즈
동 제발, 부디

Please, help me.
플리-즈, 헬프 미
제발 도와 주세요.

plenty
[plénti] 플렌티
명 많음, 충분함

There is plenty of free time.
데어 이즈 플렌티 어브 프리- 타임
자유 시간은 충분해.

P

409

p.m, P.M.
[píːem] 피-.엠

약 오후(라틴어)

I'll be back home by 2:30 p.m.
아월 비 백홈 바이 투 써티- 피엠
저는 오후 2시 30분까지 집으로 돌아올 겁니다.

pocket
[pákit] 파킷

명 호주머니

My hands are cold.
마이 핸즈 아- 코울드
손이 시려워.

Put your hands in your pockets.
풋 유어 핸즈 인 유어 파키츠
손을 호주머니에 넣어.

poem
[póuim] 포우임

명 시

Kim Sowol wrote lots of poems.
김소월 로우트 랏츠 어브 포우임즈
김소월은 많은 시들을 썼어.

point
[póint] 포인트

명 끄트머리, 끝
동 가리키다, 지적하다

The point of the needle is sharp.
더 포인트 어브 더 니-들 이즈 샤프
바늘의 끝은 날카롭다.

He pointed at me with his finger.
히- 포인티드 앳 미 위드 히즈 핑거
그는 손가락으로 나를 가리켰어.

410

poison

[pɔ́izən] 포이젼

명 독

This mushroom has poison.
디스 머쉬룸 해즈 포이젼
이 버섯에는 독이 있어.

pole

[póul] 포울

명 긴 막대기, 장대, 폴

The tent poles fell down.
더 텐트 포울즈 펠 다운
텐트 폴들이 넘어졌어.

police

[pəlíːs] 펄리-스

명 경찰

I'll call the police.
아월 코올 더 펄리스
경찰을 부르겠어.

police officer

[pəlíːs ɔ́ːfisər] 펄리-스 오-피서

명 경찰관

They brought a police officer here.
데이 브로-트 어 펄리-스 오-피서 히어
그들이 경찰관을 이곳으로 데려왔어.

P

411

pond
[pánd] 판드

명 연못

There is a pond in the wood.
데어 이즈 어 판드 인 더 우드
숲에 연못이 하나 있어.

pony
[póuni] 포우니

명 조랑말

I liked to ride a pony.
아이 라잌 투 라이드 어 포우니
나는 조랑말 타는 것을 좋아했어.

pool
[púːl] 푸울

명 수영장, 풀

We swam in the swimming pool.
위- 스웸 인 더 스위밍 푸울
우리는 수영장에서 수영했어.

poor
[púər] 푸어

형 가난한, 불쌍한

He was poor when he was young.
히- 워즈 푸어 왠 히- 워즈 영
그는 젊었을 때 가난했다.

popcorn
[pápkɔ̀ːrn] 팝코온

명 팝콘

They sell popcorn in the theater.
데이 셀 팝코온 인 더 씨어터
그들은 극장 안에서 팝콘을 팔아.

popular
[pápjulər] 파펄러

형 인기 있는

The singer is very popular in Korea.
더 싱어 이즈 베리 파펄러 인 커리-어
그 가수는 한국에서 아주 인기가 있어.

position
[pəzíʃən] 퍼지션

명 위치, 자리

Keep your position.
키입 유어 퍼지션
너의 자리를 지켜.

possible

[pásəbl] 파서블

명 가능한, 할 수 있는

I'll be there as soon as possible.
아월 비 데어 애즈 수운 애즈 파서블
가능한 한 빨리 그곳으로 갈게.

post

[póust] 포우스트

명 우편, 우편물,
우체국, 우체통
동 우송하다

I'd like to put our post on vacation hold.
아이드 라잌 투 풋 아워 포우스트 안 베케이션 홀드
휴가 중 우편물 배달을 중지해 주세요.

postcard

[póustkà:rd] 포오스트카ー드

명 우편엽서

She sent a postcard to me.
쉬- 센트 어 포우스트카ー드 투 미
그녀는 나에게 엽서 한 장을 보냈어.

poster

[póustər] 포우스터

명 포스터, 벽보

Let's make a poster.
렛츠 메이크 어 포스터
포스터를 만들자.

postoffice
[póustɔ(:)fis] 포우스트어피스

명 우체국

Go to the postoffice to mail it.
고- 투 더 포우스트어피스 투 메일 잇
이것을 우편으로 부치려면 우체국으로 가라.

pot
[pát] 팟

명 단지

Put the jam pot down carefully.
풋 더 잼 팟 다운 케어펄리
이 잼단지를 조심해서 내려놓아라.

potato
[pətéitou] 퍼테이토우

명 감자

I want to have some potatoes.
아이 원 투 해브 섬 퍼테이토우즈
나는 감자를 먹고싶어.

pound
[páund] 파운드

명 파운드(무게의 단위)

Give me a pound of meat, please.
깁 미 어 파운드 어브 미-트, 플리-즈
고기 1파운드 주세요.

P

pour

[pɔ́ːr] 포-

통 쏟다, 붓다

Pour away the dirty water.
포- 어웨이 더 더-티 워-터
그 더러운 물을 버려라.

power

[páuər] 파워

명 힘

The power of love is great.
더 파워 어브 러브 이즈 그레잇
사랑의 힘은 위대해.

practice

[prǽktis] 프랙티스

통 연습하다 명 연습

Practice a lot before the game.
프랙티스 어 랏 비포- 더 게임
시합 전에 연습을 많이 해라.

He went to football practice.
히- 웬트 투 풋보올 프랙티스
그는 축구 연습하러 갔다.

prepare
[pripέər] 프리페어

동 준비하다

What's he doing?
왓츠 히- 두-잉
그는 무엇을 하고있니?

He is preparing a meal for us.
히- 이즈 프리페어링 어 미일 포- 어스
그는 우리를 위해 식사를 준비하고 있어.

present¹
[préznt] 프리젠트

명 선물, 현재   형 참석한

I bought a Christmas present for you.
아이 보-트 어 크리스머스 프리젠트 포- 유-
나는 너를 위해 크리스마스 선물을 샀어.

He is busy at present.
히- 이즈 비지 앳 프리젠트
그는 지금 바빠.

present²
[prizént] 프리젠트

동 선물하다, 주다

My father presented a computer to me.
마이 파-더 프리젠티드 어 컴퓨-터 투 미
나의 아버지께서 나에게 컴퓨터를 선물하셨어.

P

pretend

[priténd] 프리텐드

통 ~인 체하다, 가장하다

He pretends to know everything.
히- 프리텐즈 투 노우 에브리씽
그는 뭐든지 아는체 해.

But he knows nothing.
벗 히- 노우즈 나씽
그러나 그는 아는게 없어.

pretty

[príti] 프리티

형 귀여운, 예쁜

The girl is very pretty.
더 거얼 이즈 베리 프리티
그 소녀는 아주 예뻐.

price

[práis] 프라이스

명 가격

The price of the doll is high.
더 프라이스 어브 더 달 이즈 하이
그 인형은 값이 비싸.

prince

[príns] 프린스

명 왕자

He is a prince of England.
히- 이즈 어 프린스 어브 잉글런드
그는 영국의 왕자야.

princess
[prínsis] 프린시스

명 공주

The princess lives in the palace.
더 프린시스 리브즈 인 더 팰리스
공주는 궁전에 살아.

print
[prínt] 프린트

명 자국, 인쇄물   **동** 인쇄하다

He left a footprint on the ground.
히- 레프트 어 풋프린트 안 더 그라운드
그는 땅에 발자국을 하나 남겼어.

They are printing the posters.
데이 아- 프린팅 더 포-스터즈
그들은 포스터를 인쇄하고 있어.

prison
[prízn] 프리즌

명 감옥

What happened to the thief?
왓 해픈드 투 더 씨-프
그 도둑은 어떻게 됐니?

He was sent to prison.
히- 워즈 센트 투 프리즌
감옥으로 보내졌어.

P

prize

[práiz] 프라이즈

명 상

She won the Nobel prize.
쉬- 원 더 노-벨 프라이즈
그녀는 노벨상을 탔어.

problem

[prábləm] 프라블럼

명 문제

What's the problem?
와츠 더 프라블럼
뭐가 문제니?(무슨 문제 있니?)

Nothing.
나씽
아무 문제 없어.

produce

[prədjúːs] 프러듀-스

동 생산하다, 만들어내다

They produce lots of toys.
데이 프러듀-스 랏츠 어브 토이즈
그들은 많은 장난감을 만들어낸다.

promise

[prámis] 프라미스

동 약속하다　명 약속

I'll come tonight.
아월 컴 투나이트
오늘 밤에 올게.

Promise?
프라미스
약속하지?

protect

[prətékt] 프러텍트

동 보호하다

Wear the gloves to protect your hands.
웨어 더 글러브즈 투 프러텍트 유어 핸즈
손을 보호하기 위해 장갑을 끼렴.

Oh, Thank you.
오우 쌩큐-
아, 고마워.

proud

[práud] 프라우드

형 자랑스러워하는

You won the first prize.
유- 원 더 퍼-스트 프라이즈
일등상을 받았구나.

I'm proud of you.
아임 프라우드 어브 유-
네가 자랑스러워.

P

public

[pʌ́blik] 퍼블릭

[형] 공공의, 공립의, 널리 알려진
[명] 대중

My school is a public school.
마이 스쿠울 이즈 어 퍼블릭 스쿠울
나의 학교는 공립학교입니다.

pudding

[pʌ́diŋ] 푸딩

[명] 푸딩

This pudding is very delicious.
디스 푸딩 이즈 베리 딜리셔스
이 푸딩은 아주 맛이 좋아.

pull

[púl] 풀

[동] 잡아당기다

Help me move the piano.
헬프 미 무브 더 피애노우
이 피아노를 옮기는 것 좀 도와줘.

You push and I'll pull.
유- 푸쉬 앤 아월 풀
네가 밀고 내가 당길게.

pumpkin
[pʌ́mpkin] 펌-킨

명 호박

The boy likes the pumpkin pie.
더 보이 라잌스 더 펌-킨 파이
그 소년은 호박 파이를 좋아해.

So do I.
소- 두- 아이
나도(호박파이를) 좋아해.

pupil
[pjúːpəl] 퓨-펄

명 학생

Ten pupils are playing football.
텐 퓨-펄즈 아- 플레이잉 풋보올
학생 열명이 축구를 하고 있어.

puppy
[pʌ́pi] 퍼피

명 강아지

I like to play with my puppy.
아이 라잌 투 플레이 위드 마이 퍼피
나는 내 강아지와 노는 것을 좋아해.

P

purple

[pə́:rpl] 퍼-펄

명 자주색 형 자주색의

What is your favorite color?
왓 이즈 유어 페이버릿 컬러
네가 가장 좋아하는 색은 무슨 색이지?

My favorite color is purple.
마이 페어버릿 컬러 이즈 퍼-펄
내가 가장 좋아하는 색은 자주색이야.

purse

[pə́:rs] 퍼-스

명 지갑

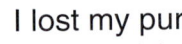

I lost my purse.
아이 로-스트 마이 퍼-스
나는 내 지갑을 잃어버렸다.

That's too bad.
댓츠 투- 뱃
그것 참 안됐구나.

push

[púʃ] 푸쉬

동 밀다

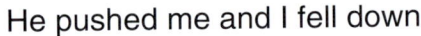

He pushed me and I fell down.
히- 푸쉬트 미 앤드 아이 펠 다운
그가 밀어서 내가 넘어졌어.

put
[pút] 풋

동 놓다

● put : put의 과거, 과거분사

Put the box on the table.
풋 더 박스 안 더 테이블
상자를 탁자위에 놓아라.

O.K., Mom
오-케이, 맘
알겠어요. 엄마.

puzzle
[pʌ́zl] 퍼즐

명 퍼즐, 수수께끼

This puzzle is hard to solve
디스 퍼즐 이즈 하-드 투 설브
이 퍼즐은 풀기가 어려워.

P

Q, q

quarter
[kwɔ́ːrtər] 쿼-터

 15분
 4분의 1

What time is it now?
왓 타임 이즈 잇 나우
지금 몇 시니?

It's a quarter past eight.
잇츠 어 쿼-터 패스트 에잇
8시 15분이야.

queen
[kwíːn] 퀴인

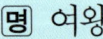 여왕

The queen is still beautiful.
더 퀴인 이즈 스틸 뷰-티플
여왕은 여전히 아름다워.

question

[kwéstʃən] 퀘스천

명 질문

Do you have any question?
두- 유- 해브 에니 퀘스천
질문 있니?

No, I don't.
노-, 아이 돈트
아니요, 없어요.

quick

[kwík] 퀵

형 빠른, 신속한

I already finished my homework.
아이 올레디 피니쉬트 마이 홈워-크
나는 이미 내 숙제를 끝냈어.

You are very quick.
유- 아- 베리 퀵
너 아주 빠르구나.

quickly

[kwíkli] 퀴클리

부 빨리, 신속히

You must go quickly.
유- 머스트 고- 퀴클리
너는 빨리 가야 해.

Q

quiet
[kwáiət] 콰이어트

형 조용한

Be quiet!
비 콰이엇
조용히 해!

The baby is sleeping.
더 베이비 이즈 슬리-핑
아기가 자고 있잖아.

quite
[kwáit] 콰이트

부 아주, 완전히, 전적으로

Your dress is quite nice.
유어 드레스 이즈 콰이트 나이스
너의 옷은 아주 멋있어.

R, r

rabbit
[rǽbit] 래비트
명 토끼

The rabbit has very long ears.
더 래비트 해즈 베리 로옹 이어즈
토끼는 아주 긴 귀를 가지고 있어.

race
[réis] 레이스
명 경주

I want to attend the race too.
아이 원 투 어텐드 더 레이스 투-
나도 또한 그 경주에 참가하고싶어.

429

racket
[rǽkit] 래키트

명 라켓

He broke my tennis racket.
히- 브로우크 마이 테니스 래킷
그가 내 테니스 라켓을 부러뜨렸어.

radio
[réidiòu] 레이디오우

명 라디오

Turn on the radio.
터언 안 더 레이디오우
라디오를 켜라.

rail
[réil] 레일

명 철로, 난간

Hold the rail, or you'll fall.
호울드 더 레일, 오- 유윌 포올
난간을 잡지 않으면 너는 떨어질거야.

The train runs on the rails.
더 트레인 런스 안 더 레일즈
기차는 철로 위를 달린다.

railroad
[réilròud] 레일로우드

명 철도

They are walking along the railroad.
데이 아- 워-킹 얼로옹 더 레일로우드
그들은 철로를 따라 걷고있어.

It is very dangerous.
잇츠 베리 데인져러스
그것은 아주 위험해.

rain
[réin] 레인

명 비 동 비오다

It looks like rain today.
잇 룩스 라잌 레인 투데이
오늘은 비가 올 것 같다.

Is it raining outside?
이즈 잇 레이닝 아웃사이드
밖에 비가 오고 있니?

rainbow
[réinbòu] 레인보우

명 무지개

The rainbow has seven colors.
더 레인보우 해즈 세븐 컬러즈
무지개는 일곱 가지 색이야.

raincoat

[réinkòut] 레인코우트

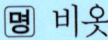명 비옷

It began to rain.
잇 비갠 투 레인
비가 오기 시작했어.

Where is my raincoat?
웨어 이즈 마이 레인코-트
내 비옷이 어디에 있지?

rainy

[réini] 레이니

형 비가 오는

It is rainy.
잇 이즈 레이니
비가 오고 있어.

The rainy season has come.
더 레이니 시즌 해즈 컴
장마철이 왔어.

ran

[rǽn] 랜

동 run의 과거형

He ran his fastest.
히 랜 히즈 패스티스트
그는 힘껏 달렸다.

rather
[rǽðər] 래더

부 차라리, 오히려, 약간

I like cats rather than dogs.
아이 라잌 캣츠 래더 댄 도-그즈
나는 개보다 오히려 고양이가 더 좋아.

It is rather cold today.
잇 이즈 래터 코울드 투데이
오늘은 약간 춥다.

raw
[rɔ́ː] 로-

형 날것의, 가공하지 않은

The lion eats raw meat.
더 라이언 잇-츠 로- 미-트
사자는 날고기를 먹어.

reach
[ríːtʃ] 리-취

동 도달하다, 도착하다, 닿다

When will he reach here?
웬 윌 히- 리-취 히어
그가 언제 여기에 도착할까?

He will reach here around noon.
히- 윌 리-취 히어 어라운드 누운
그는 정오 쯤에 도착할 거야.

read [ríːd] 리-드

동 읽다
● read : read의 과거, 과거분사형

I can read and write English.
아이 캔 리-드 앤드 라이트 잉글리쉬
나는 영어를 읽고 쓸 수 있어.

ready [rédi] 레디

형 준비된

Are you ready to leave?
아- 유- 레디 투 리-브
떠날 준비 됐니?

Yes, I am.
예스, 아이 앰
그래, 준비됐어.

real [ríːəl] 리-얼

형 진짜의, 실제의, 현실의

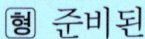

This is a real diamond.
디스 이즈 어 리-얼 다이어먼드
이것은 진짜 다이아몬드야.

The dream is not real.
더 드리임 이즈 낫 리-얼
꿈은 현실이 아니야.

really
[ríːəli] 리-얼리
부 정말로

I love you.
아이 러브 유- 당신을 사랑해요.
Really?
리-얼리 정말이예요?

reason
[ríːzn] 리-전
명 이유, 이성

What's the reason?
왓츠 더 리-전
이유가 뭐니?

record
[rikɔ́ːrd] 리코-드
동 기록하다
명 기록, 음반

Did you record what I said?
디쥬- 리코-드 왓 아이 셋
내가 말한 것을 기록했니?

I'll show you my record collection.
아윌 쇼- 유- 마이 리코-드 컬렉션
너에게 내가 모은 음반들을 보여줄게.

red
[réd] 레드
명 붉은 색 **형** 붉은

There are red roses in the garden.
데어 아- 레드 로우지즈 인 더 가-든
정원에 빨간 장미들이 있어.

They are very beautiful.
데이 아- 베리 뷰-티플
그것들은 아주 아름답구나.

refrigerator

[rifrìdʒəréitər] 리프리져레이터

명 냉장고

Put the ice cream in the refrigerator.
풋 디 아이스크리임 인 더 리프리져레이터
아이스크림을 냉장고 속에 넣어라.

relative

[rélətiv] 렐러티브

명 친척

Who is that man?
후- 이즈 댓 맨
저 남자는 누구니?

He is one of my relatives.
히- 이즈 원 어브 마이 렐러티브즈
그는 내 친척들 중의 한 사람이야.

remember

[rimémbər] 리멤버

동 기억하다

Do you remember me?
두- 유- 리멤버 미
나를 기억하니?

rent [rént] 렌트

동 (집이나 방 등을)
세놓다, 세얻다

She rents rooms only to students.
쉬- 렌츠 루움즈 오운리 투 스튜-던츠
그녀는 오직 학생들에게만 세를 놓는다.

repair

[ripέər] 리페어

동 고치다, 수리하다

What's he doing?
왓츠 히- 두-잉
그는 무엇을 하고 있니?

He is repairing his glasses.
히즈 리페어링 히즈 글래시즈
그는 안경을 고치고 있어.

repeat

[ripíːt] 리피-트

동 되풀이하다

Just repeat once more.
져스트 리피-트 원스 모어
다시 한 번 말해 보세요.

report

[ripɔ́ːrt] 리포-트

명 보고, 보고서   동 보고하다

Did you finish your report?
디쥬- 피니쉬 유어 리포-트
너 보고서 다 작성했니?

The soldier reported that the enemies were coming.
더 소울저 리포-티드 댓 디 에니미즈 워- 커밍
병사는 적들이 오고 있다고 보고했다.

rest

[rést] 레스트

명 휴식

You need to take a rest.
유- 니-드 투 테일 어 레스트
너는 휴식을 취해야 해.

437

restaurant
[réstərənt] 레스터런트

명 식당, 레스토랑

Let's have lunch in that restaurant.
랫츠 해브 런취 인 댓 레스터런트
저 식당에서 점심을 먹자.

return
[ritə́ːrn] 리턴

동 돌아오다, 돌아가다, 돌려주다

What time does your father return home?
왓 타임 더즈 유어 파-더 리터언 홈
너의 아버지께서는 몇 시에 집으로 돌아오시니?

Return my book by tomorrow.
리턴 마이 북 바이 투마로-
내 책을 내일까지 돌려 줘.

ribbon
[ríbən] 리번

명 리본

Tie your hair with this ribbon.
타이 유어 헤어 위드 디스 리번
이 리본으로 너의 머리를 묶으렴.

438

rice
[ráis] 라이스

명 쌀, 밥

Koreans live on rice.
커리-언즈 리브 안 라이스
한국인들은 쌀을 먹고 산다(쌀이 주식이다).

rich
[rítʃ] 리취

형 부유한, 부자인

He is rich.
히- 이즈 리취
그는 부자야.

ridden
[rídn] 리든

동 ride의 과거분사형

The girl has never ridden a horse.
더 걸 해즈 네버 리든 어 홀스
그 소녀는 말을 타 본 적이 없다.

ride
[ráid] 라이드

동 타다 명 (자동차 등을) 타기

● rode는 과거 ● ridden은 과거분사형

Can you ride a bicycle?
캔 유- 라이드 어 바이시컬
너 자전거를 탈 수 있니?

He gave me a ride home.
히- 게이브 미 어 라이드 홈
그가 차로 나를 집까지 태워다 주었어.

riddle
[rídl] 리들

명 수수께끼

What's the solution of this riddle?
왓츠 더 설류-선 어브 디스 리들
이 수수께끼의 해답은 뭐니?

right
[ráit] 라이트

명 오른쪽
형 오른쪽의, 맞는, 옳은, 바른

Turn the right at the corner.
턴 더 라이트 앳 더 코-너
모퉁이에서 오른쪽으로 가세요.

It's not right to tell lies.
잇츠 낫 라잇 투 텔 라이즈
거짓말하는 것은 옳지 않아.

ring¹
[ríŋ] 링

명 반지

My mother always wears her wedding ring.
마이 마덜 올웨이즈 웨어즈 허- 웨딩 링
나의 어머니께서는 언제나 결혼 반지를 끼고 계셔.

ring²
[riŋ] 링

동 (벨, 종 등이) 울리다

Did the telephone ring?
디드 더 텔리포운 링
전화벨이 울렸니?

rise

[ráiz] 라이즈

동 (솟아)오르다, 일어나다

● rose 는 과거　● risen 은 과거분사

The sun rises in the east.
더 썬 라이지즈 인 디 이-스트
해는 동쪽에서 뜬다.

He rose very early.
히- 로우즈 베리 어얼리
그는 아주 일찍 일어났어.

river

[rívər] 리버

명 강

There are many boats in the river.
데어 아- 메니 보우츠 인 더 리버
많은 배들이 강에 있어.

road

[róud] 로우드

명 길

It's dangerous to play in the road.
잇츠 데인져러스 투 플레이 인 더 로우드
길에서 노는 것은 위험해.

robot
[róubət] 로우벗

명 로봇

My robot is very strong.
마이 로우벗 이즈 베리 스트로옹
나의 로봇은 아주 힘이 세.

Come on, it's just a toy robot.
컴 안, 잇츠 져스트 어 토이 로우벗
이봐, 그것은 그저 장난감 로봇이야.

rock
[rák] 락

명 바위

Let's take a break on that rock.
렛츠 테익 어 브레이크 안 댓 락
저 바위 위에서 잠시 쉬자.

rocket
[rákit] 라케트

명 로케트

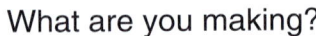

What are you making?
왓 아- 유- 메이킹
너 무엇을 만들고 있니?

I'm making a model rocket.
아임 메이킹 어 마들 라케트
모형 로케트를 만들고 있어.

rode
[róud] 로우드

동 ride의 과거

They rode the merry-go-round.
대이 로우드 더 메리 고- 라운드
그들은 회전 목마를 탔다.

rodeo
[róudiòu] 로우디오우

명 로데오

Rodeo is very popular in America.
로우디오우 이즈 베리 파퓰러 인 어메리커
로데오는 미국에서 아주 인기가 있다.

roll
[róul] 로울

동 구르다

The ball rolled into the hole.
더 보올 로울드 인투 더 호울
공이 구멍으로 굴러 들어갔다.

roof
[rúːf] 루-프

명 지붕

There's a bird nest on the roof.
데어즈 어 버-드 네스트 안 더 루-프
지붕 위에 새 둥지가 하나 있어.

room
[rúːm] 루움

명 방

This is my bed room.
디스 이즈 마이 베드 루움
이곳이 나의 침실이야.

443

root

[rúːt] 루-트

명 뿌리

The plant can't live without the roots.

더 플랜트 캔트 리브 위다웃 더 루-츠

식물은 뿌리 없이는 살지 못해.

rope

[róup] 로우프

명 밧줄, 로프

This rope is too short.

디스 로우프 이즈 투- 쇼-트

이 밧줄은 너무 짧아.

rose¹

[róuz] 로우즈

명 장미

The rose is a charming flower.

더 로우즈 이즈 어 챠밍 플라워

장미는 매력적인 꽃이야.

rose²

[róuz] 로우즈

동 rise의 과거

Trouble rose between them.

트러블 로우즈 비튀인 뎀

그들 사이에 문제가 생겼다.

rough
[rʌf] 러프

형 거친

Cars are running on the rough road.
카-즈 아- 러닝 안 더 러프 로우드
차들이 거친 길 위를 달린다.

round
[ráund] 라운드
형 둥근

We have round dishes.
위- 해브 라운드 디쉬즈
우리는 둥근 접시들을 가지고 있어.

row
[róu] 로-

명 줄, 열
동 (노를 이용해서)배를 젓다

They are in the third row.
데이 아- 인 더 써-드 로-
그들은 세 번째 줄에 있어.

Can you row a boat?
캔 유- 로- 어 보-트
너 배를 저을 수 있니?

rubber
[rʌ́bər] 러버
명 고무

This rubber is very soft.
디스 러버 이즈 베리 소-프트
이 고무는 아주 부드러워.

ruler
[rúːlər] 루울러

명 자

Can you lend me your ruler?
캔 유- 렌드 미 유어 루울러
네 자 좀 빌려줄 수 있니?

Sure, here it is.
슈어, 히어 잇 이즈
물론이지. 여기 있어.

run
[rʌ́n] 런

동 뛰다, 달리다, 경영하다
명 달리기

They already left here.
데이 올레디 레프트 히어
그들은 이미 떠났어.

You have to run to catch them.
유- 해브 투 런 투 캐취 뎀
그들을 따라잡기 위해서는 뛰어야 해.

446

S, s

sack
[sǽk] 색

명 자루, 등에 매는 가방

What do you have in the sack?
왓 두- 유- 해브 인 더 색
자루 안에 무엇을 가지고 있니?

sad
[sǽd] 새드

형 슬픈

Sad to say, your dog is dead.
새드 투 세이, 유어 도-그 이즈 뎃
말하기에 슬프지만 , 너의 개가 죽었다.

safe
[séif] 세이프

형 안전한

Don't cry. You are safe now.
돈트 크라이. 유- 아- 세이프 나우
울지 마. 너는 이젠 안전해.

said
[séd] 세드

동 say의 과거, 과거분사형

He said, "Listen!"
히 세드 리슨
"잘들어" 라고 그가 말했다.

sail
[séil] 세일

동 항해하다 명 돛단배

The Queen Elizabeth sails around the world.
더 퀸 일리저버쓰 세일즈 어라운드 더 월드
퀸 엘리자베스호는 세계 일주 항해를 한다.

salad
[sǽləd] 샐러드

명 샐러드, 야채요리

I'll have a steak and a green salad.
아윌 해브 어 스테잌 앤 어 그리인 샐러드
나는 스테이크와 녹색 야채 샐러드를 먹겠습니다.

448

salt
[sɔ́:lt] 소올트

명 소금

Put more salt on my salad.
풋 모어 소올트 안 마이 샐러드
내 샐러드에 소금을 좀 더 넣어주세요.

same
[séim] 세임

형 똑같은

The twins wear the same jacket.
더 트윈즈 웨어 더 세임 재킷츠
저 쌍둥이는 같은 재킷을 입고 있다.

sand
[sǽnd] 샌드

명 모래

Chulsoo is playing in the sand.
철수 이즈 플레잉 인 더 샌드
철수는 모래밭에서 놀고 있다.

sandwich
[sǽndwitʃ] 샌드위치

명 샌드위치

I like cheese sandwiches.
아이 라잌 치-즈 샌드위치즈
나는 치즈 샌드위치를 좋아한다.

sang

[sǽŋ] 생

동 sing의 과거

We sang a song loudly.
위 생 어 송 라우드리
우리는 큰소리로 노래를 불렀다.

Santa Claus 명 산타클로스

[sǽntə-klɔ̀ːz] 샌터 클로-즈

I wrote a letter to Santa Claus yesterday.
아이 로우트 어 레터 투 샌터클로-즈 에스터데이
나는 어제 산타클로스에게 편지를 썼다.

sank

[sǽŋk] 생크

동 sink의 과거형
가라앉다

The boat sank to the sea.
더 보-트 생크 투 더 씨-
그 보트는 바다로 가라앉았다.

sat

[sǽt] 샛

동 sit의 과거형
앉다

I found seats and sat down.
아이 파운드 시츠 앤 샛 다운
난 자리를 찾아서 앉았다.

Saturday

[sǽtərdei] 새터데이

명 토요일

Let's go on a picnic this Saturday.

렛츠 고 안 어 피크닉 디스 새터데이

이번 토요일에 소풍가자.

sausage

[sɔ́ːsidʒ] 소-시쥐

명 소시지

This sausage is cheese flavored.

디스 소-시쥐 이즈 치-즈 플레이버드

이 소시지는 치즈 맛을 냈다.

save

[séiv] 세이브

동 구하다, 저축하다

Myungeun saves money in the bank.

명은 세이브즈 머니 인 더 뱅크

명은이는 돈을 은행에 저축한다.

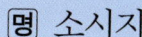

S

saw¹

[sɔ́:] 소-

동 see의 과거
보다, ~이 보이다

I saw her yesterday.
아이 소- 허 예스터데이
나는 어제 그녀를 보았다.

saw²

[sɔ́:] 소-

명 톱 동 톱질하다

Where is daddy's saw?
웨어 이즈 대디즈 소-
아빠의 톱은 어디 있니?

I sawed the logs into little pieces.
아이 소-드 더 로-그즈 인터 리틀 피-시즈
나는 통나무를 톱질해서 작은 조각들로 만들었다.

say

[séi] 세이

동 말하다

● said : say의 과거, 과거분사형

What did you say?
왓 디드 유- 세이
뭐라고 하셨죠?

I said you got the wrong number.
아이 셋 유- 갓 더 로-옹 넘버
당신이 전화를 잘못 걸었다고 했어요.

scale

[skéil] 스케일

명 저울

Put your package on the scale.
풋 유어 패키지 안 더 스케일
너의 짐을 저울 위에 올려 놓아라.

scare
[skέər] 스케어

동 위협하다, 놀라게 하다

You scared me.
유- 스케어드 미
너 때문에 놀랐잖아.(= 너가 나를 놀라게 했어)

Knock on the door before you enter.
낙 안 더 도- 비포- 유- 엔터
들어오기 전에 노크해.

scared
[skέərd] 스케어드

형 놀란, 겁먹은

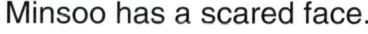

Minsoo has a scared face.
민수 해즈 어 스케어드 페이스
민수는 겁먹은 얼굴을 하고 있다.

I don't know what happened.
아이 돈트 노우 왓 해펀드
나는 무슨 일이 일어났는지 모르겠어.

scarf
[ská:rf] 스카-프

명 스카프, 목도리

Jungeun wears a silk scarf.
정은 웨어즈 어 실크 스카-프
정은이는 실크 스카프를 두르고 있다.

school [skúːl] 스쿠울 명 학교

physical education
〔físikəl edʒukéiʃən〕 피지컬 에쥬케이션
체육

swimming pool
〔swímiŋ púːl〕 스위밍 푸울
수영장

gym 체육관
〔dʒim〕 짐

horizontal bar 철봉
〔hɔ̀ːrəzántl baːr〕 호-러잔틀 바-

jungle gym 정글짐
〔dʒʌ́ŋgl dʒim〕 정글짐

454

national flag 국기
【nǽʃənəl flǽɡ】 내셔널 플랙

science 과학
【sáiəns】 사이언스

social studies 사회
【sóuʃəl stʌ́di】 소우셜 스터디-즈

S

English
【 íŋgliʃ 】 잉글리쉬
영어

math
【mǽθ】 매쓰
수학

teacher's room
【tíːtʃərz rùːm】
티-쳐즈 루움
교무실

library 도서관
【 láibrəri 】 라이브러리

slide 미끄럼틀
【sláid】 슬라이드

music 음악
【mjúːzik】 뮤-직

art 미술, 예술
【áːrt】 아-트

track 트랙, 경주로
【trǽk】 트랙

swing
【swíŋ】 스윙
그네

crossing guard
【krɔ́ːsiŋ gàːrd】 크로-싱 가-드
건널목 안전당번

entrance 출입구
【éntrəns】 엔트런스

455

scissors
[sízərz] 시저즈

명 가위

These scissors are very sharp.
디-즈 시저즈 아- 베리 샤프
이 가위는 매우 날카롭다.

score
[skɔ́:r] 스코-

명 점수, 득점

What is the score now?
왓 이즈 더 스코- 나우
지금 점수가 어떻게 되지?

Three to one. We are winning.
쓰리- 투 원. 위- 아- 위닝
3대 1이야. 우리가 이기고 있어.

scream
[skríːm] 스크리임

동 비명을 지르다

**When I saw a tiger,
I screamed for help.**
웬 아이 소 어 타이거,
아이 스크리임드 포- 헬프
내가 호랑이를 보았을때.
나는 도와달라고 비명을 질렀다.

sea
[síː] 씨-

명 바다

The sea is calm today.
더 씨- 이즈 카암 투데이
오늘은 바다가 고요하다.

season
[síːzən] 시-즌

명 계절

  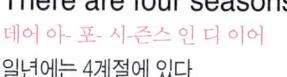

There are four seasons in the year.
데어 아- 포- 시-즌스 인 디 이어
일년에는 4계절에 있다.

Spring, summer, fall, and winter.
스프링, 서머, 포올, 앤드 윈터
봄, 여름, 가을, 그리고 겨울.

seat
[síːt] 시-트

명 자리, 좌석

Could you save a seat on the bus?
쿠쥬- 세이브 어 시-트 안 더 버스
버스에 자리 하나 맡아 주시겠습니까?

second

[sékənd] 세컨드

명 형 두 번째(의)

At last, I bought a second computer.
앳 래스트, 아이 보-트 어 세컨드 컴퓨-터
마침내, 나는 두 번째 컴퓨터를 샀다.

secret

[síːkrit] 시-크리트

명 형 비밀(의)

Don't tell this story to anybody.
돈트 텔 디스 스토-리 투 에니바디
이 이야기를 아무에게도 말하지 마.

This is secret.
디스 이즈 시-크리트 이건 비밀이야.

see

[síː] 시-

동 보다, 알다

● saw 는 과거 ● seen 은 과거분사

Would you step aside?
우쥬- 스텝 어사이드
옆으로 비켜 주시겠습니까?

I can't see the screen well.
아이 캔트 시- 더 스크리인 웰
나는 화면을 잘 볼 수 없습니다.

seed

[síːd] 시-드

명 씨앗

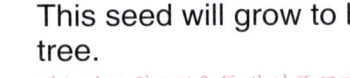

This seed will grow to be a full tree.
디스 시-드 윌 그로우 투 비 어 풀 트리-
이 씨앗은 자라서 완전한 나무가 될 것이다.

458

seen
[síːd] 시인

동 see의 과거분사형

Have you seen my red sweater?
해브 유- 시인 마이 레드 스웨터
내 빨간색 스웨터 본 적 있니?

seesaw
[síːsɔ̀ː] 시-소-

명 시소

How about riding the seesaw?
하우 어바웃 라이딩 더 시-소-
시소놀이하는 게 어떠니?

selfish
[sélfiʃ] 셀피쉬

형 이기적인,
자기만 생각하는

What a selfish boy he is!
왓 어 셀피쉬 보-이 히- 이즈
그는 참 이기적인 아이구나!

sell
[sél] 셀

동 팔다, 판매하다
● sold : sell의 과거, 과거분사

The grocery store sells food.
더 그우서리 스토- 셀즈 푸-드
식료품 가게에서는 음식을 판다.

459

send

[sénd] 센드

동 보내다

● sent : send의 과거, 과거분사

Can I send this letter by airmail?

캔 아이 센드 디스 레터 바이 에어메일

이 편지를 항공 우편으로 보낼 수 있을까요?

Shina sent a birthday card to me.

신아 센트 어 버-쓰데이 카-드 투 미

신아가 나에게 생일카드를 보냈다.

sent

[sént] 센트

동 send의 과거형

I sent a gift to my friend.

아이 센트 어 기프트 투 마이 프렌드

나는 친구에게 선물을 보냈다.

sentence

[séntəns] 센턴스

명 문장, 글

I wrote each sentence three times.

아이 로우트 이-취 센턴스 쓰리- 타임즈

나는 각 문장을 세 번씩 썼다.

September

[septémbər] 셉템버

명 9월

The ninth month of the year is September.

더 나인쓰 먼쓰 어브 디 이어 이즈 셉템버

일년의 아홉 번째 달은 9월이야.

serve

[sə́:rv] 서-브

통 시중들다, 봉사하다, (음식을)차리다, 서브를 넣다

The man is going to serve.
더 맨 이즈 고잉 투 서-브
남자가 서브를 넣으려고 한다.

service

[sə́:rvis] 서-비스

명 봉사, 공헌, 도움, 편의, 접대(서비스)

Banks to raise service charges.
뱅크스 투 레이즈 서-비스 챠아지스
은행 서비스 수수료 대폭 인상 전망.

set

[sét] 셋

통 놓다, ~이 되게 하다
● set : set의 과거, 과거분사

The waiter set the plate down.
더 웨이터 셋 더 플레이트 다운
웨이터는 쟁반을 내려놓았다.

I set the bird free.
아이 셋 더 버-드 프리
나는 그 새를 자유롭게 놓아주었다.

seven

[sévən] 세븐

명 형 7, 일곱(의)

Did you read Snow White and Seven Dwarfs?
디쥬- 리-드 스노우 화이트 앤 세븐 드워-프스
너 백설 공주와 일곱 난장이 읽었니?

S

seventh

[sévənθ] 세븐쓰

명 **형** 일곱 번째(의)

Which is the seventh day of the week?
위치 이즈 더 세븐쓰 데이 어브 더 위크
일주일의 일곱 번째 날은 무슨 요일이니?

seventeen

[sévəntíːn] 세븐티-인

명 **형** 17의, 17개(명)의

She is seventeen years old.
쉬 이즈 세븐티-인 이어즈 올드
그녀는 열일곱살이다.

seventy

[sévənti] 세븐티

명 **형** 칠십(의)

What is seventy plus twelve?
왓 이즈 세븐티 플러스 투웰브
70 더하기 12는 얼마니?

several

[sévərəl] 세버럴

형 몇몇의, 몇 개의
대 몇몇, 몇 개, 몇사람

Several people approve of the plan.
세버럴 피플 어프루브 어브 더 플랜
몇 사람은 그 계획에 찬성할 것이다.

sew
[sóu] 소우

동 꿰매다, 바느질하다

Mommy, sew this button on my shirt.
마미, 소우 디스 버튼 안 마이 셔엇
엄마, 내 셔츠에 이 단추를 달아 주세요.

shadow
[ʃǽdou] 쉐도우

명 그림자

I was scared by my shadow.
아이 워즈 스케어드 바이 마이 쉐도우
나는 내 그림자에 겁을 먹었다.

shake
[ʃéik] 쉐이크

동 흔들다

● shook은 과거 ● shaken은 과거분사형

My daddy and the teacher shook hands.
마이 대디 앤드 더 티-처 슈크 핸즈
아빠와 선생님은 악수를 하셨다.

shaken
[ʃéikən] 쉐이컨

동 shake의 과거분사형

He was shaken by the news.
히 워즈 쉐이컨 바이 더 뉴스
그는 그 소식을 듣고 동요했다.

S

shall
[ʃæl] 쉘

조 ~일 (할)것이다, ~할까요?

Shall we go now?
쉘 위- 고- 나우
지금 갈까요?

What shall I do about it?
왓 쉘 아이 두- 어바웃 잇
그것에 대해 무엇을 해야 하죠?

shallow
[ʃǽlou] 쉘로우

형 얕은

Jinsoo is in the shallow pool.
진수 이즈 인 더 쉘로우 푸울
진수는 얕은 수영장에 있다.

He can't swim.
히- 캔트 스윔
그는 수영을 못한다.

shape
[ʃéip] 쉐이프

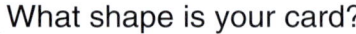
명 모양, 몸매

What shape is your card?
왓 쉐이프 이즈 유어 카드
네 카드는 어떤 모양이니?

It has the shape of a heart.
잇 해즈 더 쉐이프 어브 어 하트
그것은 하트 모양이야.

share
[ʃɛ́ər] 쉐어

동 공유하다, 나눠갖다

Share the cake with your friends.
쉐어 더 케이크 위드 유어 프렌즈
케이크를 친구들과 같이 나눠 먹어라.

Yes, mon.
예스, 맘
네, 엄마.

sharp
[ʃɑ́ːrp] 샤-프

형 날카로운

I cut my finger with a sharp knife.
아이 컷 마이 핑거 위드 어 샤프 나이프
나는 날카로운 칼에 손가락을 베었다.

shave
[ʃéiv] 쉐이브

동 면도하다

My daddy shaves himself everyday.
마이 대디 쉐이브즈 힘셀프 에브리데이
나의 아빠는 매일 면도를 하신다.

S

she
[ʃíː] 쉬-

때 (3인칭주격) 그녀

Do you know who that girl is?
두-유-노우 후- 댓 거얼 이즈
너 저 소녀가 누군지 아니?

Yes, she is my sister.
예스, 쉬- 이즈 마이 시스터
응, 그녀는 나의 누이야.

sheep
[ʃíːp] 쉬-프

명 양

We raise sheep for wool and meat.
위- 레이즈 쉬-프 포- 울 앤드 미-트
우리는 양털과 고기를 위해서 양을 기른다.

sheet
[ʃíːt] 쉬-트

명 (종이 따위의) 한 장, 시트

Go and get a sheet of paper.
고 앤드 겟 어 쉬-트 어브 페이퍼
가서 종이 한 장 가져와라.

shell
[ʃél] 쉘

명 (조개, 달걀, 호두 등의) 껍데기

Would you give me the shells?
우쥬- 깁 미 더 쉘즈
그 조개 껍질을 나에게 주겠니?

shine
[ʃáin] 샤인

동 빛나다, 빛을 내다
● shone : shine의 과거, 과거분사형

There's a light shining in the bedroom.
데어즈 어 라이트 샤이닝 인 더 베드루움
침실에서 등이 비치고 있다.

ship
[ʃíp] 쉽

명 배

I went to Japan by ship last year.
아이 웬 투 저팬 바이 쉽 래스트 이어
나는 작년에 배로 일본에 갔다.

shirt
[ʃə́:rt] 셜-트

명 셔츠

Minchul, you look good in that shirt.
민철, 유- 룩 굿 인 댓 셜-트
민철아 너 그 셔츠 잘 어울리는데.

shoe
[ʃúː] 슈-

명 신발 한 짝

I need a new pair of shoes.
아이 니-드 어 뉴- 페어 어브 슈-즈
나는 새 신발 한 켤레가 필요해.

My old ones are worn out.
마이 울드 원즈 아- 워언 아웃
내 오래된 신발은 다 떨어졌어.

shone
[ʃóun] 쇼운

동 shine의 과거,
과거분사형, 빛나다

The sun shone on the water.
더 선 쇼운 안 더 워-터
해가 수면에 비치고 있었다.

shook
[ʃúk] 슉

동 shake의 과거,
흔들리다

The earthquake shook the building.
더 얼쓰퀘이 슉 더 빌딩
지진이 빌딩을 흔들리게 했다.

shot
[ʃát] 샷

동 shoot의 과거,
과거분사, 쏘다

He was shot in the arm.
히- 워즈 샷 인 디 암
그는 팔에 총알을 맞았다.

shoot
[ʃúːt] 슈-트

동 쏘다, 던지다
● shot : shoot의 과거, 과거분사

He shot at the bird, but missed it.
히- 샷 앳 더 버-드, 벗 미스트 잇
그는 새를 향해 쏘았지만, 그것을 놓쳤다.

shop
[ʃáp] 샵
명 가게, 점포

Where is the shoe shop.
웨어 이즈 더 슈- 샵
신발 가게가 어디에 있죠?

shopping
[ʃápiŋ] 샤핑

명 쇼핑, 물건사기

Where is mom?
웨어 이즈 맘
엄마 어디 계시니?

She went shopping down town.
쉬- 웬트 샤핑 다운 타운
시내로 쇼핑 가셨어.

shore
[ʃɔ́ːr] 쇼-
명 해변

I'll spend this vacation on the shore.
아윌 스펜드 디스 베케이션 안 더 쇼-
나는 이번 방학을 해변에서 보낼 것이다.

short
[ʃɔ́ːrt] 쇼-트

형 짧은

Minja had her hair cut short.
민자 헤드 허- 헤어 컷 쇼-트
민자는 머리를 짧게 잘랐다.

should
[ʃúd] 슈드

조 ~해야 한다

It's eight thirty.
잇츠 에잇 써-티
8시 30분이야.

We should go to school now.
위- 슈드 고 투 스쿠울 나우
우리는 지금 학교에 가야한다.

shoulder
[ʃóuldər] 쇼울더

명 어깨

He just shrugged his shoulders.
히- 저스트 슈러그드 히즈 쇼울더즈
그는 그저 어깨를 으쓱했다.

shout

[ʃáut] 샤우트

동 외치다 명 외침

Stop shouting at me!
스탑 샤우팅 앳 미
나에게 소리치지 마!

I can hear you clearly.
아이 캔 히- 유- 클리어리
나는 네 소리를 분명히 들을 수 있어.

shovel

[ʃʌvəl] 셔벌

명 삽

He is digging in the ground with a shovel.
히- 이즈 디깅 인 더 그라운드 위드 어 셔벌
그는 삽으로 땅을 파고 있다.

show

[ʃóu] 쇼우

동 보여주다

Would you show me your album?
우쥬- 쇼우 미 유어 앨범
네 사신첩을 나에게 보여주겠니?

shower

[ʃáuər] 샤우어

명 샤워, 소나기

I'm going to take a shower and go to sleep.
아임 고-잉 투 테익 어 샤우어 앤드 고- 투 슬맆
나는 샤워를 하고 자러 갈 것이다.

471

shut
[ʃʌt] 셧

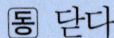 동 닫다
● shut : shut의 과거, 과거분사

Keep the windows shut.
키잎 더 윈도우즈 셧
창문을 닫아 두어라.

sick
[sík] 씩크

형 아픈

I was absent from school yesterday.
아이 워즈 앱슨트 프럼 스쿨 에스터데이
나는 어제 학교에 결석했다.

Because I was sick.
비코즈 아이 워즈 씩크
왜냐하면 아팠기 때문이다.

side
[sáid] 사이드

명 옆, 쪽, 편

Turn to the left side!
터언 투 더 레프트 사이드
왼쪽으로 돌아라.

The shoe shop is on the right side.
더 슈- 샵 이즈 안 더 라잇 사이드
신발 가게는 오른쪽에 있다.

sign¹
[sáin] 사인

명 표지판, 신호, 흔적

There is a traffic sign.
데얼 이즈 어 트래픽 사인
교통 표지판이 있다.

sign²
[sáin] 사인

동 서명하다

Sign here, please.
사인 히어 플리-즈
여기에 서명하세요.

silent
[sáilənt] 사일런트

형 고요한, 조용한

The house is too silent.
더 하우스 이즈 투- 사일런트
집이 너무 조용해.

Maybe there is nobody here.
메이비 데어 이즈 노-바디 히어
아마도 아무도 없나 봐.

silly
[síli] 실리

형 어리석은, 멍청한

Don't be silly like that!
돈트 비 실리 라잌 댓
그렇게 멍청하게 굴지마!

silver

[sílvər] 실버

명 은 **형** 은빛나는

This is a silver teaspoon.

디스 이즈 어 실버 티스푼

이건 은으로 만든 찻숟가락이다.

since

[síns] 씬스

전 ~이후로
접 ~이후로, ~ 때문에

I haven't seen Jungim since yesterday.

아이 해븐트 씬인 정임 씬스 에스터데이

나는 어제 이후로 정임이를 보지 못했다.

sing

[síŋ] 싱

동 노래하다

● sang 은 과거 ● sung 은 과거분사형

We enjoy singing carols at Christmas.

위- 인조이 싱잉 캐럴즈 앳 크리스마스

우리는 성탄절에 캐롤을 부르는 것을 즐긴다.

single

[síŋgl] 싱글

형 하나의, 유일한, 혼자의

His single aim is to go to college.

히즈 싱글 에임 이즈 투 고- 투 칼리쥐

그의 유일한(=하나의) 목표는 대학에 가는 것이다.

sink
[síŋk] 싱크

동 가라앉다, 잠수하다
- sank 는 과거
- sunk 은 과거분사

The rubber ball doesn't sink.
더 러버 보올 더즌트 싱크
그 고무공은 가라 앉지 않는다.

sir
[sə́:r] 서-

명 (호칭)님, 선생님

Goodmorning, sir.
굿머닝 서-
안녕하십니까? (윗사람에게)

sister
[sístər] 시스터

명 누이

Minja is my sister.
민자 이즈 마이 시스터
민지는 나의 누이이다.

sit [sít] 싯

동 앉다
- sat : sit의 과거, 과거분사

sit down please.
싯 다운 플리-즈
앉으세요.

six

[síks] 식스

명 형 6, 여섯(의)

We work six days and rest one day.

위- 워-크 식스 데이즈 앤드 레스트 원 데이

우리는 6일을 일하고 하루를 쉰다.

sixteen

[sìkstíːn] 식스티인

명 형 16(의)

I have sixteen pencils.

아이 해브 식스티인 펜슬즈

나는 연필을 16자루 가지고 있다.

sixth

[síksθ] 식쓰

명 형 6번째(의)

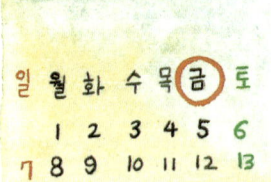

Friday is the sixth day of the week.

프라이데이 이즈 더 식-쓰 데이 어브 더 위-크

금요일은 일주일의 여섯 번째 날이다.

sixty

[síksti] 식스티

명 형 육십(의)

My grandmother is sixty five years old.

마이 그랜드마더 이즈 식스티 파이브 이어즈 올드

나의 할머니의 나이는 65세이다.

size

[sáiz] 사이즈

명 크기

What is the size of your shirt?

왓 이즈 더 사이즈 어브 유어 셔-츠

네 셔츠의 크기는 얼마니?

skate

[skéit] 스케이트

동 스케이트를 타다

Do you know how to skate?

두- 유- 노- 하우 투 스케이트

너 스케이트 탈 줄 아니?

ski [skí:] 스키-

동 스키를 타다

명 스키

I'm learning to ski.

아임 러닝 투 스키-

나는 스키 타는 법을 배우고 있다.

skin
[skín] 스킨

圀 피부

He has a skin disease.
히- 해즈 어 스킨 디지-즈
그는 피부병이 있다.

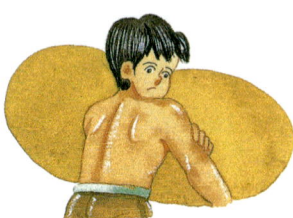

skip
[skíp] 스킵

동 빼먹다, 건너뛰다

The teacher skipped the second exercise.
더 티-처 스킵트 더 세컨드 엑서사이즈
선생님은 두 번째 연습문제를 건너뛰었다.

skirt
[skə́:rt] 스커-트

圀 치마

Who is the girl wearing a red skirt?
후- 이즈 더 거얼 웨어링 어 레드 스커-트
빨간 치마를 입고 있는 저 소녀는 누구지?

sky
[skái] 스카이

圀 하늘

Loot at the sky. There is a plane.
룩 앳 더 스카이. 데어 이즈 어 플레인
하늘을 봐. 비행기가 있다.

sled
[sléd] 슬레드

명 동 썰매(를 타다)

I went sledding everyday in the winter.
아이 웬트 슬레딩 에브리데이 인 더 윈터
나는 겨울에 매일 썰매를 타러 갔다.

sleep
[slíːp] 슬리잎

동 잠자다

● slept : sleep의 과거, 과거분사

I didn't sleep well last night.
아이 디든트 슬리잎 웰 래스트 나잇
나는 지난 밤에 잠을 잘 자지 못했다.

Who is the boy sleeping there?
후 이즈 더 보-이 슬리-핑 데어
저기서 자고 있는 소년은 누구지?

sleepy
[slíːpi] 슬리-피

형 졸리운

I am sleepy because I didn't sleep well.
아이 엠 슬리-피 비코-즈 아이 디든트 슬리잎 웰
잠을 잘 자지 못했기 때문에 나는 졸립다.

slept [slépt] 슬렙트

동 sleep의 과거, 과거분사

Every night he slept outdoors.
에브리 나잇 히 슬렙트 아웃도어즈
매일 밤 그는 밖에서 잤다.

slid

[slíd] 슬리드

통 slide의 과거, 과거분사

He slid into a room.
히- 슬리드 인투 어 룸
그는 살며시 방에 들어갔다.

slide

[sláid] 슬라이드

명 미끄럼
통 미끄러지다
● slid : slide의 과거, 과거분사

Shinah slid along the ice.
신아 슬리드 얼로옹 디 아이스
신아는 얼음에서 미끄럼을 탔다.

There is a slide in the school.
데어 이즈 어 슬라이드 인 더 스쿠울
학교에는 미끄럼틀이 있다.

slip
[slíp] 슬립

동 미끄러지다

My foot slipped and I nearly fell down.
마이 풋 슬립트 앤드 아이 니얼리 펠 다운
내 발이 미끄러져서 거의 넘어질 뻔 했다.

slippery
[slípəri] 슬리퍼리

형 미끄러운

Be careful. The floor is very slippery.
비 케어플. 더 플로- 이즈 베리 슬리퍼리
조심해라. 마루가 매우 미끄럽다.

slow
[slóu] 슬로우

형 느린

I like a slow music.
아이 라잌 어 슬로우 뮤-직
나는 느린 음악을 좋아한다.

Let's take the subway. The bus is slow.
렛츠 테잌 더 서브웨이. 더 버스 이즈 슬로우
지하철을 타자. 버스는 너무 느려.

slowly

[slóuli] 슬로울리

느리게

The car started to move slowly.
더 카 스타티드 투 무브 슬로울리
차가 천천히 움직이기 시작했다.

small

[smɔ́:l] 스모올

형 작은

My brother is smaller than I.
마이 브러더 이즈 스모올러 댄 아이
나의 동생은 나보다 작다.

My daddy runs a small company.
마이 대디 런즈 어 스모올 컴퍼니
나의 아빠는 작은 회사를 운영하신다.

smell

[smél] 스멜

동 냄새나다, 냄새를 맡다

It smells good.
잇 스멜즈 굿
좋은 냄새가 나는데.

I think I smell gas.
아이 씽크 아이 스멜 개스
가스 냄새가 나는 것 같아!

smile
[smáil] 스마일

명 동 미소(를 짓다)

She has a lovely smile.
쉬- 해즈 어 러블리 스마일
그녀는 사랑스런 미소를 지었다.

Minjoo smiled at me.
민주 스마일드 앳 미
민주는 나에게 미소를 지었다.

smoke
[smóuk] 스모우크

동 담배를 피우다 명 연기

Can you see the 'No Smoking' sign?
캔 유- 시- 더 '노- 스모우킹' 사인
'금연' 표지판이 보이나요?

I can't see well because of the thick smoke.
아이 캔트 시- 웰 비코-즈 어브 더 씩 스모우크
짙은 연기 때문에 나는 잘 볼 수 없어.

smooth
[smúːð] 스무-스

형 부드러운

Her skin is as smooth as silk.
허 스킨 이즈 애즈 스무-스 애즈 실크
그녀의 피부는 비단처럼 부드럽다.
(=매우 부드럽다)

snail
[snéil] 스네일

명 달팽이

After rain, many snails came out.
애프터 레인, 메니 스네일즈 케임 아웃
비가 온 후에 많은 달팽이들이 나왔다.

483

snake
[snéik] 스네이크

명 뱀

Some snakes are harmful.
섬 스네익스 아 하암펄
어떤 뱀들은 위험하다.

snow
[snóu] 스노우

명 동 눈(이 오다)

It's snowing. Let's make a snowman.
잇츠 스노우잉. 렛츠 메이크 어 스노우맨
눈이 온다. 눈사람을 만들자.

so
[sóu] 소우

부 그렇게, 매우   접 그래서

You look very tired.
유 룩 베리 타이어드
너 매우 피곤해 보인다.

"So I am."
소우 아이 엠
정말 피곤해.

soap
[sóup] 소우프

명 비누

I never use soap on my face.
아이 네버 유-즈 소우프 안 마이 페이스
나는 얼굴에 비누를 절대 쓰지 않는다.

soccer
[sákər] 사커

명 축구

Soccer is my favorite sport.
사커 이즈 마이 페이버릿 스포-트
축구는 내가 가장 좋아하는 운동이다.

sock
[sák] 사크

명 양말 한 짝

Take off your socks.
테익 어프 유어 삭스
네 양말을 벗어라.

sofa
[sóufə] 소-파   명 소파

Don't idle in the sofa.
돈트 아이들 인 더 소-파
소파에서 게으름을 피우지 마라.

soft
[sɔ́(:)ft] 소-프트
형 부드러운

Her voice is very soft.
허어 보이스 이즈 베리 소-프트
그녀의 목소리는 매우 부드럽다.

sold
[sóuld] 소울드
동 sell의 과거, 과거분사형

We sold out yesterday.
위 솔드 아웃 에스터데이
어제로 매진되었습니다.

soldier
[sóuldʒər] 소울져   명 군인

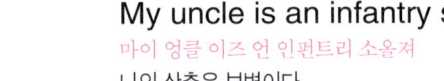

My uncle is an infantry soldier.
마이 엉클 이즈 언 인펀트리 소울져
나의 삼촌은 보병이다.

some
[sʌ́m] 섬

형 약간, 어떤

I need some money.
아이 니-드 섬 머니
나는 약간의 돈이 필요하다.

Mom, give me some water.
맘, 깁 미 섬 워-터
엄마, 물 좀 주세요.

somebody
[sʌ́mbàdi] 섬바디

대 누군가

Somebody should go there.
섬바디 슈드 고- 데어
누군가는 거기에 가야만 한다.

someone
[sʌ́mwʌ̀n] 섬원

대 어떤사람(=somebody)

Someone is knocking on the door.
섬원 이즈 나킹 안 더 도어
누군가 문에서 노크를 하고 있다.

something
[sʌ́mθiŋ] 섬씽

때 어떤 것, 무엇인가

Give me something cold to drink.
깁 미 섬씽 코울드 투 드링크
나에게 무엇인가 차가운 마실 것을 주세요.

sometimes
[sʌ́mtàimz] 섬타임즈

부 가끔, 때때로

I sometimes go to the movies.
아이 섬타임즈 고- 투 더 무비즈
나는 가끔 영화 보러 간다.

son
[sʌ́n] 선

명 아들, 자식

My uncle has three sons.
마이 엉클 해즈 쓰리- 선즈
나의 삼촌은 아들이 셋이다.

song
[sɔ́(ː)ŋ] 송

명 노래

She always sings the same song.
쉬- 올웨이즈 싱즈 더 세임 송
그녀는 항상 같은 노래를 부른다.

soon
[súːn] 수-운

부 곧

Let's go in. The movie will start soon.
렛츠 고- 인. 더 무비 윌 스타-트 수-운
들어가자 . 영화가 곧 시작한다.

sorry
[sári] 쏘리

형 미안한

I'm sorry. I'm late.
아임 쏘리. 아임 레이트
미안해. 늦었다.

That's all right.
뎃츠 올 라잇
괜찮아.

sound [sáund] 사운드 명 소리

우리가 말을 할 때, 여러가지 소리를 나타내는 말들이 있습니다. 웃음 소리는 하하, 호호, 부엌에서 국이 끓는 소리는 지글지글, 손뼉은 짝짝 등이죠. 하지만 영어에서는 이런 소리들을 나타내는 말이 있기는 하지만 우리말과는 다릅니다. 아래에 나오는 말들과 여러분이 쓰는 말들을 비교해 보세요.

sizzle 지글지글
【sízl】 시즐

hiss 쉿쉿
【hís】 히스

bang 탕
【bǽŋ】 뱅

cough, cough 콜록콜록
【kɔ́ːf kɔ̀ːf】 코오프, 코오프

ha ha ha
【ha ha ha】 하하하
하하하

clap clap 짝짝짝
【klǽp】 클랩

ahchoo 아츄, 에취
【áːtʃuː】 아추

whee whee 와아!
【w(h)iː】 위(휘)이

ZZZ 쿨쿨
【zːzːzː】 즈즈즈

crash 쿵쾅
【krǽʃ】 크래쉬

eak 이이크!
【íːk】 이-크

ring ring 따르릉
【ríŋ ríŋ】 링링

gulp
【gʌ́lp】 걸프
꿀꺽꿀꺽

490

soup
[súːp] 수-프

명 수프

I'll have cream soup.
아월 해브 크리임 수-프
크림 수프를 먹겠어요.

south
[sáuθ] 사우쓰

명 남쪽

My school is in the south of the city.
마이 스쿠울 이즈 인 더 사우쓰 어브 더 시티
나의 학교는 도시의 남쪽에 있다.

space [spéis] 스페이스 명 우주, 공간

space shuttle
[spéis ʃʌ̀tl] 스페이스 셔틀
우주 왕복선

astronaut
[ǽstrənɔ̀t] 애스트러너·트
우주비행사

space suit
[spéis sùːt] 스페이스 수·트
우주복

space station
[spéis stèiʃən] 스페이스 스테이션
우주 정거장

speak

[spíːk] 스피-크

동 말하다

● spoke는 과거 ● spoken은 과거분사

I was so shocked that I couldn't speak.
아이 워즈 소- 샥트 댓 아이 쿠든트 스피-크
나는 너무 충격을 받아서 말을 할 수 없었다.

Is he the man that you spoke of?
이즈 히- 더 맨 댓 유- 스포-크 어브
네가 말한 사람이 저 사람이니?

special

[spéʃəl] 스페셜

형 특별한

This is a special case.
디스 이즈 어 스페셜 케이스
이것은 특별한 경우다.

Jinchul needs special education.
진철 니-즈 스페셜 에쥬케이션
진철이는 특별한 교육이 필요하다.

speed

[spíːd] 스피-드

명 속도

I tried to run at full speed.
아이 트라이드 투 런 앳 풀 스피-드
나는 최고의 속도로 달리려고 시도했다.

spell [spél] 스펠

동 철자를 쓰다, 풀어 쓰다, 말하다

Would you spell out your name for me?

우쥬- 스펠 아웃 유어 네임 포- 미

저에게 당신 이름 철자를 불러 주시겠어요?

spelt

[spélt] 스펠트

동 spell의 과거분사

I spelt my name.

아이 스펠트 마이 네임

나는 내 이름의 철자를 썼다.

spend

[spénd] 스펜드

동 (시간, 돈, 정력 따위를)보내다, 쓰다, 소비하다

● spent : spend의 과거, 과거분사

I'm good at spending but not at saving.

아임 굿 앳 스펜딩 벗 낫 앳 세이빙

나는 (돈을) 쓰기는 잘하지만 저축은 못해.

Chulsoo spent his whole vacation swimming.

철수 스펜트 히즈 호울 베케이션 스위밍

철수는 그의 방학을 완전히 수영하는 데 보냈다.

spent

[spént] 스펜트

동 spend의 과거, 과거분사형

We spent our vacation by the sea.

위 스펜트 아워 베케이션 바이 더 씨-

우리는 바닷가에서 방학을 보냈다.

spider

[spáidər] 스파이더

명 거미

Did you see 'spiderman' on TV yesterday?

디쥬- 시- '스파이더맨' 안 티-뷔 예스터데이

너 어제 텔레비전에서 '스파이더맨' 봤니?

spill

[spíl] 스필

동 엎지르다, 엎질러지다, 망치다

● spilt : spill의 과거, 과거분사

Don't spill the coffee!

돈트 스필 더 커피

커피를 엎지르지 말아라!

spilt

[spílt] 스플릿트

동 spill의 과거, 과거분사

I spilt some milk on the rug.

아이 스플릿트 섬 밀크 안 더 러그

나는 카펫 위에 우유를 약간 흘렸다.

spin

[spín] 스핀

동 (제자리에서) 돌다, 회전하다
● spun : spin의 과거, 과거분사

Don't touch the machine while it's spinning.

돈트 터치 더 머쉰 와일 잇츠 스피닝
기계가 돌고 있는 동안은 만지지 말아라.

spinach

[spínitʃ] 스피니치

명 시금치

I hate spinach. I'm tired of it.

아이 헤이트 스피니치. 아임 타이어드 어브 잇
나는 시금치를 싫어해. 지겨워.

spoon

[spúːn] 스푸-운

명 수저, 스푼

Two spoons of sugar, please!

투- 스푸-운즈 어브 슈거, 플리-즈
설탕 두 숟가락 넣어주세요.

sport [spɔ́:rt] 스포오트 명 운동(경기)

baseball 야구
【béisbɔ̀:l】 베이스 보올

table tennis
【téibl tènis】 테이블 테니스
탁구

tennis 테니스
【ténis】 테니스

wrestling
【réslin】 레슬링
레슬링

swimming
【swímin】 스위밍
수영

racketball 라켓볼
【rǽkitbɔ̀:l】 래킷 보올

Rugby 럭비
【rʌ́gbi】 럭비

skating
【skéitin】
스케이팅
스케이트

basketball 농구
【bǽskitbɔ̀:l】 배스킷 보올

skiing 스키
【skí:n】 스키이잉

boxing 권투
【bɑ́ksin】 박싱

volleyball 배구
【vɑ́libɔ̀:l】 발리 보올

soccer 축구
【sɑ́kər】 사커

497

spot
[spát] 스팟

명 점, 얼룩

There is a sticky spot on
the floor.
데어 이즈 어 스티키 스팟 안 더 플로-
바닥에 끈끈한 얼룩이 있다.

spread
[spréd] 스프레드

동 퍼지다, 펼치다, 퍼트리다

Spread the map out on the floor.
스프레드 더 맵 아웃 안 더 플로-
지도를 바닥에 펴라.

spring
[spríŋ] 스프링

명 봄, 용수철, 샘

Many flowers bloom in the
spring.
매니 플라워즈 블루움 인 더 스프링
많은 꽃들이 봄에 핀다.

square
[skwέər] 스퀘어

명 광장, 정사각형

The market is held in the town square.
더 마킷 이즈 헬드 인 더 타운 스퀘어
시장이 마을 광장에서 열린다.

stage
[stéidʒ] 스테이쥐

명 무대, 단계

There are five actors on the stage.
데어 아- 파이브 액터즈 안 더 스테이쥐
무대 위에는 다섯 명의 배우가 있다.

stair
[stέər] 스테어

명 계단

Minhee was climbing the stairs.
민희 워즈 클라이밍 더 스테어즈
민희는 계단을 오르고 있었다.

stamp
[stǽmp] 스탬프
명 우표

My hobby is collecting the stamps.
마이 하비 이즈 콜렉팅 더 스탬스
나의 취미는 우표수집이다.

stand
[stǽnd] 스탠드
동 일어서다, 일어서 있다
● stood : stand의 과거, 과거분사

Everybody, stand up!
에브리바디, 스탠드 업
모두, 일어서!

Don't just stand there. Help me!
돈트 저스트 스탠드 데어, 헬프 미
거기 그냥 서 있지 말고 나를 도와줘!

star
[stáːr] 스타-
명 별

When it is dark, the stars come out.
웬 잇 이즈 다크 , 더 스타즈 컴 아웃
어두울 때, 별들이 나온다.

start
[stáːrt] 스타-트
동 시작하다

I started to learn French last year.
아이 스타-티드 투 러언 프렌치 래스트 이어
나는 작년에 불어를 배우기 시작했다.

station

[stéiʃən] 스테이션

명 정거장, 역

Where is the police station?
웨어 이즈 더 펄리-스 스테이션
경찰서가 어디에 있죠?

When does the train leave the station?
웬 더즈 더 트레인 리-브 더 스테이션
역에서 기차가 언제 출발하지?

stay

[stíi] 스테이

동 머물다

I don't care whether you stay or not.
아이 돈트 케어 웨더 유- 스테이 오어 낫
나는 네가 머물든지 않든지 상관안해.

steal

[stíːl] 스티-일

동 훔치다

● stole 는 과거 ● stolen 은 과거분사

He was sent to prison for stealing.
히- 워즈 센트 투 프리즌 포- 스티일링
그는 훔친 죄로 감옥에 보내졌다.

steam
[stíːm] 스티임

명 증기, 스팀

This ship is powered by steam.
디스 쉽 이즈 파워드 바이 스티임
이 배는 증기로 힘을 얻는다.

step
[stép] 스텝

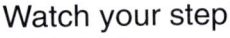

명 발걸음, 계단

Watch your step!
와취 유어 스텝
발 조심해라!

Take the steps.
테잌 더 스텝스
계단으로 가.

stick¹
[stík] 스틱

명 막대기

We gathered some sticks to build a fire.
위- 개더드 섬 스틱스 투 빌드 어 파이어
우리는 불을 피기 위해 약간의 막대기를 모았다.

stick²

[stík] 스틱

동 끼다, 달라붙다, 붙이다, 찔러넣다

● stuck : stick의 과거, 과거분사

**My finger won't move.
It is stuck in the hole.**
마이 핑거 워운트 무브. 잇 이즈 스틱 인 더 호울
내 손가락이 움직이지 않아. 구멍에 끼었어.

This envelope sticks too hard.
디스 엔벌로우프 스틱스 투- 하-드
이 봉투는 너무 단단히 달라붙었다.

still

[stíl] 스틸

부 아직까지, 지금까지, 여전히
형 움직이지 않는, 고요한

Are you still here?
아 유- 스틸 히어
너 아직까지 여기 있니?

Do you still play tennis?
두 유- 스틸 플레이 테니스
너 여전히 테니스하니?

503

stocking

[stákiŋ] 스타킹

명 스타킹

Mommy bought a new pair of stockings.
마미 보-트 어 뉴-페어 어브 스타킹즈
엄마는 새 스타킹 한 켤레를 사셨다.

stole

[stóul] 스토올

동 steal의 과거형

The thief stole Jim's wallet.
더 씨프 스토올 짐스 왈렛
도둑은 짐의 지갑을 훔쳤다.

stolen

[stóulən] 스토울런

동 steal의 과거분사형

I'd like to report a stolen wallet.
아이드 라잌 투 레포트 어 스톨른 왈렛
지갑을 도난당해서 신고하려고 합니다.

stone

[stóun] 스토운

명 돌

This stone is too heavy to move.
디스 스토운 이즈 투- 헤비 투 무브
이 돌은 너무 무거워서 움직일 수 없다.

stood

[stúd] 스투드

⑧ stand의 과거, 과거분사형

He stood there.
히 스투드 데어
그는 거기에 서 있었다.

stop

[stáp] 스탑

⑧ 멈추다, 서다

Do the buses stop at the market?
두- 더 버시즈 스탑 앳 더 마-킷
버스가 시장에 서나요?

Daddy stopped smoking.
대디 스탑트 스모우킹
아빠는 담배를 끊으셨다.

store

[stɔ́:r] 스토-

⑲ 가게

The manager of the store scolded the cashier.
더 매니저 어브 더 스토- 스코울디드 더 캐쉬어
가게의 관리인이 출납원을 혼냈다.

storm

[stɔ́:rm] 스토-옴

⑲ 폭풍우

The storm overtook the ship.
더 스토-옴 오버툭 더 쉽
폭풍우가 갑자기 배를 덮쳤다.

story
[stɔ́:ri] 스토-리

명 이야기

What are you reading, Minchul?
왓 아- 유- 리-딩, 민철
무엇을 읽고 있니, 민철아?

I like fantastic stories.
아이 라잌 팬태스틱 스토-리즈
나는 환상적인 이야기들을 좋아한다.

stove
[stóuv] 스토-브

명 난로, 스토브

Would you turn on the gas stove?
우쥬- 터언 안 더 개스 스토-브
난로를 켜 주겠니?

The egg is frying on the stove.
디 에그 이즈 프라잉 안 더 스토-브
계란이 스토브 위에서 프라이가 되고 있다.

straight
[stréit] 스트레이트

형 똑바른, 쭉 뻗은

Is my tie straight?
이즈 마이 타이 스트레이트
내 타이는 똑바르니?

Minjoo has straight brown hair.
민주 해즈 스트레이트 브라운 헤어
민주는 쭉 뻗은 갈색 머리를 가지고 있어.

506

strange
[stréindʒ] 스트레인지

형 이상한

Did you hear the strange noise?
디쥬- 히어 더 스트레인지 노이즈
너 이상한 소리 들었니?

straw
[strɔ́ː] 스트로-

명 빨대, 볏짚

Can I have another straw?
캔 아이 해브 어너더 스트로-
빨대 하나 더 가질 수 있을까요?

strawberry
[strɔ́ːbèri] 스트로-베리

명 딸기

I'll have strawberry juice.
아월 해브 스트로-베리 쥬-스
나는 딸기 주스를 먹겠어요.

street
[stríːt] 스트리-트

명 거리

Don't play on the street.
돈트 플레이 안 더 스트리-트
길거리에서 놀지 마라.

stretch

[strétʃ] 스트레치

통 쭉 뻗다

He stretched his arm to reach the apple.

히- 스트레치트 히즈 아암 투 리-치 디 애플

그는 사과에 닿으려고 팔을 쭉 뻗었다.

strike

[stráik] 스트라이크

통 치다, 때리다, 강타하다

● struck : strike의 과거, 과거분사

She struck him with her hand.

쉬- 스트럭 힘 위드 허- 핸드

그녀는 손으로 그를 쳤다.

A tornado struck the farm.

어 토어네이도우 스트럭 더 파암

토네이도가 농장을 강타했다.

string

[stríŋ] 스트링

명 줄, 끈

Minjoo tied up her bag with a string.

민주 타이드 업 허- 백 위드 어 스트링

민주는 끈으로 그녀의 가방을 묶었다.

strong
[strɔ́(:)ŋ] 스트로옹

형 강한, 튼튼한

America is one of the strongest nations.
어메리커 이즈 원 어브 더 스트로옹기스트 네이션즈
미국은 가장 강한 나라들 중의 하나이다.

struck
[strʌ́t] 스트럭

동 strike의 과거, 과거분사형

He was struck on the head.
히 워즈 스트럭 안 더 헤드
그는 머리를 얻어맞았다.

stuck
[stʌ́t] 스턱

동 stick의 과기, 과거분사형

The bathroom door was stuck.
더 베쓰룸 도- 워즈 스턱
목욕탕 문이 꽉 닫혀서 열리지 않는다.

student
[stjúːdənt] 스튜-던트

명 학생

My brother is a high school student.
마이 브러더 이즈 어 하이 스쿠울 스튜-던트
나의 형은 고등학생이다.

study

[stʌ́di] 스터디

명 형 공부(하다)

You must spend more time to your studies.
유- 머스트 스펜드 모어 타임 투 유어 스터디즈
너는 공부에 좀 더 많은 시간을 써야 한다.

I study English every Tuesday.
아이 스터디 잉글리쉬 에브리 튜-즈데이
나는 매주 화요일에 영어를 공부한다.

stupid

[stjúːpid] 스튜-피드

형 어리석은, 바보같은

Bob's so stupid.
밥스 소- 스튜-피드
밥은 멍텅구리다.(그는 정말 얼빠진 놈이야.)

subject

[sʌ́bdʒikt] 서브쥑트

명 과목, 주제

English is my favorite subject.
잉글리쉬 이즈 마이 페이버릿 서브쥑트
영어는 내가 제일 좋아하는 과목이다.

subway

[sʌ́bwèi] 서브웨이

명 지하철

Where is the nearest subway station?
웨어 이즈 더 니어리스트 서브웨이 스테이션
가장 가까운 지하철 정거장이 어디 있죠?

510

succeed

[səksíːd] 석시-드

[동] 성공하다

Minhee succeeded in passing the math exam.

민희 석시-디드 인 패싱 더 매쓰 이그잼

민희는 수학 시험을 통과하는데 성공했다.

success

[səksés] 석세스

[명] 성공

The plan was a great success.

더 플랜 워즈 어 그레잇 석세스

그 계획은 대성공이었다.

successful

[səksésfəl] 석세스펄

[형] 성공한

Our performance was very successful.

아워 퍼-포-먼스 워즈 베리 석세스펄

우리의 공연은 매우 성공적이었다.

such

[sʌ́tʃ] 서치

[형] 그런, 그 정도의
[대] 그런 것

Such people shouldn't be allowed here.

서치 피-플 슈든트 비 얼라우드 히어

그와 같은 사람은 여기에 허락되서는 안된다.

Children should be treated as such.

칠드런 슈드 비 트리-티드 애즈 서치

아이들은 아이들답게 다루어져야 한다.

sudden

[sʌ́dn] 서든

형 갑작스런

We were all surprised at his sudden cry.
위- 워- 올 서프라이즈드 앳 히즈 서든 크라이
우리 모두는 그의 갑작스런 울음에 놀랐다.

suddenly

[sʌ́dnli] 서든리

부 갑자기

Minjoo suddenly started to cry.
민주 서든리 스타-티드 투 크라이
민주는 갑자기 울기 시작했다.

sugar

[ʃúgər] 슈거

명 설탕

Do you take sugar in your coffee?
두- 유- 테잌 슈거 인 유어 커-피
커피에 설탕을 넣으시나요?

suit

[súːt] 수-트

명 양복, 정장, 옷

The man is wearing a suit.
더 맨 이즈 웨어링 어 수-트
남자는 정장을 입고 있다.

summer
[sʌ́mər] 서머

명 여름

It's too hot in the summer.
이츠 투- 핫 인 더 서머
여름은 너무 덥다.

sun
[sʌ́n] 선

명 태양

I've had too much sun.
아이브 햇 투우 머치 선
나는 햇빛을 너무 많이 쪼였어.

Sunday
[sʌ́ndei] 선데이

명 일요일

I go to church every Sunday.
아이 고- 투 처어치 에브리 선데이
나는 매 일요일에 교회에 간다.

sung

[sʌŋ] 성

[동] sing의 과거분사형

We had sung to the piano.
위 해드 성 투 더 피애노우
우리는 피아노에 맞추어 노래했었다.

sunk

[sʌŋ] 성크

[동] sink의 과거분사형

The Titanic had sunk to the sea.
더 타이타닉 해드 성크 투 더 씨-
타이타닉은 바다로 가라앉았다.

sunny

[sʌ́ni] 서니

[형] 햇빛이 잘드는

Let's move over to the sunny side.
렛츠 무브 오-버 투 더 서니 사이드
햇빛이 잘 드는 쪽으로 옮기자.

super

[sùːpər] 수-퍼

[형] 대단한, 초월한

This car has a super engine.
디스 카- 해즈 어 수-퍼 엔진
이 차는 강력한 엔진을 가지고 있다.

supermarket [súpərmàːrkit] 수-퍼마-킷/슈우- 명 수퍼마켓

여러분은 지금 어머니의 심부름으로 동생과 함께 **supermarket** 수-퍼마-킷에 장을 보러 왔습니다. 쇼핑 품목은 잊지 않았겠지요? 그게 없으면 무엇을 사야할지 모를 테니까요. 수퍼마켓은 종류별로 진열되어 있습니다. 과일 **fruit** 프루-트, 야채 **Vegetables** 베지터블즈, 음료 **beverages** 베버리지즈, 곡류**cereals** 시-리얼즈, 제과류 **bakery** 베이커리, 육류 **meat** 미-트, 종이 제품 **paper products** 페이퍼 프로덕츠, 통조림 **canned goods** 캔드 구즈, 유제품 **dairy products** 데어리 프로덕츠 등 등.

calculator
【kǽlkjulèitər】 캘큐레이터
계산기

counter
【káuntər】 카운터
계산대

cashier
【kæʃíər】 캐쉬어
출납원

515

supper

[sʌ́pər] 서퍼

명 저녁 식사

What time do you have supper?
왓 타임 두- 유- 해브 서퍼
언제 저녁을 먹나요?

sure

[ʃúər] 슈어

형 확실한, 확신하는

One thing is sure. He must be there.
원 씽 이즈 슈어. 히- 머스트 비 데어
한 가지는 확실해. 그는 틀림없이 거기에 있어.

I'm sure that Jinsoo will come soon.
아임 슈어 댓 진수 윌 컴 수운
나는 진수가 곧 올거라고 확신해.

surprise

[sərpráiz] 서프라이즈

동 놀라다

I was surprised at Jinsoo's sudden appearance.
아이 워즈 서프라이즈드 앳 진수즈 서든 어피어런스
나는 진수의 갑작스런 등장에 놀랐다.

swallow
[swálou] 스왈로우

동 삼키다

Swallow your medicine!
스왈로우 유어 메디슨
네 약을 삼켜라!

swam
[swǽm] 스웸

동 swim의 과거

Most of us swam a mile.
모-스트 어브 어스 스웸 어 마일
우리들 대부분이 1마일을 헤엄쳤다.

swan
[swán] 스완

명 백조

The swan is a beautiful bird.
더 스완 이즈 어 뷰티플 버-드
백조는 아름다운 새다.

sweater
[swétər] 스웨터

명 스웨터

Put on your sweater.
It's too cold.
풋 안 유어 스웨터. 잇츠 투- 코울드
네 스웨터를 입어라. 너무 춥다.

sweep
[swíːp] 스위-프

동 (걸레나 빗자루로) 쓸다, 훔치다, 닦다
● swept : sweep의 과거, 과거분사

Mommy sweeps the floor clean everyday.
마미 스위잎스 더 플로- 클리인 에브리데이
엄마는 매일 마루를 깨끗이 쓰신다.

sweet
[swíːt] 스위-트

형 달콤한, 감미로운
명 (사탕, 초컬릿 따위의) 단 것

This tea is too sweet.
디스 티- 이즈 투 스위-트
이 차는 너무 달다.

Eating sweets is bad for your teeth.
잇-팅 스위-츠 이즈 뱃 포- 유어 티-쓰
단 것을 먹는 것은 네 치아에 나쁘다.

swim
[swím] 스윔

동 수영하다
● swam은 과거 ● swum은 과거분사

We're all going swimming.
위어 오올 고-잉 스위밍
우리는 모두 수영하러 갈 것 이다.

swimming

[swímiŋ] 스위밍

명 수영

Swimming is a good form of exercise.
스위밍 이즈 어 굿 포옴 어브 엑서사이즈
수영은 좋은 운동이다.

swing

[swíŋ] 스윙

동 흔들다, 흔들리다, 그네를 타다
● swung : swing의 과거, 과거분사

Stop swinging the stick.
스탑 스윙잉 더 스틱
막대기를 흔드는 것을 멈춰라.

Minchul is swinging on a rope.
민철 이즈 스윙잉 안 어 로-프
민철이는 밧줄에서 그네를 타고 있다.

Swiss

[swís] 스위스

형 스위스의 명 스위스

Daddy has a Swiss watch.
대디 해즈 어 스위스 왓치
아빠는 스위스제 시계를 가지고 계시다.

S

switch

[swítʃ] 스위치

 통 바꾸다 명 바뀜, 스위치

Let's switch positions.

렛츠 스위치 퍼지션즈

위치를 바꾸자.

No switch. Go along with our plan.

노- 스위치. 고- 얼로옹 위드 아-워 플랜

변화는 없어. 우리 계획을 계속해 나가자.

T, t

table
[téibl] 테이블

명 탁자, 식탁

There is a vase on the table.
데어 이즈 어 베이스 안 더 테이블
탁자 위에 꽃병이 있다.

tag
[tǽg] 태그

명 (품목이나, 가격을 써붙인) 꼬리표

Where is your name tag, Minchul?
웨어 이즈 유어 네임 택, 민철
네 이름표는 어디에 있지, 민철아?

tail

[téil] 테일

명 꼬리

The dog wagged its tail.
더 도-그 왜그드 잇츠 테일
개가 꼬리를 흔들었다.

take

[téik] 테이크

동 잡다

● took은 과거형 ● taken은 과거분사형

I often forget to take my umbrella.
아이 오-펀 퍼겟 투 테잌 마이 엄브렐러
나는 종종 우산을 가져가는 것을 잊어먹는다.

Take a seat, please.
테잌 어 시-트 플리-즈
자리를 잡으세요(앉으세요).

taken
[téikn] 테이큰
동 take의 과거분사형

She was taken sick.
쉬 워즈 테이큰 씩
그녀는 병에 걸렸다.

talk [tɔ́:k] 토-크
동 (to, about)
이야기하다, 말하다

Come here. I want to talk to you.
컴 히어. 아이 원 투 토-크 투 유-
이리와. 너에게 이야기 하고 싶어.

tall
[tɔ́:l] 토올

형 키가 큰

My brother is six feet tall.
마이 브러더 이즈 식스 피-트 토올
나의 형은 키가 6피트이다.

tape
[téip] 테이프

명 테이프, 납작한 끈

Minsoo, do you have some sticky tape?
민수, 두 유- 해브 섬 스티키 테잎
진수야, 너 접착 테이프 좀 있니?

taste
[téist] 테이스트

명 맛 동 맛을 보다, 맛이 나다

Sugar has a sweet taste.
슈거 해즈 어 스위-트 테이스트
설탕은 달콤한 맛이 있다.

Taste the soup before adding salt.
테이스트 더 수-프 비포- 애딩 소올트
소금을 넣기 전에 스프 맛을 봐라.

taught
[tɔ́ːt] 토-트

동 teach의 과거, 과거분사형

Mam taught me English.
맘 토-트 미 잉글리쉬
엄마는 나에게 영어를 가르쳐주었다.

taxi
[tǽksi] 택시

명 택시

It's quicker by taxi.
잇츠 퀴커 바이 택시
택시로 가는 것이 더 빠르다.

tea
[tíː] 타-

명 차

Do you take milk in your tea?
두- 유- 테잌 밀크 인 유어 타-
네 차에 우유를 넣니?

teach
[tíːtʃ] 티-취

동 가르치다

● taught : teach의 과거, 과거분사형

What does Mr. Kim teach at school?
왓 더즈 미스터. 킴 티-취 앳 스쿨
김선생은 학교에서 무엇을 가르칩니까?

Act as you were taught.
액트 애즈 유- 워- 토-트
네가 배운대로 행동해라.

teacher
[tíːtʃər] 티-춰

명 선생님

Mr. Allen is my English teacher.
미스터. 엘른 이즈 마이 잉글리쉬 티-춰
앨런은 나의 영어 선생이다.

team
[tíːm] 티임

명 팀, 조

Chulmin is in the school soccer team.
철민 이즈 인 더 스쿨 사커 티임
철민이는 학교 축구팀에 있다.

tear¹
[tíər] 티어

명 눈물

I saw Minjoo's eyes full of tears.
아이 소 민주즈 아이즈 풀 어브 티어즈
나는 눈물이 가득한 민주의 눈을 보았다.

tear² [tέər] 티어

동 찢다

I tore my sleeve on a thorn.
아이 토어 마이 슬리브 안 어 쏘온
나는 가시에 소매를 찢겼다.

teeth
[tíːθ] 티-쓰

명 tooth의 복수

Tiger has long sharp teeth.
타이거 해즈 롱 샤프 티-쓰
호랑이는 길고 날카로운 이빨을 가졌다.

telephone
[téləfòun] 텔러포운

명 전화

Minchul, answer the telephone.
민철, 앤서 더 텔러포운
민철아, 전화 받아라.

Myungeun is on the telephone.
명은 이즈 안 더 텔러포운
명은이는 전화를 받고 있다.

tell
[tél] 텔

图 말하다
● told : tell의 과거, 과거분사

Tell me about your trip.
텔 미 어바웃 유어 트립
네 여행에 대해서 나에게 이야기해다오.

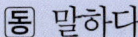

Soyoung told me her secret.
소영 토올드 미 허- 시-크릿
소영이는 나에게 그녀의 비밀을 말했다.

T

temperature
[témpərətʃər] 템퍼리쳐
명 온도

What's the temperature today?
왓츠 더 템퍼러쳐 투데이
오늘 온도가 얼마지?

temple
[témpl] 템플
명 신전, 성당, 절, 사원

Bulguksa is a famous temple.
불국사 이즈 어 페이머스 템플
불국사는 유명한 절이다.

ten
[tén] 텐

명 형 10(의)

There are ten little indian boys.
데어 아- 텐 리틀 인디언 보이즈
작은 인디안 소년들이 10명 있다.

tennis
[ténis] 테니스

명 테니스

Tennis is a hard exercise.
테니스 이즈 어 하-드 엑서사이즈
테니스는 힘든 운동이다.

tent
[tént] 텐트

명 텐트, 천막

Do you know how to set up the tent?
두- 유- 노- 하우 투 셋 업 더 텐트
너 텐트 칠 줄 아니?

test
[tést] 테스트

명 시험
동 시험을 보다, 시험해 보다

The teacher tested the students on English.
더 티-춰 테스티드 더 스튜-던츠 안 잉글리쉬
선생님은 학생들에게 영어 시험을 보았다.

textbook

[tékstbùk] 텍스트북

명 교과서

Where is my English textbook?
웨어 이즈 마이 잉글리쉬 텍스트북
내 영어 교과서가 어디에 있지?

than

[ðæn] 댄

접 ~보다

My brother is taller than me.
마이 브러더 이즈 토올러 댄 미
나의 형은 나보다 키가 크다.

I know Minchul better than you.
아이 노- 민철 베터 댄 유-
나는 너보다 민철이를 잘 알아.

thank

[θǽŋk] 쌩크

동 (for) 감사하다

The old lady thanked me for helping her.
디 오울드 레이디 쌩크트 미 포- 헬핑 허-
그 할머니는 그녀를 도와준 것에 대해 나에게 감사했다.

that [ðæt] 댓 **명** 저것(의), 그것(의)

Would you pass me that text-book?
우드 유- 패스 미 댓 텍스트북
나에게 그 교과서를 건네 주겠니?

It is certain that Minja will pass the entrance exam.
(가주어절을 이끄는 접속사로 쓰인 경우)
잇 이즈 서어튼 댓 민자 윌 패스 디 엔트런스 이그잼
민자가 입학 시험에 통과할 것이라는 것은 확실하다.

I told you that Minchul must have been there.
(명사절을 이끄는 접속사로 쓰인 경우)
아이 토울드 유- 댓 민철 머스트 해브 빈 데어
나는 너에게 민철이가 거기 있었음이 틀림없다고
말했다.

The desk is so heavy that I can't move it.
더 데스크 이즈 소- 헤비 댓 아이 캔트 무브 잇
이 책상은 너무 무거워서 이것을 옮길 수 없다.

530

the

[ðə] 더(자음 앞), [ði] 디(모음 앞)

관 그, 저

Do you have a pencil?
두- 유- 해브 어 펜설
너 연필 있니?

You can use the pencil on the desk.
유- 캔 유-즈 더 펜설 안 더 데스크
책상 위에 있는 그 연필을 써도 돼.

theater

[θí(ː)ətər] 씨어터

명 극장

Where are you going?
웨어 아- 유- 고잉
너 어딜 가니?

I'm going to the theater.
아임 고-잉 투 더 씨어터
극장에 가는 중이야.

their

[ðέər] 데어

형 그들의(they의 소유격)

Jinsoo and Minchul spend all their time together.
진수 앤드 민철 스펜드 올 데어 타임 투게더
진수와 민철이는 그들의 모든 시간을 같이 보냈다.

theirs [ðέərz] 데어즈
명 그들의 것
(they의 소유대명사)

Our school is large than theirs.
아워 스쿠울 이즈 라-쥐 덴 데어즈
우리 학교는 그들의 것보다 크다.

them
[ðem] 뎀

대 그들(they의 목적격)

There are three boys outside.
Do you know them?
데어 아- 쓰리- 보이즈 아웃사이드. 두- 유- 노우 뎀
바깥에 소년들이 셋 있다. 너 그들을 아니?

themselves
[ðəmsélvz] 덤셀브즈
대 그들 자신(을),
그들 스스로(를)

They did it themselves.
데이 디드 잇 뎀셀브즈
그들은 자기들이 그것을 했다.

then
[ðen] 덴

부 그때에, 그후에, 다음에

What were you doing then?
왓 워- 유- 두-잉 덴
너는 그때 무엇을 하고 있었니?

Let's finish it, and then go home.
렛츠 피니쉬 잇, 앤 덴 고- 홈
이것을 끝내고 나서 집에 가자.

there
[ðɛ́ər] 데어

부 거기, 거기에

Who is there?
후- 이즈 데어
거기 누구세요?

It's cold out there.
잇츠 코울드 아웃 데어
바깥은 춥다.

these
[ðíːz] 다-즈

대 형 이것들(의) (this의 복수)

What are these for?
왓 아 디-즈 포-
이것들은 무엇하는 거지?

These notebooks are for you.
디-즈 노-트북스 아- 포- 유-
이 공책들은 너를 위한 것이다.

they
[ðéi] 데이

대 그들

They are Minhee and Myungeun.
데이 아 민희 앤드 명은
그들은 민희와 명은이이다.

They are going to go to school.
데이 아- 고-잉 투 고- 투 스쿠울
그들은 학교에 가는 중이다.

thick

[θík] 씩

⟨형⟩ 두꺼운

This book is too thick to read at one time.

디스 북 이즈 투- 씩 투 리-드 앳 원 타임

이 책은 한꺼번에 읽기에는 너무 두껍다.

thin

[θín] 씬

⟨형⟩ 얇은

That book is thin enough to read at one time.

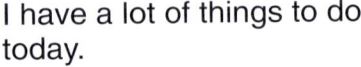
댓 북 이즈 씬 이너프 투 리-드 앳 원 타임

저 책은 한꺼번에 충분히 읽을수 있을 만큼 얇다.

thing

[θíŋ] 씽

⟨명⟩ 물건, 것, 일

I have a lot of things to do today.

아이 해브 어 랏 어브 씽즈 투 두- 투데이

나는 오늘 할 일이 많다.

think

[θíŋk] 씽크

⟨동⟩ 생각하다

What are you thinking about, Jinsoo?

왓 아- 유- 씽킹 어바웃, 진수

무엇을 생각하고 있니, 진수야?

third
[θə́ːrd] 써-드

명 형 3(의), 세 번째(의)

My house is the third from the left.
마이 하우스 이즈 더 써-드 프럼 더 레프트
나의 집은 왼쪽에서 세 번째이다.

thirst
[θə́ːrst] 써-스트

명 갈증, 목마름, 갈망

He has a thirst for adventure.
히- 해즈 어 써-스트 포- 애드벤처
그는 모험을 갈망한다.

thirsty
[θə́ːrsti] 써-스티

형 목이 마른, 갈증나는

Give me something to drink.
깁 미 섬씽 투 드링크
마실것 솜 주세요.

I'm very thirsty.
아임 베리 써-스티
나는 매우 목이 말라요.

thirteen
[θə́ːrtíːn] 써-티-인

명 형 13(의)

Twenty people have gone and there are thirteen left.
트웬티 피-플 해브 고온 앤드
데어 아- 써-티-인 레프트
20명의 사람이 가고 13명이 남았다.

thirty
[θə́ːrti] 써-티

명 형 30(의)

My daddy is thirty eight years old.
마이 대디 이즈 써-티 에잇 이어즈 올드
아빠는 38세이다.

this
[ðís] 디스

대 형 이것(의)

Jinhee, this is my friend, Minchul.
진희, 디스 이즈 마이 프렌드, 민철
진희야 이 쪽은 내 친구, 민철이야.

Give this paper to your mother.
기브 디스 페이퍼 투 유어 머더
이 서류를 네 어머니에게 드려라.

those
[ðóuz] 도우즈

대 형 그것들(의) , 그들
● that의 복수

Minchul, do you know those girls?
민철, 두- 유- 노우 도우즈 거얼즈
민철아, 너 저 여자애들 아니?

thought¹

[θɔːt] 쏘-트

동 think의 과거, 과거분사형

I thought you did it.
아이 쏘-트 유 디드 잇
전 당신이 한 줄 알았는데.

thought²

[θɔːt] 쏘-트

명 생각

He sat there, in deep thought.
히- 샛 데어, 인 디-프 쏘-트
그는 깊은 생각에 잠겨 거기에 앉아 있었다.

Let me have your thoughts on the subject.
렛 미 해브 유어 쏘-츠 안 더 서브줵트
그 주제에 대한 너의 생각을 들어보자.

thousand

[θáuzənd] 싸우전드

명 형 1,000(의)

My bag cost fourteen thousand won.
마이 백 코-스트 포-티인 싸우전드 원
내 가방의 가격은 만 사천원이다.

thread

[θréd] 쓰레드

명 실, 끈

Minja and Jungim are like a needle and thread.
민자 앤드 정임 아 라잌 어 니-들 앤드 쓰렛
민자와 정임이는 바늘과 실과 같다.
(=항상 같이 다닌다)

through
[θrúː] 쓰루-

전 ~을 통과하여

The train went through a tunnel.
더 트레인 웬트 쓰루- 어 터널
기차가 터널을 통과해서 지나갔다.

three
[θríː] 쓰리-

명 형 3(의)

I have three brothers.
아이 해브 쓰리- 브러더즈
나는 세 명의 형제가 있다.

threw
[θrúː] 쓰루-

동 throw의 과거형

He threw a bone to a dog.
히 쓰루- 어 본 투 어 도-그
그는 개에게 뼈를 던져 주었다.

throw
[θróu] 쓰로우-

동 던지다
● threw는 과거   ● thrown은 과거분사

It's my turn to throw the ball.
잇츠 마이 터언 투 쓰로우- 더 보올
내가 공을 던질 차례이다.

thrown

[θróun] 쓰로운

통 throw의 과거분사형

The temple was thrown down.
디 템플 워즈 쓰로운 다운
사원이 지진으로 무너졌다.

thumb

[θʌ́m] 썸

명 엄지 손가락

The teacher gave us the thumbs up.
더 티-처 게이브 어스 더 썸즈 업
선생님은 우리에게 엄지손가락을 치켜올렸다.
(= 잘했다고 칭찬해 주셨다.)

thunder

[θʌ́ndər] 썬더

명 천둥소리, 큰소리

We were scared by thunder.
위- 워- 스케어드 바이 썬더
우리는 천둥소리에 겁을 먹었다.

Thursday

[θə́ːrzdei] 써-즈데이

명 목요일

Daddy will arrive on Thursday.
대디 윌 어라이브 안 써-즈데이
아빠는 목요일에 도착하실 것이다.

ticket
[tíkit] 티킷

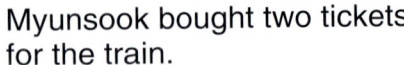

명 표, 티켓

Myunsook bought two tickets for the train.
명숙 보-트 투- 티켓츠 포- 더 트레인
명숙이는 기차표 두장을 샀다.

tie
[tái] 타이

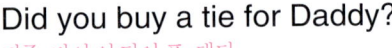

명 넥타이 동 (줄로)묶다

Did you buy a tie for Daddy?
디쥬- 바이 어 타이 포- 대디
너 아빠에게 넥타이를 사드렸니?

Tie this tag onto your suitcase.
타이 디스 택 안투- 유어 수웃케이스
이 꼬리표를 네 옷가방에 묶어라.

tiger
[táigər] 타이거

명 호랑이

Have you seen a real tiger?
해브 유- 시인 어 리얼 타이거
너 진짜 호랑이 본 적 있니?

till
[til] 틸

전 ~까지

I'll be here till you come back.
아월 비 히얼 틸 유 컴백
네가 돌아올 때까지 여기 있을 것이다.

tight

[táit] 타이트

형 팽팽한, 빡빡한

Pull the thread tight.
풀 더 쓰레드 타잇
실을 팽팽하게 당겨라.

This drawer is very tight.
디스 드로-어 이즈 베리 타잇
이 서랍은 매우 빡빡하다.

time

[táim] 타임

명 시간

Do you have a time?
두- 유- 해브 어 타임
너 시간 있니?

tiny

[táini] 타이니

형 조그마한, 아주 작은

We noticed tiny bugs.
위 노티쓰드 타이니 버그스
우리는 작은 빈대들을 보았다.

tired
[táiərd] 타이어드

형 피로한, 지친, 지겨운

You seem so tired.
유- 시임 소- 타이어드
너 매우 피곤해 보이는구나.

I'm tired of spinach.
아임 타이어드 어브 스피니취
나는 시금치가 지겨워

to
[tú:] 투-

전 ~로,
(to+동사원형) to부정사를 만든다

Where are you going to?
웨어 아- 유- 고-잉 투-
너 어디로 가는 중이니?

It's stupid to act like that.
잇츠 스튜-핏 투 액트 라잌 댓
그렇게 행동하는 것은 바보같애.

today
[tədéi] 투데이

명 오늘

What are you going to do today?
왓 아- 유- 고-잉 투 두- 투데이
오늘 너는 무엇을 할거니?

toe
[tóu] 토우

명 발가락

My toe got hurt.
마이 토우 갓 허-트
나는 발가락을 다쳤다.

together
[təgéðər] 투게더

부 함께, 하나로

Let's go together.
렛츠 고- 투게더
같이 가자.

tomato
[təméitou] 터메이토우

명 토마토

I like tomato juice.
아이 라잌 터메이토우 쥬-스
나는 토마토 주스를 좋아한다.

tomorrow
[təmɔ́:rou] 터모-로우

명 내일

See you tomorrow.
시- 유- 터모-로우
내일 보자.

tongue
[tʌ́ŋ] 텅

명 혀

It was a slip of the tongue.
잇 워즈 어 슬맆 어브 더 텅
그건 말 실수였어.

Don't put out your tongue.
돈트 풋 아웃 유어 텅
네 혀를 내밀지 마라.

tonight
[tənáit] 투나잇

명 오늘밤

What are you going to do tonight?
왓 아- 유- 고-잉 투 두- 투나잇
너 오늘밤 무엇을 할거니?

too
[tu:] 투-

부 또한(형용사나, 부사를 강조하여), 너무

Chulsoo likes swimming.
철수 라잌스 스위밍
철수는 수영을 좋아한다.

Minsoo likes swimming too.
민수 라잌스 스위밍 투-
민수도 수영을 좋아한다.

took
[tú:k] 툭

동 take의 과거형

We took a ride on our bikes.
위 툭 어 라이드 안 아워 바이크스
우리는 자전거를 탔다.

tool

[túːl] 투-울

명 도구, 연장

A bad workman finds fault with his tools.
어 배드 워크맨 파인즈 폴트 위드 히즈 툴스
〈속담〉 서투른 일꾼이 연장 나무란다.

tooth

[túːθ] 투-쓰

명 이
● teeth : tooth의 복수형

I have a toothache.
아이 해브 어 투-쓰에익
나는 치통이 있어.

You've got to go to the dentist.
유-브 갓 투 고- 투 더 덴티스트
너는 치과 의사에게 가야 해.

top

[táp] 탑

명 꼭대기, 정상

What is on the top of the mountain?
왓 이즈 안 더 답 어브 더 마운딘
산 꼭대기에는 무엇이 있지?

torn

[tɔ́ːrn] 토온

동 tear의 과거분사형

Your clothes are torn.
유어 크로우즈 아 토온
네 옷이 찢어졌다.

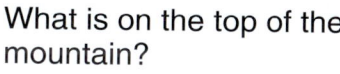

touch

[tʌtʃ] 터치

동 만지다

Don't touch me!
돈트 터치 미
나를 건드리지마!

toward(s)

[tɔ́ːrd(z)] 터-드(즈)

전 ~쪽으로,
~로 향하여, ~에 대하여

We will go toward the river.
위 윌 고- 토-드 더 리버
우리는 강 쪽으로 갈 것이다.

towel

[táuəl] 타월

명 수건

Hand me the towel.
핸드 미 더 타월
수건을 건네줘.

tower

[táuər] 타워

명 탑

The Eiffel Tower is very tall.
디 에펠 타워 이즈 베리 토올
에펠탑은 아주 높아.

town

[táun] 타운

명 마을, 읍내

I'm from a small town.
아임 프럼 어 스몰 타운
나는 작은 마을 출신이야.

toy

[tói] 토이

명 장난감

He's playing with a toy train.
히-즈 플레잉 위드 어 토이 트레인
그는 장난감 기차를 가지고 놀고 있어.

train

[tréin] 트레인

명 기차

Look at that train.
룩 앳 댓 트레인
저 기차 좀 봐.

travel

[trǽvəl] 트래벌

명 여행   동 여행하다

I want to travel around the world.
아이 원 투- 트래벌 어라운드 더 워얼드
나는 세계 일주를 하고 싶어.

tree

[tríː] 트리-

명 나무

There are many trees in the mountains.
데어 아- 메니 트리-즈 인 더 마운틴즈
산에는 나무들이 많아.

tricycle

[tráisikəl] 트라이시컬

명 세발자전거

My brother is riding on a tricycle.
마이 브러더 이즈 라이딩 안 어 트라이시컬
나의 동생은 세발 자전거를 타고 있어.

trip

[tríp] 트립

명 여행 **동** 여행하다

Have a nice trip!
해브 어 나이스 트립
즐거운 여행이 되길!

trouble

[trʌ́bl] 트러블

명 걱정거리, 곤란

What's your trouble?
왓츠 유어 트러블
무슨 걱정거리 있니?

trousers

[tráuzərz] 트라우저즈

명 바지(=pants)

She bought me a pair of trousers.
쉬- 보-트 미 어 페어 어브 트라우저즈
그녀가 나에게 바지 한 벌을 사 주었어.

truck

[trʌ́k] 트럭

명 트럭, 화물차

There are many trucks in the street.
데어 아- 메니 트럭스 인 더 스트리-트
거리에는 많은 트럭들이 있어.

true

[trúː] 트루-

형 진실의

Is it true that you're leaving?
이즈 잇 트루- 댓 유어 리-빙
네가 떠난다는 것이 정말이니?

trunk

[trʌ́ŋk] 트렁크

명 (여행용)짐가방

Put your shirts in the trunk.
풋 유어 서-츠 인 더 트렁크
네 셔츠를 짐가방 안에 넣어라.

549

try
[trái] 트라이

동 노력하다, 시도하다

I tried to catch my dog.
아이 트라이드 투 캐취 마이 도-그
나는 나의 개를 잡으려고 하였다.

Tuesday
[tjúːzdei] 튜-즈데이

명 화요일

My father's coming back on Tuesday.
마이 파-더즈 커밍 백 안 튜-즈데이
나의 아버지는 화요일에 돌아오셔.

tulip
[tjúːlip] 튜-립

명 튤립

The tulip is my favorite flower.
더 튜울립 이즈 마이 페이버릿 플라워
튤립은 내가 가장 좋아하는 꽃이야.

turn
[tə́:rn] 터-언

图 돌리다, 돌다
图 돌리기, 돌기

Turn the handle to open the box.
터-언 더 핸들 투 오픈 더 박스
상자를 열려면 손잡이를 돌려라.

turtle
[tə́:rtl] 터-틀

图 거북이

The turtle moves very slowly.
더 터-틀 무브즈 베리 슬로울리
거북이는 아주 느리게 움직인다.

TV
[tíːví] 티-뷔

图 텔레비전(의 줄임)

What are you doing?
왓 아- 유- 두-잉
너 뭐하니?

I'm watching TV.
아임 와칭 티-뷔
텔레비전 보고있어.

twelfth

[twélfθ] 트웰프쓰

명 열두 번째, 달의 12일, 12분의 1

Today is my twelfth birthday.

투데이 이즈 마이 트웰프쓰 벌-쓰데이

오늘은 나의 열두 번째 생일이야.

twelve

[twélv] 트웰브

명 12, 열두 살, 12시
형 12의, 열두 살의

There are twelve months in a year.

데어 아- 트웰브 먼쓰 인 어 이어

일 년에는 열두 달이 있어.

twenty

[twénti] 트웬티

명 20 **형** 20의

How old is your sister?

하우 올드 이즈 유어 시스터

너의 누나는 몇 살이니?

She is twenty years old.

쉬- 이즈 트웬티 이어즈 울드

누나는 20살이야.

twice
[twáis] 톼이스

🔳 두 번, 두 배로

I've read this book twice.
아이브 리드 디스 북 톼이스
나는 이 책을 두 번 읽었어.

He eats twice what I eat.
히- 이-츠 톼이스 왓 아이 이-트
그는 내가 먹는 것의 두 배를 먹어.

twin
[twín] 트윈

🔳 쌍둥이

Minsoo and Minho are twins.
민수 앤드 민호 아- 트윈즈
민수와 민호는 쌍둥이야.

two
[túː] 투-

🔳 2, 두 살, 두 시, 두 사람
🔳 2의, 두 살의

How many pencils do you have?
하우 메니 팬설즈 두- 유- 해브
너는 연필을 몇 자루 가지고 있니?

I have two.
아이 해브 투-
두 자루를 가지고 있어.

type

[táip] 타입

몡 형, 양식
동 타이프 치다

I like Italian type of icecream.
아이 라잌 이탤리언 타입 어브 아이스크림
나는 이태리식 아이스크림을 좋아해.

He types with only two fingers.
히- 타입스 위드 온리 투- 핑거즈
그는 겨우 두 손가락으로 타자를 쳐.

U, u

u

UFO
[júːèfóu] 유-에프오우

명 유에프오, 미확인 비행물체, 특히 비행접시

Do you believe in UFO?
두- 유- 빌리-브 인 유-에프오우
너는 유에프오의 존재를 믿니?

Yes, I do.
예스, 아이 두-
그래 믿어.

ugly
[ʌ́gli] 어글리

형 추한, 못생긴

She is very ugly.
쉬- 이즈 베리 어글리
그녀는 아주 못생겼어.

But she has a warm heart.
벗 쉬- 해즈 어 워엄 하-트
그러나 그녀는 따뜻한 마음씨를 가졌어.

555

umbrella
[ʌmbrélə] 엄브렐러   명 우산

I lost my umbrella.
아이 로-스트 마이 엄브렐러
나는 내 우산을 잃어버렸어.

uncle
[ʌ́ŋkl] 엉컬   명 삼촌

Who is that man?
후- 이즈 댓 맨
저 남자는 누구니?

He is my uncle.
히- 이즈 마이 엉컬
그는 내 삼촌이야.

under
[ʌ́ndər] 언더   전 ~밑에, 아래에

Where is my bag?
웨어 이즈 마이 백
내 가방은 어디에 있니?

It is under the table.
잇 이즈 언더 더 테이블
그것은 탁자 밑에 있어.

understand

[ʌ̀ndərstǽnd] 언더스탠드

통 이해하다

● understood : understand의 과거, 과거분사

Do you understand what I say?

두- 유- 언더스탠드 왓 아이 세이

내가 하는 말을 이해하겠니?

---

uniform

[júːnəfɔ̀ːrm] 유-너포옴

명 유니폼, 제복

The soldiers wear uniforms.

더 소울져즈 웨어 유-너포옴즈

군인들은 제복을 입고 있어.

---

unhappy

[ʌ̀nhǽpi] 언해피

형 불행한, 슬픈

What's wrong with you?

왓츠 로옹 위드 유-

무슨 문제 있니?

You look unhappy.

유- 룩 언해피

슬퍼 보이는구나.

until
[əntíl] 언틸

접 ~까지

Don't leave until I arrive.
돈트 리-브 언틸 아이 어라이브
내가 도착할 때까지 떠나지 마라.

unusual
[ʌnjúːʒuəl] 언유-주얼

형 보통이 아닌, 유별난

He has a nose of an unusual size.
히- 해즈 어 노우즈 어브 언 언유-저얼 사이즈
그는 유별나게 큰 코를 가지고 있어.

up
[ʌp] 업

부 ~위로, 위에

We climbed up on the mountain.
위 클라임드 업 안 더 마운턴
우리는 산을 올라갔다.

upstairs
[ʌpstéərz] 업스테어즈

부 위층(2층)에

Where is the bathroom?
웨어 이즈 더 베쓰루움
화장실은 어디에 있니?

It's upstairs.
잇츠 업스테어즈
위층에 있어.

upside down

[ˈʌpsaid dàun] 업사이드 다운

[부] 거꾸로

I turned the box upside down.
아이 터언드 더 박스 업사이드 다운
나는 상자를 거꾸로 놓았어.

us [ʌs] 어스

[대] 우리를, 우리에게
(we의 목적격)

The teacher gave us a question.
더 티-처 게이브 어스 어 퀘스천
선생님께서 우리에게 문제를 주셨어.

use [júːs] 유-즈

[동] 사용하다
[명] 사용

Can I use your pen?
캔 아이 유-즈 유어 펜
네 펜을 사용할 수 있겠니?

useful

[júːsfəl] 유-스펄

[형] 유용한, 쓸모있는

This pocket knife is very useful.
디스 파킷 나이프 이즈 베리 유-스펄
이 주머니칼은 아주 쓸모 있어.

usual

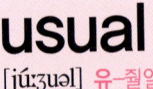

[júːʒuəl] 유-쥘얼

형 일상의, 평소의, 보통의

He arrived later than usual.
히- 어라이브드 레어터 댄 유-쥘얼
그는 평소보다 늦게 도착했다.

usually

[júːʒuəli] 유-쥘리

부 보통

I usually have lunch at noon.
아이 유-쥘리 해브 런취 앳 누운
나는 보통 점심을 낮 12시에 먹어.

V, v

vacation
[veikéiуən] 베이케이션

명 방학, 휴가

How was your summer vacation?
하우 워즈 유어 서머 베이케이션
여름방학은 어땠니?

It was great.
잇 워즈 그레잇
아주 좋았어.

Valentine
[vǽləntàin] 밸런타인

명 (성 발렌타인 축일의) 애인

Today is Valentine day.
투데이 이즈 밸런타인 데이
오늘은 발렌타인데이다.

valley

[vǽli] 밸리

명 계곡, 골짜기

There's a valley between two mountains.

데어즈 어 밸리 비튀인 투- 마운틴즈

두 산 사이에 계곡이 있다.

vase

[véis] 베이스

명 꽃병

Who broke this vase?

후- 브로-크 디스 베이스

누가 이 꽃병을 깻니?

Sorry, mom, I did.

소-리, 맘 아이 딧

죄송해요. 엄마 , 제가 깼어요.

vegetable [védʒitəbl] 베지터블 명 채소, 야채

우리가 보통 많이 먹는 채소와 서양 사람들이 보통 먹는 채소는 같을까요? 물론 같은 것도 있습니다. 토마토, 당근, 양파 같은 채소들이 그런 것들이지요. 하지만 서양에서는 우리가 별로 보지못한 채소들도 많습니다. 브러컬리나 파슬리, 셀러리 같은 채소들이 그런 것들입니다. 이름들이약간 생소하지요? 그럼 각 채소의 영어 이름을 알아 봅시다. 한편 고기를 먹지 않고 채소만을 먹는 사람들을 채식주의자 **vegetarian** 베지테어리언 라고 합니다.

spinach 시금치
【spíntʃ】 스피니취

onion 양파
【ʌ́njən】 어니언

pea 완두
【piː】 피이

tomato 토마토
【təméitou】 터메이토우

corn 옥수수
【kɔ́ːrn】 코온

green pepper 피망
【gríːn pèpər】 그리인 페퍼

Korean radish 무
【kəríːən rǽdish】 커리이언 래디쉬

eggplant 가지
【éɡplæ̀nt】 에그플랜트

potato 감자
【pətéitou】 퍼테이토우

mushroom
【mʌ́ʃru(ː)m】 머쉬루움
버섯

carrot 당근
【kǽrət】 캐럿

radish 무
【rǽdiʃ】 래디쉬

sweet potato 고구마
【swíːt pətèitou】 스잇 퍼테이토우

563

V

cabbage 양배추
【kǽbidʒ】 캐비지

leek
【líːk】 리이크
파

red pepper 고추
【réd pèpər】 레드페퍼

parsley 파슬리
【páːrsli】 파아슬리

string bean 깍지 강남콩
【stríŋ bìːn】 스트링 비인

celery 셀러리
【séləri 셀러리】

cucumber
【kjúːkəmbər】
큐우컴버
오이

chinese cabbage
【tʃainíːz kǽbidʒ】
챠이니이즈 캐비지 배추

cauliflower
【kɔ́ːliflàuər】
코올리플라우어
꽃 양배추

pumpkin 호박
【pʌ́mpkin】 펌킨

broccoli
【brúkəli】 브러컬리
브로콜리

artichoke
【áːrtətʃòuk】
아아티쵸우크
아티초크

asparagus
【əspǽrəgəs】 어스패러거스
아스파라거스

564

vehicle

[víːikl] 비-이클

명 차량, 탈것

Two men get on the vehicle.
투 멘 겟 안 더 비-이클
두 남자가 차를 탔다.

very

[véri] 베리

부 매우, 아주

Thank you very much.
생큐- 베리 머취
대단히 감사합니다.

You're welcome.
유어 웰컴
천만에요.

video

[vídiòu] 비디오-

명 비디오

This video is very interesting.
디스 비디오- 이즈 베리 인터리스팅
이 비디오 영화는 아주 재미있어.

view
[vjúː] 뷰-

명 경치

My room has a good view.
마이 루움 해즈 어 굿 뷰-
내 방은 경치가 좋다.

village
[vílidʒ] 빌리쥐

명 마을

He lives in this small village.
히- 리브즈 인 디스 스모올 빌리쥐
그는 이 작은 마을에서 산다.

violet
[váiəlit] 바이얼릿

명 바이올렛, 제비꽃, 보라빛

The tricolored violet is pansy
and she is very beautiful.
더 트라이컬러드 바이얼릿 이즈 팬지
앤드 쉬 이즈 베리 뷰-티플
삼색 제비꽃은 팬지인데 매우 아름답다.

violin
[vàiəlín] 바이얼린

명 바이올린

You play the violin very well.
유- 플레이 더 바이얼린 베리 웰
너는 바이올린을 아주 잘 켜는구나.

Thank you.
생큐-
고마워.

visit
[vízit] 비짓

동 방문하다 명 방문

I visited his farm last summer.
아이 비지티드 히즈 파암 래스트 서머
나는 지난 여름 그의 농장을 방문했어.

visitor
[vízitər] 비지터

명 방문자, 방문객

We all welcomed the visitor from America.
위 올 웰컴드 더 비지터 프럼 어메리거
우리 모두는 미국에서 온 방문객을 환영했다.

voice
[vɔ́is] 보이스

명 목소리

She has a beautiful voice.
쉬- 해즈 어 뷰-티블 보이스
그녀는 아름다운 목소리를 가졌어.

V

567

volcano

[vɑlkéinou] 발케이노우

명 화산

There is no active volcano in Korea.
데어 이즈 노- 액티브 발케이노우 인 커리-어
한국에는 활화산이 없다.

A volcano is one kind of mountain.
어 발케이노우 이즈 원 카인드 어브 마운틴
화산은 산의 한 종류이다(일종이다).

volleyball

[vɑ́libɔ̀ːl] 발리보올

명 배구

My brother is a volleyball player.
마이 브러더 이즈 어 발리보올 플레이어
나의 형은 배구 선수야.

W, w

wagon
[wǽgən] 왜건

명 마차

The indians attacked
the wagon.
디 인디언즈 어택트 더 왜건
인디언들이 마차를 공격했어.

wait
[wéit] 웨이트

동 기다리다

Hurry up, I'm waiting.
허리 업, 아임 웨이팅
서둘러, 기다리고 있잖아.

waiter
[wéitər] 웨이터

명 웨이터

Waiter! The menu, please.
웨이터! 더 메뉴우 플리-즈
웨이터! 메뉴 좀 갖다 주세요.

wake
[wéik] 웨이크

동 (잠에서) 깨우다, 깨어 일어나다

She usually wakes up early.
쉬- 유-줠리 웨익스 업 어얼리
그녀는 보통 일찍 일어난다.

walk
[wɔ́ːk] 워-크

동 걷다 명 걷기

He walked along the road.
히- 워억트 얼로옹 더 로우드
그는 길을 따라 걸었다.

wall
[wɔːl] 워얼

명 벽

They are painting the wall.
데이 아- 페인팅 더 워얼
그들은 벽을 칠하고 있어.

want
[wɔ(:)nt] 원트

동 원하다, ~을 하고 싶어하다

I want to play basketball.
아이 원 투 플레이 배스킷보올
나는 농구를 하고 싶어.

war
[wɔːr] 워-

명 전쟁

My grandfather died in the Korean War.
마이 그랜드파-더 다이드 인 더 커리-언 워어
나의 할아버지는 한국 전쟁에서 돌아가셨어.

warm
[wɔːrm] 워엄

형 따뜻한

It's getting warmer day by day.
잇츠 겟팅 워머 데이 바이 데이
날이 따뜻해진다.

571

was

[wáz] 워즈

동 ~이었다, ~에 있었다
(동사 be의 1, 3인칭 단수 과거형)

I was asleep when you came in.
아이 워즈 어슬-잎 웬 유- 케임 인
네가 들어왔을 때 나는 자고 있었어.

She was in Pusan yesterday.
쉬- 워즈 인 부산 에스터데이
그녀는 어제 부산에 있었다.

wash

[wáʃ] 와쉬

동 씻다

Wash your hands before you eat.
와쉬 유어 핸즈 비포- 유- 이-트
먹기 전에 손을 씻어라.

wasn't

[wʌ́znt] 워즌트

동 ~이 아니었다

Were you at home last night?
위- 유- 앳 홈 래스트 나잇
너 어젯밤에 집에 있었니?

No, I wasn't
노- 아이 워즌트 아니, 집에 없었어.

waste

[wéist] 웨이스트

동 낭비하다
명 낭비, 허비

Don't waste your time.
돈트 웨이스트 유어 타임
시간을 낭비하지 마라.

watch

[wátʃ] 와치

동 지켜보다, 보다
명 팔목시계

You watch too much T.V.
유- 와치 투- 머치 티-뷔-
너는 텔레비전을 너무 많이 본다.

My father bought me a watch.
마이 파-더 보-트 미 어 와치
아버지께서 나에게 시계를 하나 사주셨어.

water

[wɔ́:tər] 워-터

명 물

I drank a glass of water.
아이 드랭크 어 글래스 어브 워-터
나는 물 한잔을 마셨어.

watermelon

[wɔ́:tərmèlən] 워-터멜런

명 수박

I like watermelon very much.
아이 라잌 워-터멜런 베리 머치
나는 수박을 아주 좋아해.

W

way
[wéi] 웨이

명 길

Show me the way to the station.
쇼- 미 더 웨이 투 더 스테이션
역으로 가는 길을 가르쳐 줘요.

W.C.
[dʌ́bljuːsíː] 더블유-시-

명 화장실
(water closet의 약자)

Where is a W.C.?
웨어 이즈 어 더블유-시-
화장실은 어디에 있니?

we
[wìː] 위-

대 우리는, 우리가

We are elementary school students.
위 아- 엘리먼트리 스쿠울 스튜-던츠
우리는 초등학생들이야.

weak
[wíːk] 위-크

형 허약한, 약한

I'm very healthy, but my brother is weak.
아임 베리 헬씨. 벗 마이 브러더 이즈 위-크
나는 아주 건강해, 하지만 내 동생은 허약해.

wear
[wέər] 웨어

동 입다

It's rainning.
잇츠 레이닝
비가 오고 있어.

Wear your raincoat.
웨어 유어 레인코-트
네 비옷을 입어라.

weather
[wéðər] 웨더

명 날씨, 기후

How's the weather?
하우즈 더 웨더
날씨가 어떠니?

It is rainning.
잇 이즈 레이닝
비가 오고 있어.

wedding
[wédiŋ] 웨딩

명 결혼, 결혼식

Today is my parent's wedding anniversary.
투데이 이즈 마이 페어런츠 웨딩 애니버-서리
오늘은 우리 부모님의 결혼 기념일이야.

W

Wednesday

[wénzdei] 웬즈데이

명 수요일

See you Wednesday.
시- 유- 웬즈데이
수요일에 보자.

OK, see you then.
오-케이. 시- 유- 덴
알았어. 그때보자.

week

[wíːk] 위-크

명 주

There are seven days in a week.
데어 아- 세븐 데이즈 인 어 위-크
일주일에는 7일이 있어.

weekend

[wíːkènd] 위-크엔드

명 주말

Have a nice weekend!
해브 어 나이스 위-크엔드
즐거운 주말이 되길!

weigh

[wéi] 웨이

동 무게가 나가다

How much do you weigh?
하우 머치 두- 유- 웨이
너는 몸무게가 얼마나 되니?

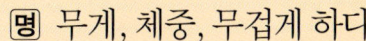

weight
[wéit] 웨이트

명 무게, 체중, 무겁게 하다

What is the weight of this box?
왓 이즈 더 웨이트 어브 디스 박스
이 상자의 무게는 얼마니?

The weight is 2 kilograms.
더 웨이트 이즈 투- 킬러그램즈
무게는 2킬로그램이야.

welcome
[wélkəm] 웰컴

동 환영하다

Welcome to Korea.
웰컴 투 커리-어
한국에 오신 것을 환영합니다.

well
[wél] 웰

부 잘, 건강히, 충분히

You speak English very well.
유- 스피-크 잉글리쉬 베리 웰
너 영어를 아주 잘 하는구나.

Thank you.
생큐-
고마워.

went

[wént] 웬트

⑧ go의 과거형

The man went off.
더 맨 웬트 어프-
그 사나이는 떠나갔다.

were

[wə:r] 워-

⑧ ~이었다, ~이 있었다
(be의 2인칭 단수, 복수, 3인칭 복수의 과거)

Were you asleep when I called you.
위- 유- 어슬립 웬 아이 코올드 유-
내가 너를 부를 때 자고 있었니?

No, I wasn't.
노-, 아이 워즌트
아니, 자고 있지 않았어.

weren't

[wə́:rnt] 워-트

⑧ ~이 아니었다
(were not의 줄임말)

You weren't in your room, were you?
유- 워-트 인 유어 루움, 워- 유-
너 방에 있지 않았지, 그렇지?

Yes, I was.
예스, 아이 워즈
아니, 방에 있었어.

west [wést] 웨스트

⑱ 서, 서쪽 ⑲ 서쪽의

Inchon is to the west of Seoul.
인천 이즈 투 더 웨스트 어브 서울
인천은 서울의 서쪽에 있어.

578

wet
[wét] 왯

형 젖은

I can't wear this sweater.
아이 캔트 웨어 디스 스웨터
나는 이 스웨터를 입을 수가 없어.

It's still wet.
잇츠 스틸 왯
이것은 아직도 젖어 있어.

whale
[hwéil] 웨(훼)일

명 고래

The whale is the largest sea animal.
더 웨일 이즈 더 라-지스트 시- 애너멀
고래는 가장 큰 바다 동물이야.

what
[hwʌ́t] 왓(홧)

대 무엇

What is this?
왓 이즈 디스
이것은 무엇이니?

It is a book.
잇 이즈 어 북
그것은 책이야.

wheel

[(h)wíːl] 위일(휘일)

명 바퀴

Cars usually have four wheels.

카-즈 유-퀄리 해브 포- 위일즈

자동차는 보통 네 개의 바퀴가 있다.

when

[hwén] 웬(휀)

부 언제

When did you buy this coat?

웬 디쥬 바이 디스 코트

이 코트는 언제 샀니?

I bought it yesterday.

아이 보-트 잇 예스터데이

어제 샀어.

where

[hwɛ́ər] 웨어(훼어)

부 어디에

Where are you?

웨어 아- 유-

너 어디에 있니?

I'm in the bathroom.

아임 인 더 배쓰루움

화장실에 있어.

which
[hwítʃ] 위치(휘치)

데 어느, 어느것

Which is your pen?
위치 이즈 유어 펜
어느것이 네 펜이니?

This one is mine.
디스 원 이즈 마인
이것이 내 꺼야.

while
[hwáil] 와일(화일)

접 ~하는 동안에, ~중에

She came home while I was asleep.
쉬- 케임 홈 와일 아이 워즈 어슬립
그녀는 내가 자고 있는 동안 집에 왔어.

whisper
[hwíspər] 위(휘)스퍼

동 속삭이다

Don't whisper! Speak loudly.
돈트 위스퍼! 스피-크 라우들리
속삭이지 마! 크게 말해.

581

whistle
[hwísəl] 위(휘)슬

명 휘파람, 호루라기
동 휘파람을 불다

He gave a loud whistle.
히- 게이브 어 라우드 위슬
그는 휘파람을 크게 불었다.

Can you whistle?
캔 유- 위슬
너 휘파람 불 수 있니?

white
[hwáit] 와(화)이트

형 흰

The snow is white.
더 스노우 이즈 와이트
눈은 희다.

who
[húː] 후-

대 누구, 누가

자기소개

Who's that woman over there?
후-즈 댓 우먼 오-버 데어
저쪽에 있는 여자는 누구니?

She is my aunt.
쉬- 이즈 마이 앤트
그녀는 내 숙모야.

whole
[hóul] 호울

형 모든, 전체의

The whole crowd enjoyed the party.
더 호울 크라우드 인조이드 더 파-티
모든 사람들이 파티를 즐겼다.

whom
[húːm] 후움

대 누구를(who의 목적격)

Chulsoo is the friend whom I trust.
철수 이즈 더 프렌드 후움 아이 트러스트
철수는 내가 믿는 친구야.

who's
[húːz] 후-즈

who is, (has, does)의 단축형

Who's this pretty girl with you?
후즈 디스 프리티 거얼 위드 유-
너랑 같이 있는 이 귀여운 소녀는 누구니?

whose
[húːz] 후-즈

대 누구의(who의 소유격)

Whose bag is this?
후즈 백 이즈 디스
이 가방은 누구 꺼니?

It's mine.
잇츠 마인
그건 내 꺼야.

why
[hwái] 와(화)이

대 왜

Why did you hit your brother?
와이 디쥬 힛 유어 브러더
왜 동생을 때렸니?

Because he didn't give me his cookie.
비코-즈 히- 디든트 기브 미 히즈 쿠키
자기 과자를 저에게 주지 않아서요.

wide
[wáid] 와이드

형 넓은

This road is very wide.
디스 로우드 이즈 베리 와이드
이 길은 아주 넓어.

wife
[wáif] 와이프

명 아내, 부인

His wife died yesterday.
히즈 와이프 다이드 예스터데이
그의 부인은 어제 돌아가셨어.

wild
[wáild] 와일드

형 거친, 야생의

The American football is a wild sport.
디 어메리컨 풋보올 이즈 어 와일드 스포-트
미식 축구는 거친 운동이야.

will
[wíl] 윌

조 ~일 것이다, ~할 것이다

Will you come back?
월 유- 컴백
너 돌아오니?

Yes, I will.
예스, 아이 윌
그래 돌아올거야.

win
[wín] 윈

동 이기다

● won : win의 과거, 과거분사형

I won the race.
아이 원 더 레이스
내가 경주에서 이겼어.

Congratulations.
컨그래출레이션즈
축하해!

wind
[wínd] 윈드

명 바람

The wind is blowing hard.
더 윈드 이즈 블로-잉 하드
바람이 심하게 불고 있어.

window

[wíndou] 윈도우

명 창문

Can you open the window?
캔 유- 오-픈 더 윈도우
창문을 열어 주겠니?

windy

[wíndi] 윈디

형 바람부는

How's the weather today?
하우즈 더 웨더 투데이
오늘 날씨가 어떠니?

It is windy.
잇 이즈 윈디
바람이 불어.

wine

[wáin] 와인

명 포도주, 술

Wine is made from grapes.
와인 이즈 메이드 프롬 그레이프즈
포도주는 포도로 만든다.

wing

[wíŋ] 윙

명 날개

The bird has wings.
더 버-드 해즈 윙즈
새는 날개가 있어.

winter

[wíntər] 윈터

명 겨울

Winter is my favorite season.
윈터 이즈 마이 페이버릿 시즌
겨울은 내가 가장 좋아하는 계절이야.

wire

[wáiər] 와이어

명 철사, 전선

They laid on electric wires.
데이 레이드 안 일렉트릭 와이어스
그들은 전선을 가설하였다.

wise

[wáiz] 와이즈

형 현명한, 슬기로운

A wise man can do it.
어 와이즈 맨 캔 두 잇
현명한 사람은 그것을 할 수 있어.

wish

[wíʃ] 위쉬

통 바라다, 기원하다
명 소원

I wish to visit Paris.
아이 위쉬 투 비짓 패리스
나는 파리에 가보고 싶어.

What is your wish?
왓 이즈 유어 위쉬
너의 소원은 무엇이니?

witch
[wítʃ] 위취

몡 마녀

I dreamed about a witch on a broom stick.
아이 드리임드 어바웃 어 위취 안 어 브루움 스틱
빗자루를 탄 마녀를 꿈에 보았어.

with
[wíð] 위드

젠 ~와 함께

I'm going to go to the supermarket.
아임 고-잉 투 고 투 더 수-퍼마-킷
나는 수퍼마켓에 갈 것이다.

Can I go with you?
캔 아이 고- 위드 유-
함께 가도 될까?

within
[wiðín] 위딘
젠 (시간, 거리)~이내에(의)
뷔 안에(으로),
마음 속으로

I can't finish homework within the time.
아이 켄트 피니쉬 홈워-크 위딘 더 타임
그 시간 내에 숙제를 마칠 수 없다.

without
[wiðàut] 위드아웃

젠 ~없이

It's rainning outside.
잇츠 레이닝 아웃사이드
밖에 비가 와.

Don't go out without an umbrella.
돈트 고- 아웃 위드아웃 언 엄브렐러
우산없이 밖으로 나가지 마라.

wolf
[wúlf] 울프

명 늑대

Have you ever seen a wolf?
해브 유- 에버 시인 어 울프
늑대를 본 적이 있니?

woman
[wúmən] 우먼

명 여자, 부인

There is a woman in the classroom.
데어 이즈 어 우먼 인 더 클래스루움
교실에 여자 한 명이 있어.

She is our new teacher.
쉬- 이즈 아-워 뉴- 티-처
그녀가 우리의 새 선생님이야.

women
[wímin] 위민

명 여자들
● woman의 복수

Who are those women?
후- 아- 도-즈 위민
저 여자들은 누구니?

They are my aunts.
데이 아- 마이 앤츠
그들은 나의 이모들이야.

wonder

[wʌ́ndər] 원더

동 궁금하다, 놀라다
명 놀라운 것, 불가사의

I wondered to see you here.
아이 원더드 투 시- 유- 히어
너를 여기서 만나 놀랐어.

No wonder. I followed you.
노- 원더. 아이 팔로우드 유-
놀랄 것 없어. 내가 너를 따라왔어.

wonderful

[wʌ́ndərfəl] 원더펄

형 놀라운, 훌륭한

Your painting is wonderful.
유어 페인팅 이즈 원더펄
너의 그림은 훌륭해.

Thank you.
생큐-
고마워.

won't

[wóunt] 워운트

동 ~하지 않을 것이다.
(will not의 줄임말)

Will you go to the party?
윌 유- 고- 투 더 파-티
너 그 파티에 갈꺼니?

No, I won't.
노-, 아이 워운트
아니, 안 갈꺼야.

wood
[wúd] 우드

명 목재, 숲

This desk is made of wood.
디스 데스크 이즈 메이드 어브 우드
이 책상은 나무로 만든 거야.

wool
[wúl] 우울

명 양모, 울

My mother gave me a wool sweater.
마이 머더 게이브 미 어 우울 스웨터
나의 어머니께서 나에게 털 스웨터를 주셨어.

word
[wə́ːrd] 워-드

명 단어, 낱말

What's the French word for "dog"?
왓츠 더 프렌취 워-드 포- 도-그
"개"를 뜻하는 프랑스 단어가 뭐니?

work
[wə́ːrk] 워-크

명 일 동 일하다

He has lots of work to do.
히- 해즈 랏츠 어브 워-크 투 두-
그는 할 일이 많아.

He must work very hard.
히- 머스트 워-크 베리 하-드
그는 열심히 일해야 해.

world
[wə́ːrld] 워얼드

명 세계, 세상

I want to travel around the world.
아이 원 투 트래블 어라운드 더 워얼드
나는 세계 여행을 하고 싶어.

worm
[wə́ːrm] 워-엄

명 벌레

Many birds eat worms.
메니 버-즈 이-트 워엄즈
많은 새들은 벌레를 먹는다.

worry

[wə́ːri] 워-리

동 걱정하다

Can you find his house?
캔 유- 파인드 히즈 하우스
너 그의 집을 찾을 수 있니?

Don't worry. I can find it.
돈트 워어리. 아이 캔 파인드 잇
걱정 마, 찾을 수 있어.

worse

[wə́ːrs] 워-스

형 더 나쁜(bad의 비교급)

Her illness bacame worse.
허- 일니스 비케임 워-스
그녀의 병이 더 나빠졌어.

That's too bad.
댓츠 투- 뱃
그것 참 안됐구나.

worst

[wə́ːrst] 워-스트

형 가장 나쁜, 최악의(bad의 최상급)

500 people died in this accident.
파이브 헌드러드 피-플 다이드 인 디스 액시던트
이 사고로 500명이 죽었어.

It is the worst accident in history.
잇 이즈 더 워-스트 액시던트 인 히스터리
이것은 역사상 최악의 사고야.

would
[wúd] 우드

동 ~했을 것이다
(would you~? ~해주시겠어요?)
● 공손하게 부탁할 때 쓰는 표현

She said he would come.
쉬- 셋 히- 우드 컴
그녀는 그가 올 거라고 말했어.

Would you open the window?
우쥬 오-픈 더 윈도우
창문을 열어 주시겠어요?

wrap
[rǽp] 랩

동 싸다

Wrap up the box in paper.
랩 업 더 박스 인 페이퍼
종이로 상자를 싸라.

wrist
[ríst] 리스트
명 손목

My wrist hurts.
마이 리스트 헛-츠
손목이 아파.

write [ráit] 라이트
동 쓰다

He connot read and write.
히- 캔낫 리드 앤드 라이트
그는 읽지도 쓰지도 못한다.

● wrote는 과거   ● written은 과거분사

594

writer

[ráitər] 라이터

명 작가

I want to be a writer.
아이 원 투- 비 어 라이터
나는 작가가 되고 싶어.

written

[rítn] 리튼

동 write의 과거분사

The letter is written in English.
더 레러 이즈 뤼튼 인 잉글리쉬
편지는 영어로 씌어 있다.

wrong

[rɔ́ːŋ] 로옹

형 틀린, 나쁜

I'm right and you're wrong.
아임 라이트 앤드 유어 로옹
네기 맞고 내가 틀려.

wrote

[róut] 로-트

동 write의 과거형

I wrote him by return mail.
아이 로-트 힘 바이 리턴 메일
나는 그에게 회답 편지를 썼다.

X, x

X-ray
[éksrèi] 엑스레이

명 엑스선, 엑스레이 사진

I took an X-ray in the hospital.
아이 툭 언 엑스레이 인 더 하스피틀
나는 병원에서 엑스레이를 찍었어.

The X-ray showed that a bone was broken.
더 엑스레이 쇼드 댓 어 보운 워즈 브로-큰
엑스레이 사진에 뼈가 하나 부러진 것이 보였다.

xylophone

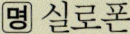 명 실로폰

[záiləfòun] 자일러포운

She plays the xylophone very well.
쉬- 플레이즈 더 자일러포운 베리 웰
그녀는 실로폰을 아주 잘 쳐.

We play xylophones with little hammers.
위- 플레이 자일러포운즈 위드 리틀 해머즈
우리는 조그만 망치로 실로폰을 연주해.

X

Y, y

yacht

[ját] 얏

명 요트

What did you do yesterday?
왓 디쥬 두- 예스터데이
너는 어제 무엇을 했니?

I watched a yacht race on TV.
아이 왓치트 어 얏 레이스 안 티-뷔-
텔레비전에서 요트 경기를 보았어.

yard

[já:rd] 야-드

명 야드(길이 단위), 뜰

The wall is 10 yards long.
더 위얼 이즈 텐 야아즈 로옹
이 벽은 길이가 10야드야.

There are flowers in the yard.
데어 아- 플라워즈 인 더 야드
뜰에 꽃들이 있어.

598

yawn

[jɔ́ːn] 요온

명 하품 **동** 하품하다

Cover your mouth when you yawn.

커버 유어 마우쓰 웬 유- 요온

하품할 때에는 입을 가려라.

year

[jíər] 이어

명 해, 년

When did he go to America?

웬 디드 히- 고- 투 어메리커

그는 언제 미국으로 갔니?

He went to America 2 years ago.

히- 웬 투 어메리커 투- 이어즈 어고-

그는 2년 전에 미국으로 갔어.

Y

yearn

[jə́ːrn] 여언

그리워(동경)하다, 갈망하다

He yearned for his home and family.

히- 여언드 포- 히즈 홈 앤드 패밀리

그는 그의 집과 가족을 그리워했다.

yellow
[jélou] 옐로우
〔형〕 노란

This butterfly is yellow.
디스 버터플라이 이즈 옐로우
이 나비는 노란색이야.

It's so beautiful!
잇츠 소- 뷰-티풀
아주 예쁘구나!

yes
[jés] 예스
〔부〕 예, 그래

Can you speak English?
캔 유- 스피-크 잉글리쉬
너는 영어를 말할 수 있니?

Yes, a little.
예스, 어 리틀
그래 약간 할 수 있어.

yesterday
[jéstərdèi] 예스터데이
〔명〕 어제

I saw her yesterday.
아이 소- 허- 예스터데이
나는 그녀를 어제 보았어.

yet
[jét] 옛
〔부〕 아직

Eungee has not arrived yet.
은희 해즈 낫 얼라이브드 옛
은희는 아직 도착하지 않았어.

you

[júː] 유(우)

때 너, 너희들, 당신, 당신들

I'm a boy and you're a girl.
아임 어 보이 앤드 유어 어 거얼
나는 소년이고 너는 소녀야.

young

[jʌ́ŋ] 영

형 젊은

My grandmother is old and I'm young.
마이 그랜드머더 이즈 올드 앤드 아임 영
나의 할머니는 늙었고 나는 젊어.

Y

your

[júər] 유어

때 너희의, 너희들의, 당신, 당신들의(you의 소유격)

I'll help you with your homework.
아윌 헬프 유- 위드 유어 홈워-크
내가 너의 숙제를 도와줄게.

yours

[júərz] 유어즈

너희들의 것,
당신들의 것 (you의 소유대명사)

This book is mine.
디스 북 이즈 마인
이 책은 나의 것이야.

And that book is yours.
앤드 댓 북 이즈 유어즈
그리고 저 책은 너의 것이야.

yourself

[juərsélf] 유어셀프

대 너 자신, 당신 자신

You are selfish.
유- 아- 셀피쉬
너는 이기적이야!

You love only yourself.
유- 러브 온리 유어셀프
너는 오직 너 자신만을 사랑해.

yourselves
[juərsélvz] 유어셀브즈

때 너희들 자신, 당신들 자신
(Yourself의 복수)

Take care not to hurt
yourselves.
테익 캐어 낫 투 허트 유어셀브즈
너희들 다치지 않도록 조심해라.

you've
[júːv] 유-브

you have의 단축형

You've a good mother.
유-브 어 굿 마더
너는 좋은 엄마를 두었다.

Y

Z, z

zebra

[zíːbrə] 지-브러

명 얼룩말

I saw zebras at the zoo.
아이 소- 지-브러즈 앳 더 주-
나는 동물원에서 얼룩말들을 보았어.

zero

[zíərou] 지어로우

명 영, 0   형 영의

Four minus four is zero.
포- 마이너스 포- 이즈 지어로우
4 빼기 4는 0이야.

Zeus

[zúːs] 주우스

그리스 신화의 신

Zeus is the god of the sky.
주우스 이즈 더 갓 오브 더 스카이
제우스는 하늘의 신이다.

zigzag
[zígzæg] 지그재그

명 지그재그   형 구불구불한

Cars are running along the zigzag road.
카-즈 아 러닝 얼로옹 더 지그재그 로-드
차들이 구불구불한 길을 따라 달리고 있어.

zipper
[zípər] 지퍼

명 지퍼

The zipper of my pants is broken.
더 지퍼 어브 마이 팬츠 이즈 브로우컨
내 바지의 지퍼가 고장났어.

zoo
[zúː] 주-

명 동물원

When did you go to the zoo?
웬 디쥬- 고- 투 더 주-
너는 언제 동물원에 갔니?

I went there yesterday.
아이 웬트 데어 예스터데이
어제 그곳에 갔어.

Z

부록으로
더욱 알찬 영어를!

● 년 **year** [jiər] 이어, 달 **month** [mʌnθ] 먼쓰

a year : 1년
January [dʒǽnjuèri] 재뉴에리 : 1월(Jan.)
February [fébruèri] 페브루에리 : 2월(Feb.)
March [máːrtʃ] 마취 : 3월(Mar.)
April [éiprəl] 에이프럴 : 4월(Apr.)
May [méi] 메이 : 5월(May.)
June [dʒúːn] 주운 : 6월(Jun.)
July [dʒuːlái] 줄라이 : 7월(Jul.)
August [ɔ́ːgəst] 오-거스트 : 8월(Aug.)
September [septémbər] 셉템버 : 9월(Sep.)
October [aktóubər] 악토우버 : 10월(Oct.)
November [no(u)vémbər] 노우벰버 : 11월(Nov.)
December [disémbər] 디셈버 : 12월(Dec.)

● 주 **week** [wiːk] 위익

a week : 1주
Sunday [sʌ́ndei] 선데이 : 일요일(Sun.)
Monday [mʌ́ndei] 먼데이 : 월요일(Mon.)
Tuesday [tjúːzdei] 튜우즈데이 : 화요일(Tue.)
Wednesday [wénzdei] 웬즈데이 : 수요일(Wed.)
Thursday [θə́ːrzdei] 써어즈데이 : 목요일(Thu.)
Friday [fráidei] 프라이데이 : 금요일(Fri.)
Saturday [sǽtərdei] 새터데이 : 토요일(Sat.)

608

● 4계절 **four season** [fɔːr síːzn] 포오시이즌

<table>
<tr><td colspan="1" align="center">four seasons : 4계절</td></tr>
</table>

spring [spríŋ] 스프링 : 봄

summer [sʌ́mər] 섬머 : 여름

fall / autumn [fɔ́ːl] 포올 / [ɔ́ːtəm] 오-텀 : 가을

winter [wíntər] 윈터 : 겨울

● 수 **number** [nʌ́mbər] 넘버

수는 크게 기수와 서수로 나눌 수 있습니다.

기수란 우리가 하나, 둘, 셋 …, 혹은 일, 이, 삼, … 등과 같이 사물의 개수나 나이 등을 말할 때 쓰는 수이고, 서수란 첫 번째, 두 번째 하는 식으로 순서를 나타낼 때 쓰는 수입니다.

별로 어려운 것이 아니고 영어에서는 기본적인 사항이므로 꼭 외어야 합니다. 한가지 주의할 점은 서수 앞에는 반드시 정관사 'the' 가 붙는다는 것을 꼭 알아 두십시오.

(1) 기수

0	**zero** [zí(ə)rou] 지(어)로우
1	**one** [wʌ́n] 원
2	**two** [túː] 투-
3	**three** [θríː] 쓰리-
4	**four** [fɔ́ːr] 포-
5	**five** [fáiv] 파이브
6	**six** [síks] 식스

609

7	**seven** [sévən] 세븐(번)
8	**eight** [eít] 에잇
9	**nine** [náin] 나인
10	**ten** [tén] 텐
11	**eleven** [ilévn] 일레븐
12	**twelve** [twélv] 트웰브
13	**thirteen** [θə́ːrtìːn] 써-티인
14	**fourteen** [fɔ́ːtíːn] 포-티인
15	**fifteen** [fìftíːn] 피프티인
16	**sixteen** [sìkstíːn] 식스티인
17	**seventeen** [sèv(ə)ntíːn] 세븐티인
18	**eighteen** [èitíːn] 에이티인
19	**nineteen** [nàintíːn] 나인티인
20	**twenty** [twénti] 트웬티
30	**thirty** [θə́ːrty] 써어티
40	**forty** [fɔ́ːrty] 포-티
50	**fifty** [fífti] 피프티
60	**sixty** [síksti] 식스티
70	**seventy** [sévnti] 세븐티
80	**eighty** [éiti] 에이티
90	**ninety** [náinti] 나인티
100	**hundred** [hʌ́ndrəd] 헌드럿
1,000	**one thousand** [wʌ́n θàuzənd] 원 싸우전드
10,000	**ten thousand** [tén θàuzənd] 텐 싸우전드

100,000	**one hundred thousand** 원 헌드레드 싸우전드
1,000,000	**one million** [wʌ́n míljən] 원 밀리언
10,000,000	**ten million** [tén mìljən] 텐 밀리언
1,000,000,000	**one billion** [wʌ́n bìljən] 원 빌리언

(2) 서수

첫번째	**first** [fə:rst] 퍼-스트
두번째	**second** [sékənd] 세컨드
세번째	**third** [θə:rd] 써-드
네번째	**fourth** [fɔ:rθ] 포오쓰
다섯번째	**fifth** [fifθ] 피프쓰
여섯번째	**sixth** [siksθ] 식스쓰
일곱번째	**seventh** [sév(ə)nθ] 세븐쓰
여덟번째	**eighth** [eitθ] 에잇쓰
아홉번째	**ninth** [nainθ] 나인쓰
열번째	**tenth** [tenθ] 텐쓰
열한번째	**eleventh** [ilévnθ] 일레븐쓰
열두번째	**twelfth** [twelfθ] 투웰프쓰
열세번째	**thirteenth** [θə́:rtí:nθ] 써-티인쓰
열네번째	**fourteenth** [fɔ́:rtí:nθ] 포-티인쓰
열다섯번째	**fifteenth** [fìftí:nθ] 피프티인쓰
열여섯번째	**sixteenth** [sìkstí:nθ] 식스티인쓰
열일곱번째	**seventeenth** [sèv(ə)ntí:nθ] 세븐티인쓰

열여덟번째	eighteenth [èitíːnθ] 에이티인쓰
열아홉번째	nineteenth [nàintíːnθ] 나인티인쓰
스무번째	twentieth [twéntiiθ] 트웬티이쓰
스물한번째	twenty first [twénti fəːrst] 트웬티 퍼어스트
서른번째	thirtieth [θə́ːrtiiθ] 써어티이쓰
마흔번째	fortieth [fɔ́ːrtiiθ] 포-티이쓰
쉰번째	fiftieth [fíftiiθ] 피프티이쓰
예순번째	sixtieth [síkstiiθ] 식스티이쓰
일흔번째	seventieth [sévntiiθ] 세븐티이쓰
여든번째	eightieth [éitiiθ] 에이티이쓰
아흔번째	ninetieth [náintiiθ] 나인티이쓰
백번째	one hundredth [hʌ́ndrədθ] 헌드럿쓰
천번째	one thousandth [θáuzəndθ] 싸우전드쓰
백만번째	one millionth [míljənθ] 밀리언쓰
일억번째	one billionth [bíljənθ] 빌리언쓰

명사, 인칭대명사

❶ 명사의 복수

우리말에서 명사의 복수를 나타낼 때 낱말의 끝에 "들"이라는 접미사를 붙이는 것과 마찬가지로 영어에서도 명사의 복수를 나타낼 때에는 낱말의 끝에 s를 붙입니다. 그러나 우리말과는 달리 영어에서는 s를 붙여 복수를 만드는데 몇몇 규칙이 있으며 이러한 규칙 변화에 맞지 않는 불규칙 변화도 많습니다. 불규칙 변화는 하나하나 끈질기게 외우는 수밖에 없습니다. 명사의 복수형을 아는 것은 영어를 말하는데 기본적인 사항입니다. 시간이 날 때마다 자주 들여다 보면서 완전히 익혀야 하겠습니다.

그럼 자세한 사항들을 보도록 합시다.

(1) 규칙변화

1) 단수형 어미에 - s 를 붙인다.

예   book ◐ book**s**   flower ◐ flower**s**   bed ◐ bed**s**

I have three books in my bag.
나는 가방 안에 세 권의 책을 가지고 있어.
There are many flowers in the garden.   정원에는 꽃들이 많아

2) 어미가 '자음+o' 로 끝나는 것은 -es를 붙인다.

예   potato ◐ potato**es**   hero ◐ hero**es**   tomato ◐ tomato**es**
volcano ◐ volacno**es**

She put two potatoes and three tomatoes on the table.
그녀는 감자 두 개와 토마토 세 개를 식탁 위에 놓았다.

예외 photo ◐ photo**s**   piano ◐ piano**s**   auto ◐ auto**s**

Where did you take these photos? 이 사진들을 어디에서 찍었니?

→ I took them in Pusan. 부산에서 찍었어.

3) 어미가 's, ss, x, z, sh, ch'로 끝나는 것은 -es를 붙인다.

예 bus ◉ bus**es**   class ◉ class**es**   box ◉ box**es**
dish ◉ dish**es**   watch ◉ watch**es**

Many buses are arriving and leaving.
많은 버스들이 도착하고 떠나고 있어.

Wash the dishes and cups.
접시들과 컵들을 닦아라.

4) 어미가 '자음+y'로 끝나는 것은 y를 i로 바꾸고 -es를 붙인다.

예 baby ◉ bab**ies** country ◉ countr**ies** company ◉ compan**ies**

Look at those babies. 저 아기들을 봐.

→ They are so cute! 아기들이 너무나 귀엽구나!

예외 어미가 '모음+y'로 끝나는 것은 -s를 붙인다.

예 boy ◉ boy**s**   toy ◉ toy**s**

Boys are playing in the playground. 소년들이 운동장에서 놀고 있어.

5) 어미가 'f, fe'로 끝나는 것은 f를 v로 바꾸고 -es를 붙인다.

예 wolf ◉ wol**ves**   knife ◉ kni**ves**

He has two knives.
그는 두 자루의 칼을 가지고 있어.

(2) 불규칙 변화

불규칙 변화라고 해서 각각의 단어들이 모두 제각각으로 변화하는 것은 아니고, 공통된 몇 가지 형태가 있습니다. 그 형태들 중에는 모음이 변하거나, 단수형 어미에 -en 또는 -ren을 붙이거나, 단수와 복수가 같은 것 등이 있습니다. 그러나 이 형태들이 규칙 변화에서와 같이 일정한 규칙에 따라 변하는 것이 아니므로 각 낱말의 복수형을 암기해야 합니다.

1) 모음이 변하는 것

예 man ⊙ men   woman ⊙ women   foot ⊙ feet
mouse ⊙ mice   goose ⊙ geese

Who are those men and women?

저 남자들과 여자들은 누구니?

A cat is running after two mice.

고양이 한 마리가 두 마리의 쥐들을 뒤쫓고 있어.

2) 단수형 어미에 -en 또는 -ren이 붙는 것

예 child ⊙ children   ox ⊙ oxen

Five children are crossing the road.

다섯 명의 아이들이 길을 건너고 있어.

3) 단수와 복수가 같은 것

예 sheep ⊙ sheep   fish ⊙ fish   deer ⊙ deer

There are twelve sheep and ten deer in my uncle's farm.

나의 삼촌의 목장에는 20마리의 양들과 10마리의 사슴들이 있어.

명사의 불규칙 변화

단수	복수	단수	복수
child	children	sheep	sheep
man	men	mouse	mice
woman	women	goose	geese
gentleman	gentlemen	foot	feet
wife	wives	tooth	teeth
knife	knives	fish	fish
ox	oxen	wolf	wolves
deer	deer		

(3) 인칭 대명사, 소유 형용사, 소유 대명사

말하는 사람을 1인칭이라 하고 듣는 사람을 2인칭, 그리고 1인칭과 2인칭 이외의 모든 사람 또는 사물을 3인칭이라 하고 각 인칭에는 단수와 복수가 있습니다. 이러한 인칭의 구별을 나타내는 대명사를 인칭 대명사라고 합니다.

인칭 대명사는 주격 인칭 대명사와 목적격 인칭 대명사가 있는데 주격인칭 대명사는 '나는' '너는' 등으로 해석되고 목적격 인칭대명사는 '나를' '너에게' 등으로 해석됩니다.

소유 형용사는 '나의' '너의' 등으로 해석됩니다. 영어에서는 앞에 나온 명사나 동사를 같은 문장이나 이어지는 문장에서 다시 반복하는 것을 피하는 경향이 있습니다. 그래서 생긴 것이 소유 대명사인데, 소유 대명사는 앞에 나온 [소유 형용사+명사]를 대신하는 대명사입니다. 예를 들어 '나의 책' my book라는 말이 나왔다면, 이 말이 속한 문장을 다시 받는 문장에서는

'나의 책' my book 라는 말을 다시 반복하기 보다는 '나의 것' mine 이라고 하는 식이지요.

설명을 길게 한 것이 이해하기에 오히려 더 어려워졌는지도 모르겠군요. 다음의 도표와 그 아래의 예문을 참조하고 스스로 문장들을 만들어 보면서 익혀보세요.

인칭	종류	주격 인칭 대명사 ~은, ~이, ~가	목적격 인칭 대명사 ~을/를, ~에게	소유 형용사 ~의	소유 대명사 ~의 것
1인칭	단수	I	me	my	mine
	복수	we	us	our	ours
2인칭	단수	you	you	your	yours
	복수	you	you	your	yours
3인칭	단수	he	him	his	his
		she	her	her	hers
		it	it	its	
	복수	they	them	their	theirs

주격 인칭 대명사

➡ I am a student. 나는 학생이야.

➡ It is a book. 이것은 책이야.

➡ They don't have any money. 그들은 돈을 가지고 있지 않아.

목적격 인칭 대명사

➡ I love her and she loves me, too. 나는 그녀를 사랑하고 그녀도 나를 사랑해.

소유 형용사

➡ Is this my pen? No, this is her pen. 이것이 나의 펜이니? 아니, 이것은 그녀의 펜이야.

➡ Where is your hat? 너의 모자는 어디에 있어?

소유 대명사

→ This is my bag and that is yours. 이것은 나의 가방이고 저것은 너의 것이야.

→ Whose umbrella is this? It's mine. 이것은 누구의 우산이니? 나의 것이야.

(4) 단축형

단축형은 두 개의 단어를 작은 따옴표(')를 이용하여 연결하는 것입니다. 이때 단어의 글자 일부가 생략되게 됩니다. 우리말에는 단축형이라는 것이 없지요? 이것 역시 우리말과 영어의 다른 점들 중 하나입니다.

1) 대명사와 be동사가 결합되어 단축되는 경우

> **예**　**I am ○ I'm　we are ○ we're　you are ○ you're**

　　I'm Korean and you're American. 나는 한국인이고 너는 미국인이다.

　　We're children. 우리는 어린이들이야.

　　He's sleeping now. 그는 지금 자고 있어.

2) be동사나 조동사가 not와 결합되어 단축되는 경우

> **예**　**is not ○ isn't　are not ○ aren't　was not ○ wasn't**

　　He isn't in the house. 그는 집에 있지 않아.

　　I don't want to go to school. 나는 학교에 가고 싶지 않아.

　　You mustn't lie. 거짓말 하지 말아라.

3) 그 외의 경우

> **예**　**I will ○ I'll　I would ○ I'd**

　　I'll miss you. 나는 너를 그리워 할거야.

동사

(1) 현재 시제

현재 시제는 현재의 동작이나 상태, 작업이나 인격, 불변의 진리나 사실을 나타낼 때, 그리고 속담 등에 쓰입니다. 현재 시제의 동사의 형태는 3인칭 단수일 때를 제외하고는 원형을 취합니다.

➜ I see a bird in the tree.　나는 나무 위에 있는 새 한 마리를 본다.

➜ It is winter now.　지금은 겨울이야.

➜ He teaches english.　그는 영어를 가르쳐.

➜ The sun rises in the East.　태양은 동쪽에서 뜬다.

➜ There is no royal road to learning english.　영어를 배우는데에는 왕도가 없다.

(2) 과거 시제

과거 시제는 과거의 동작, 상태, 습관 등을 나타냅니다.

➜ I saw her yesterday.　나는 그녀를 어제 보았어

➜ She was in the classroom.　그녀는 교실에 있어.

➜ He would take a walk in the evening.　그는 저녁에 산책을 하고는 했어.
　(would는 과거의 불규칙적인 습관을 나타냅니다.)

(3) 미래 시제

미래 시제는 미래의 예정, 가능, 기대 등을 나타냅니다. 미래 시제는 [조동사 will+동사원형]의 형식으로 씁니다.

➜ I will be fourteen years old next year.　나는 내년에 14살이 돼.

➜ He will come back in two hours.　그는 두 시간 후에 올거야.

(4) 진행형

진행형은 어느 시점에서 어떤 동작이 계속 진행되고 있음을 나타냅니다. 진행형은 [be동사+~ing]의 형태로 쓰며, 현재 진행형, 과거 진행형, 미래 진행형 등이 있습니다.

1) 현재 진행형 : am / are / is+ing

➡ **What are you doing now?**　너 지금 무엇을 하고 있니?

➡ **He is reading a book.**　그는 책을 읽고 있어.

2) 과거 진행형 : was / were+~ing

➡ **I was watching TV.**　나는 텔레비전을 보고 있었어.

➡ **They were running along the street.**　그들은 거리를 따라 달리고 있었어.

3) 미래 진행형 : will be+~ing

➡ **I will be staying at home tomorrow.**　나는 내일 집에 있을 예정이다.

(5) 현재 완료

현재 완료는 [have+과거분사(pp)]의 형태로 쓰며, 과거의 어느 시점에서 현재까지의 어떤 동작의 완료, 계속, 혹은 결과나 경험 등을 나타냅니다. 즉, 과거 시제가 단순히 과거의 사실만을 나타내는데 반하여, 현재완료는 항상 현재와 관련이 있는 것입니다. 그래서 현재 완료에는 과거를 표시하는 부사나 부사구인 yesterday나 last year 등은 쓸 수 없습니다.

이 점을 특히 주의하시기 바랍니다. 현재 완료는 우리말에는 없는 것이어서 우리나라 학생들이 자주 혼동하는 부분입니다. 주의해서 완전히 익히도록 하세요.

➡ **I have bought a book.**　나는 책을 한 권 샀어.

'I bought a book' 은 과거에 책을 한 권 샀다는 단순한 사실을 말할 뿐입니다. 즉 현재에도 그것을 가지고 있는지 없는지에 관해서는 모르는 상태입니다. 그런데, 'I have bought a book' 이라고 하면 책을 사서 지금도 가지고 있다는 뜻입니다. 현재 완료는 항상 현재와 관련이 있다는 것을 잊지 마세요.

620

➜ She has not come yet.　그녀는 아직 오지 않았어.

➜ I have just finished the homework.　나는 지금 막 숙제를 끝냈어.

➜ Have you ever been to America?　너는 미국에 가 본적이 있니?

❷ 태

태는 주어와 목적어의 관계에 따라 능동태와 수동태로 나누어 집니다.

(1) 능동태 : 주어가 목적에 어떤 동작을 가하는 것을 능동태라고 합니다.
능동태는 [주어+동사+목적어]의 형태로 씁니다.

➜ I hate her.　나는 그녀를 싫어해.

➜ He broke the window.　그가 창문을 깼어.

(2) 수동태 : 주어가 목적이나 다른 어떤 것에 의해서 어떤 동작을 받거나 당하는 것을 수동태라고 하고, [주어+be+과거분사]의 형태로 씁니다. 수동태가 되기 위해서는 우선 동사가 타동사이어야 합니다. 그리고 수동태에서는 일반적으로 by라는 전치사가 붙지만 동사에 따라서는 at이나 with등 다른 전치사가 붙는 경우도 있습니다. 또한 수동태에서 be 동사의 시제는 능동태의 시제와 같아야 하고, 새로운 주어의 인칭과 수에 일치되어야 합니다. 약간 복잡한 내용이니 주의해서 살펴 보세요.

1) 수동태의 일반적인 예

➜ I love her. ◐ 수동태 : she is loved by me.

　나는 그녀를 좋아해. ◐ 그녀는 나에 의해서 사랑을 받는다.

　(I가 by me로, her가 새 주어인 she로, love가 is loved로 되고, 능동태의 시제가 현재이므로 수동태의 be동사는 현재 시제인 is로 바뀌었음에 유의하세요.)

➜ I loved her. ◐ 수동태 : she was loved by me.

　나는 그녀를 사랑했어. ◐ 그녀는 나에 의해서 사랑을 받았어.

　(같은 식으로, 능동태의 시제가 과거이므로 수동태의 be 동사가 was가 됩니다)

➜ I will write the letter. ◐ 수동태 : The letter will be written by me.

나는 이 편지를 쓸 것이다. ◐ 이 편지는 나에 의해서 쓰여질 것이다.

(능동태의 시제가 미래인 경우, 수동태는 [will be+과거분사]의 형태가 됩니다.)

2) 직접 목적어와 간접 목적어가 있는 문장의 수동태의 전환

① send, tell, give 등의 동사가 있는 문장의 수동태에서 직접 목적어가 주어가 되는 경우, 간접 목적어 앞에 전치사 to가 옵니다.

➜ He sent me the book. ◐ 수동태 : **The book was send to me by him.**

  그는 나에게 이 책을 보냈어. ◐ 이 책은 그에 의해서 나에게 보내어 졌어.

② make, buy, sell, bring 등이 있는 수동태에서는 for가 옵니다.

➜ She bought me the watch.

  ◐ 수동태 : **The watch was bought for me by her.**

  그녀는 나에게 시계를 사주었다. ◐ 이 시계는 그녀에 의해서 나를 위해 사졌다.

③ ask, require 등이 있는 수동태에서는 of가 나옵니다.

➜ He asked me a question.

  ◐ 수동태 : **A question was asked of me by him.**

  그는 나에게 질문을 했다. ◐ 질문이 그에 의해서 나에게 해졌어.

3) 수동태에서 by 외의 전치사를 쓰는 경우

몇몇 수동태에서는 관용적으로 by외의 전치사를 씁니다. 특별한 법칙이 없는 만큼 하나하나 외어야 합니다.

① at를 쓰는 경우 : surprise, frighten 등 주로 "놀라다"라고 해석되는 동사들입니다.

➜ The news surprised me. ◐ 수동태 : **I was surprised at the news.**

  그 소식이 나를 놀라게 했어. ◐ 나는 그 소식에 놀랐어.

② with를 쓰는 경우 : please, delight, satisfy 등 주로 "기뻐하다, 만족하다"로 해석되는 동사입니다.

➜ His visit satisfied me. ◐ 수동태 : **I was satisfied with his visit.**

  그의 방문이 나를 기쁘게 했어. ◐ 나는 그의 방문에 기뻤어.

4) 수동태로 전환할 수 없는 동사

위에서 수동태가 되기 위해서는 우선 타동사이어야 한다고 하였습니다. 그러나 타동사라고 해서 모두 수동태가 될 수 있는 것은 아닙니다. 다음의 동사들은 수동태가 될 수 없는 동사들이니 암기해 두기 바랍니다.

➡ resemble (~와 닮다), hear (듣다), meet (만나다), have (가지다) 등

(3) 동사의 시제변화 : 불규칙, 3인칭 단수, 규칙

1) 3인칭 단수

① 원칙 : 동사의 어미에 -s가 붙는다.

➡ She plays the violin very well.   그녀는 바이올린을 아주 잘 연주해.

➡ It rains now.   지금 비가 온다.

➡ He likes me.   그는 나를 좋아해.

② study, try, carry 등 어미가 [자금+y]로 끝나는 동사는 y를 i로 고치고 -es를 붙인다.

➡ He studies very hard.   그는 열심히 공부해.

➡ She carries a box.   그녀는 상자를 옮긴다.

2) 규칙변화

visit(원형) -visited(과거) -visited(과거분사)와 같이 동사의 원형에 -ed, -d 등을 붙어서 과거 또는 과거분사가 되는 것을 규칙변화라 합니다. 규칙 변화에는 다섯 가지의 규칙이 있습니다.

① 동사의 어미에 -ed를 붙인다.

walk - walked - walked   play - played - played   call - called - called

② 어미가 -e로 끝나는 단어는 -d만 붙인다.

love - loved - loved   live - lived - lived   believed - believe - believed

③ 어미가 [자음+y]로 끝나는 단어는 y를 I로 고치고 -ed를 붙인다.

try - tried - tried   study - studied - studied

④ 1음절어로서 어미가 [단모음+단자음]일 때는 끝의 자음 하나를 더 쓰고 -ed를 붙인다.

beg - begged - begged   stop-stopped - stopped

plan - planned - planned

⑤ 2음절 동사에서 끝의 음절에 액센트가 올 때는 자음을 하나 더 쓰고 -ed를 붙인다.

control - controlled   commit - committed - committed

불규칙 동사 · 조동사 변화표

현재	과거	과거분사
am	was	been
are	were	been
awake	awoke	awoke
be ┌am	┌was	been
├are	├were	been
└is	└was	been
bear	bore	┌born
		└borne
beat	beat	┌beat
		└beaten
become	became	become
begin	began	begun
bite	bit	bitten
blow	blew	blown
break	broke	broken
bring	brought	brought
broadcast	broadcast	broadcast

build	built	built
burn	burned	burned
	burnt	burnt
buy	bought	bought
can	could	-
catch	caught	caught
choose	chose	chosen
come	came	come
cut	cut	cut
deal	dealt	dealt
dig	dug	dug
do	did	done
draw	drew	drawn
dream	dreamed	dreamed
drink	drank	drunk
dirve	drove	driven
eat	ate	eaten
fall	fell	fallen
feed	fed	fed
feel	felt	felt
fight	fought	fought
find	found	found
fly	flew	flown
forget	forgot	forgot / forgotten
get	got	gotten / got
give	gave	given
go	went	gone
grow	grew	grown
hang	hung	hung
has	had	had
have	had	had

hear	heard	heard
hide	hid	⌈ hidden
		⌊ hid
hit	hit	hit
hold	held	held
hurt	hurt	hurt
is	was	been
keep	kept	kept
knit	⌈ knitted	⌈ knitted
	⌊ knit	⌊ knit
know	knew	known
lay	laid	laid
lead	led	led
learn	learned	learned
leave	left	left
lend	lent	lent
let	let	let
lie 가로눕다	lay	lain
lie	lied	lied
light	lighted	lighted
lose	lost	lost
make	made	made
may	might	–
mean	meant	meant
meet	met	met
mistake	mistook	mistaken
must	must	–
pass	passed	⌈ passed
		⌊ past
pay	paid	paid
put	put	put
read	read	read
ride	rode	ridden

ring	rang	rung
rise	rose	risen
run	ran	run
say	said	said
see	saw	seen
sell	sold	sold
send	sent	sent
set	set	set
sew	sewed	⌈ sewed
		⌊ sewn
shake	shook	shaken
shall	should	-
shine	shined	shined
shine (빛나다)	shone	shone
shoot	shot	shot
show	showed	⌈ shown
		⌊ showed
shut	shut	shut
sing	sang	sung
sink	sank	⌈ sunk
		⌊ sunken
sit	sat	sat
sleep	slept	slept
smell	smelt	smelt
speak	spoke	spoken
spell	spelt	spelt
spend	spent	spent
spread	spread	spread
spring	sprang	sprung
stand	stood	stood
steal	stole	stolen
stick	stuck	stuck
strike	struck	struck

sweep	swept	swept
swim	swam	swum
take	took	taken
teach	taught	taught
tear	tore	torn
tell	told	told
think	thought	thought
throw	threw	thrown
understand	undrstood	understood
wake	waked	waked
wear	wore	worn
weep	wept	wetp
will	would	-
win	won	won
wind	wound	wound
write	wrote	written

형용사 · 부사의 불규칙 변화표

원급	비교급	최상급
bad 나쁜 ill 병든, 아픈	worse	worst
far 멀리, 훨씬	farther	farthest
good 좋은 well 잘, 건강한	better	best
late 늦은, 뒤의	later	latest
many (수)많은 much (양)많은	more	most
old 늙은/연상의	older/elder	oldest/eldest